中国乡村振兴书系

中国乡村振兴智库报告
——乡村振兴前沿热点问题研究 2023

中国乡村振兴发展中心
北京师范大学中国乡村振兴与发展研究中心 编

研究阐释党的十九届六中全会精神
国家社科基金重大项目"伟大脱贫攻坚精神研究"（22ZDA091）阶段性成果

经济日报出版社
北京

图书在版编目（CIP）数据

中国乡村振兴智库报告. 乡村振兴前沿热点问题研究：2023 / 中国乡村振兴发展中心，北京师范大学中国乡村振兴与发展研究中心编. -- 北京：经济日报出版社，2024. 12. -- ISBN 978-7-5196-1498-0

Ⅰ. F320.3

中国国家版本馆CIP数据核字第202489UR93号

中国乡村振兴智库报告——乡村振兴前沿热点问题研究2023
ZHONGGUO XIANGCUN ZHENXING ZHIKU BAOGAO——XIANGCUN ZHENXING QIANYAN REDIAN WENTI YANJIU 2023

中国乡村振兴发展中心　　北京师范大学中国乡村振兴与发展研究中心　编

出版发行：经济日报出版社

地　　址：	北京市西城区白纸坊东街2号院6号楼
邮　　编：	100054
经　　销：	全国各地新华书店
印　　刷：	三河市国英印务有限公司
开　　本：	710mm×1000mm　1/16
印　　张：	15.5
字　　数：	226千字
版　　次：	2024年12月第1版
印　　次：	2024年12月第1次
定　　价：	68.00元

本社网址：www.edpbook.com.cn，微信公众号：经济日报出版社
请选用正版图书，采购、销售盗版图书属违法行为
版权专有，盗版必究。本社法律顾问：北京天驰君泰律师事务所，张杰律师
举报信箱：zhangjie@tiantailaw.com　　举报电话：（010）63567684
本书如有印装质量问题，由我社事业发展中心负责调换，联系电话：（010）63538621

本书编委会

主　　任：黄承伟
副 主 任：罗朝立　谢中武
成　　员：（按姓氏笔画排序）
　　　　　　门　冰　马俊茹　王　菁　王晓杨　刘晶晶　李　娜
　　　　　　李　强　苗　猛　苏　娟　杨　玲　范军武　高　勇
指导组组长：罗朝立　张　琦
编 写 组：张　琦　王玉海　万　君　李　娜　李　强　崔　晶
　　　　　　侯满平　李　峰　朱　朋　龚　冰　陈　涛　吴先宇
　　　　　　鄢超云
工 作 协 调：李　璐　王嘉茜

前　言

党的十九大提出实施乡村振兴战略，党的二十大就"全面推进乡村振兴"作出新的战略部署。面对中华民族伟大复兴的战略全局和世界百年未有之大变局下新的战略机遇、新的战略任务、新的战略阶段、新的战略要求和新的战略环境，新征程上乡村振兴必然面临诸多新的挑战，这些挑战呈现为一系列前沿问题。

为推进乡村全面振兴，加快建设农业强国、实现农业农村现代化，亟须加强新征程上乡村振兴前沿问题研究。此举有利于完善顶层设计、优化工作机制、改良政策体系，更能够为全面提升推进乡村全面振兴的政治能力、思维能力、实践能力提供支持。中国乡村振兴发展中心通过严格程序，选定北京师范大学为合作方，联合开展《中国乡村振兴智库报告——乡村振兴前沿问题研究2023》的编写工作。北京师范大学联合中央财经大学、北京第二外国语学院、吉首大学、天津市职业大学、农业农村部农业贸易促进中心、长江大学、北京交通大学、四川师范大学等单位组建专家研究团队，通过深入有效的协同研究，形成了系列专题报告，并于近期通过结题评审。

本书站在推进全面乡村振兴的关键节点，基于"两个大局"的战略高度，锚定建设农业强国、推进中国式农业农村现代化进程中遇到的重大战略问题进行专题分析，包括：巩固易地扶贫搬迁后续扶持成果专项行动成效，培育新型农业主体经营、增强内生发展动力，重点帮扶县人才回流返乡创业就业，乡村传统文化传承发展促进乡村治理，和美乡村建设，发展农村职业教育促进乡村人才振兴，脱贫地区预制菜产业拓展农民增收渠道，金融资本服务乡村振兴带动农户增收，乡村交通安全保障举措及风险防范机制，民族地区

"学前学会普通话"行动助力乡村振兴成效。

现将研究成果编辑成册，以飨读者。

本书编写组
2024 年 5 月

目 录

巩固易地扶贫搬迁后续扶持成果专项行动成效研究调研报告／1

培育新型农业经营主体、增强内生发展动力对策调研报告／32

重点帮扶县人才回流返乡创业就业路径研究调研报告／68

乡村传统文化传承发展促进乡村治理对策研究调研报告／95

和美乡村建设典型案例研究调研报告／111

发展农村职业教育　促进乡村人才振兴案例研究调研报告／126

脱贫地区预制菜产业拓展农民增收渠道案例研究调研报告／147

金融资本服务乡村振兴带动农户增收研究调研报告／165

乡村交通安全保障举措及风险防范机制研究调研报告／187

民族地区"学前学会普通话"行动助力乡村振兴成效研究调研报告／211

后　记／236

巩固易地扶贫搬迁后续扶持成果专项行动成效研究调研报告

崔　晶　曾琦杰　毕馨雨　祝　琳①

作为脱贫攻坚的"头号工程"和标志性工程，易地扶贫搬迁实现了我国"一方水土养不好一方人"地区的近千万贫困人口的跨越式发展。2024年是脱贫攻坚过渡期第三年，既要保持过渡期内主要帮扶政策总体稳定，又要及早谋划过渡期后的常态化帮扶机制。因此，如何进一步巩固易地搬迁脱贫成果、提高后续扶持工作效果就成为亟待研究的重大课题。早在2019年4月16日，全国易地扶贫搬迁规划建设任务全面完成之前，习近平总书记在解决"两不愁三保障"突出问题座谈会上就提出"要做好易地扶贫搬迁后续帮扶"②。五年来，中央有关部门相继出台了一系列政策（见表1）。

表1　中央层面关于易地扶贫搬迁后续扶持工作的主要政策

时间	政策文件
2019年6月	国家发展改革委联合国务院扶贫办等10个部门印发《关于进一步加大易地扶贫搬迁后续扶持工作力度的指导意见》
2020年2月	国家发展改革委联合国务院扶贫办等12个部门印发《关于印发2020年易地扶贫搬迁后续扶持若干政策措施的通知》

---

①　崔晶，中央财经大学政府管理学院教授，博士生导师；曾琦杰，中央财经大学政府管理学院硕士生；毕馨雨，中央财经大学政府管理学院博士生；祝琳，国家发展和改革委员会基建物业管理中心干部。课题组组长：崔晶。课题调研团队成员：曾琦杰、毕馨雨、祝琳。

②　习近平．统一思想一鼓作气顽强作战越战越勇着力解决"两不愁三保障"突出问题［N］．人民日报，2019-04-18（1）．

续表

时间	政策文件
2021年4月	国家发展改革委联合国家乡村振兴局等19个部门印发《关于切实做好易地扶贫搬迁后续扶持工作巩固拓展脱贫攻坚成果的指导意见》
2022年12月	国家发展改革委联合国家乡村振兴局等18个部门印发《关于推动大型易地扶贫搬迁安置区融入新型城镇化实现高质量发展的指导意见》
2023年5月	国家发展改革委会同国家乡村振兴局印发《巩固易地搬迁脱贫成果专项行动方案》

资料来源：据中国政府部门官网梳理。

在党中央、国务院的坚强领导下，960万易地搬迁脱贫群众的后续扶持工作已经取得明显成效，一是就业帮扶稳中有进，始终保持较高水平。截至2022年底，全国搬迁群众中有劳动力503.91万人，其中475.98万人实现就业，就业率达94.46%，较2021年底上升2.54个百分点，有劳动力的搬迁家庭基本实现了1人以上就业目标。二是产业发展向好，利益联结机制更加紧密。各地围绕安置点累计建成各类配套产业项目2.54万个，农牧业产业基地或园区占配套产业项目的46.26%，辐射带动搬迁群众就业能力持续提高，联农带农机制不断完善。三是社区治理能力明显提升。大中型安置区已实现"一站式"社区综合服务设施、基层党组织和村（居）民自治组织、驻村（社区）工作队全覆盖。22个省份向17342个安置点派设了驻村第一书记和工作队，实现了"应派尽派"。四是公共服务设施更加完善。各地在安置点周边均配套了幼儿园、小学、初中等义务教育基础设施。99.56%的有搬迁后扶任务的县为安置点新配建了卫生室（站），其他县也将安置点纳入了当地医疗卫生服务体系覆盖范围。据统计，2022年易地搬迁脱贫人口人均纯收入达13615元，增速远超全国农村居民收入平均增速。[①]

按照当前易地扶贫搬迁后续扶持工作的政策部署，巩固易地扶贫搬迁后续扶持成果主要包括四个方面，分别是就业帮扶、产业发展、社区治理、公

[①] 数据来源：国家发展和改革委员会政策研究室：《2022年全国易地扶贫搬迁后续扶持工作取得明显成效》，2023年2月28日。

共服务。本报告拟在调研基础上总结经验成效，发现问题不足，提出政策建议。

一、研究基础

（一）文献综述

早在脱贫攻坚战的关键阶段，侯茂章等（2017）就已经提出"易地扶贫搬迁后续产业发展"的研究命题，并以湖南石门、沅陵、桑植等国家级贫困县为案例，归纳出11种易地扶贫搬迁后续产业发展模式。随着各地陆续完成易地扶贫搬迁建设任务，2020年以后，学界有关研究逐渐增多。

在典型案例研究上，湖南湘西、贵州黔西南州、湖北秦巴山区等地区是学界关注的重点。贺立龙等（2020）以湖南湘西的搬迁群众为调研对象，通过问卷调查和实证分析，发现深度贫困农户搬迁之后还面临着诸多现实问题：可能陷入生计失能风险，反而加深相对贫困程度；金融信贷支持不够精准有效；集体经济组织及龙头企业带动效果有限等。潘彪等（2021）总结了贵州省黔西南州"新市民"计划易地扶贫搬迁后续扶持工作的典型案例经验，归纳出"易地扶贫搬迁、城镇建设、产业发展、生态保护"四项工作有机联动机制。许汉译（2021）、徐明强（2022）、邬黎明（2023）相继以秦巴山区扶贫搬迁安置社区为例，深入分析了"后扶贫时代"易地扶贫搬迁的实践困境。

在对易地扶贫搬迁政策的整体探讨方面，涂圣伟（2020）较早地从需求、主体、要素三个层面讨论了易地扶贫搬迁后续扶持的政策导向和战略重点，提出后续扶持不仅要满足多元化发展性需求，还要兼顾过渡性需求，向"个体—社区—县域"融合发展转型。黄云平等（2020）系统梳理了易地扶贫搬迁后续扶持问题的内涵，认为后续扶持工作面临的挑战主要来自搬迁与设施配套、安置发展、就近就业、综合改革、社区治理五个方面的不同步。武汉大学易地扶贫搬迁后续扶持研究课题组（2020）基于全国面上分析和贵州、广西、湖北、河北四省六县的调研，系统阐述了易地扶贫搬迁后续扶持的六大路径。赵文杰等（2023）认为，实现易地扶贫搬迁集中安置区转型发展需要中央政府在宏观引领上持续政策供给与合理引导监督。

在产业发展方面，刘明月等（2021）研究了后续扶持产业发展通过生产、就业、资产收益等多种方式带动搬迁群众增收致富的模式，同时后续产业也面临着发展不足、产业选择同质化严重、新型经营主体带贫能力不够、搬迁户主观能动性不强等问题。田鹏（2022）进一步从集体产权的视角分析了易地搬迁后续产业培育的实践逻辑。

在就业帮扶方面，张涛等（2020）较早研究了后续扶持的就业帮扶机制与优化路径。陈菲菲等（2022）分析了新冠疫情冲击下搬迁群众的就业治理。另有不少学者持续关注了（高博发等，2022；李川等，2022；陈绍军等，2023；刘艳霞、张诗怡，2023）与就业稳定状况密切相关的搬迁群众生计问题。连宏萍等（2023）更进一步讨论了安置区生活、社会和生产（就业）三重空间再造。

在社区治理方面，刘升（2020）聚焦分析了城镇集中安置型易地扶贫搬迁社区在失业、经济、安全、信任、房产变卖、社会融合困境等方面存在的多种社会稳定风险，并提出加强和完善社会稳定风险的研判、评估、防控协同和责任机制的应对策略。董运来等（2021）专门探讨了易地扶贫搬迁后续扶持工作中社区治理与社会融入的理论与现实问题，包括社区空间实践与再造的逻辑困境、过渡型安置区的治理困境、搬迁群众被动的市民化困境、居民自治与社区管理的困境和搬迁群众社会融入的文化困境。彭珊、唐少奕（2023）研究了积分制赋能安置社区治理的实践逻辑。

在政策创新方面，黄征学等（2021）从政策演进的视角回顾了改革开放以来易地扶贫搬迁的发展阶段，指出了后续扶持政策创新要注意的五大问题。叶家璨（2022）系统总结了乡村振兴背景下民族地区安置社区的整体性治理创新路径。白永秀等（2023）详细阐述了易地扶贫搬迁安置区从脱贫攻坚到乡村振兴有效衔接的政策创新。也有学者关注易地扶贫搬迁政策的减贫效应和治理机制（黄志刚等，2022；刘明月等，2022）。此外，李斌等（2022）梳理了我国农村易地扶贫搬迁研究现状、热点及展望，梁敏等（2023）运用可视化图谱分析呈现了易地扶贫搬迁移民研究的热点、前沿与趋势，邬黎明等

(2023）则以湖北省为例对易地扶贫搬迁安置区建设展开了综合评价。

综上所述，既有研究从产业发展、就业帮扶、社会治理、政策创新、减贫治理、典型经验等方面对易地扶贫搬迁后续扶持工作的体制机制、运作逻辑、成效问题和优化路径等都进行了充分探讨、积累了丰富成果。但是，从典型案例上，缺乏对特大型安置区和中小型安置点治理成效的比较分析；从研究对象上，缺乏对后续扶持工作中配套设施建设和公共服务供给等问题的系统思考；从对策建议看，现有文献大多对某个政策专题有一定的决策参考价值，缺乏从总体上把握易地扶贫搬迁后续扶持工作的典型调查和系统研究。

（二）调查方法

课题组以县域为单位，综合考虑易地扶贫搬迁大型安置区和小型安置点（以3000人为界）的样本特征，于2023年5月28日至31日、6月9日至13日，分别赴贵州省黔东南州雷山县、湖南省娄底市新化县开展实地调研（见表2）。

表 2 调研地情况

地区	调研省	调研县	安置区（点）数量	搬迁群众	劳动人口	就业情况
西部	贵州省	雷山县	特大型安置区1个 大中型安置区2个	4411户 18762人	10089人 占53.8%	9529人 （94.4%）
中部	湖南省	新化县	集中安置点116个 分散安置点2个	9096户 34436人	16965人 占49.3%	13839人 （81.57%）

注：数据截至2023年6月。

其间，课题组共召开县级座谈会3次，社区座谈12次，既实地走访安置社区就业帮扶车间及后续扶持产业，又与县有关领导和部门（发改、组织、民政、人社、住建、农业农村、乡村振兴）、安置区（点）基层干部、企业代表、搬迁群众进行了深度访谈，基本掌握了两地在就业帮扶、产业发展、社区治理、公共服务等方面巩固易地扶贫搬迁后续扶持成果的工作成效、经验做法和困难问题，由此形成调研报告。

（三）案例情况

雷山县是1986年首批确定的全国重点贫困县，也是以苗族为主体的西部地区典型民族县，现为国家乡村振兴重点帮扶县。雷山县是贵州省18个易地扶贫搬迁示范点之一，绝大多数贫困人口散居在大山区、深山区。脱贫攻坚时期，共确定搬迁对象4534户18341人（建档立卡贫困户4368户17671人，非贫困户166户670人），占贫困人口总数的38%。"十三五"期间，雷山县共建设羊排（万人以上）、牛王寨（3000人以上）、小河沟（1000人以上）3个易地扶贫搬迁安置点。其中有82户358人跨区域搬迁到州府（均为建档立卡贫困户），剩余4452户17983人集中安置到县城。

新化县境内高寒山区、水淹库区、石灰岩干旱区"三大贫困带"交织，是湖南省最大的国家级贫困县，现为全省13个乡村振兴重点帮扶县之一。脱贫攻坚时期，经过全面调查摸底，共确定搬迁对象9096户34436人，占贫困人口总数的38%。"十三五"期间，新化县共建设易地扶贫搬迁集中安置点116个、分散安置点2个，实施易地扶贫搬迁9096户34436人，其中集中安置8901户33622人、分散安置195户814人。搬迁人口数和工程建设量位居全省第一。截至2023年6月，全县116个集中安置点中，已建成独立社区7个。

二、典型做法

（一）贵州省雷山县

为做好搬迁后续工作，2019年8月，雷山县龙头街道经贵州省人民政府批准成立，为镇级建制，统一管理3个社区并辖全部安置点，其中，城南社区和连心社区辖羊排安置点，观音阁社区辖牛王寨、小河沟安置点。龙头街道现有4411户18762人（含脱贫户4245户18092人）。2021年1月，雷山县组建高质量推进易地扶贫搬迁后续扶持工作专班，设在县扶贫办（生态移民局）。同年11月，雷山县易地扶贫搬迁指挥部更名为雷山县易地扶贫搬迁工作领导小组，办公室设在县乡村振兴局。2022年以来，雷山县以"五个体系"建设为抓手，在就业培训、公共服务、文化服务、社区治理、党建引领上做足易地扶贫搬迁"后半篇文章"。

1. 抓就业培训，实现"能致富"目标

一是夯实就业跟踪服务工作。以龙头街道包保楼栋干部为就业核实第一责任人，通过入户走访、摸底排查、建立就业意向台账等方式，及时摸清安置区劳动力就业情况。当地搬迁劳动力家庭4192户，劳动力人口10089人。截至2023年6月，就业人数9529人，就业率94.5%，其中县内务工5324人，县外省内741人，外省务工3464人。二是开发公益性岗位促进就近就业。依托"东西部协作项目"资金支持，增加适宜搬迁群众的就业岗位，拓宽搬迁群众就业渠道，设立楼栋长、保洁员、巡逻队、维修员等公益性岗位350个，解决350名群众的就业问题。三是推进本地劳动力就近安置。组建203人的采茶、种植农业生产队伍，直接参与季节性茶、天麻、菌菇、辣椒、稻谷的播种及采摘用工，采取"以工代训"的用工模式，让季节性用工"不停歇"，产业生产不断接，群众实现稳定就业，2023年组织搬迁群众开展春茶采摘1518人次，实现收入30.1728万元。四是抓好技能提升培训。根据搬迁群众技能需求及市场需求，利用好东西部帮扶契机，2023年以来，开展建筑安装培训1期培训人数35人；家政服务2期培训人数98人；厨师及餐饮服务培训7期培训人数349人；"星秀未来"乡村非遗手艺人培训1次，培训人数44人次。五是多渠道发展特色。截至2023年6月，在县农业农村局指导下，城南社区合作社盘活利用191.8亩闲置土地，种植蜜本南瓜，带动200户以上搬迁群众增收致富。

2. 抓公共服务，夯实"稳得住"基础

一是打造便民利民"7个一"服务工程。辖区内共有小学1所、幼儿园2所、卫生室4个、综合门诊1个。聚焦公共教育、医疗卫生、社会保障、社区服务"四大要素"，合理利用安置点内的现有资源打造便民服务工程，建立街道与社区集中联席办公的综合服务大厅3个、综治中心1个，并设立"双语"服务台，美丽初心调解室，实现搬迁群众"一站式"服务。二是探索"合约食堂"服务机制。通过"建养管用"等方式继续深化"合约食堂"服务机制，以"服务群众、引树新风、微利经营"为原则，解决搬迁群众"上班""上学"与"吃饭"冲突问题及红白喜事服务问题。三是打造安置区服务新态势。启动"阳光助残·同心圆梦"社区残疾人综合服务中心建设，不断引入残疾人康复训练、就业帮扶、关怀关爱、文化娱乐、权利保障等措施，实现残疾人就近接受公共服务。

3. 抓文化服务，丰富"提素质"渠道

一是"积分制"助推社区文化建设。采取积分制的方式调动群众积极参与民族文化活动、社区治理及志愿服务活动，通过积分管理按季度推选星级文明户，增强搬迁群众的融入感，2022年至今共评出星级文明户451户。二是组织动员志愿服务活动。针对老年人、儿童及残疾人等特殊群体，利用好乡村振兴夜校、"四点半"学校及新时代文明实践所（站）的优势，常态化开展"点单式"服务，进一步发挥"有困难找志愿者、有时间做志愿者"导向作用。截至2023年6月，共开展公益理发8次，受益人数130余人，开展环境卫生清理工作20次，走访困难群体、特困儿童及问题儿童200余人次，义务维修300余次。三是以苗寨民俗为契机，丰富文体娱乐活动，联合工青妇及社会团体组织，每年组织不少于12场主题娱乐活动。四是建设"合约食堂"，开展"爱心盒饭"行动。联合供应链公司，开展免费为辖区特殊人群送饭上门服务活动，2022年以来共为122户236人送上"爱心盒饭"。

4. 抓社区治理，筑牢"安全网"根基

一是夯实基层社会治理基础。将龙头街道137栋楼划分为15个网格，配备15名网格员和117名联户长，形成自防、联防、巡防三级防护机制。二是推行"阳台"联席会制度。以网格、楼栋为单位收集民情民意，落实"一中心、一张网、十联户"联防联控机制，实现了社区环境优美、安全保障到位、社会和谐稳定的良好局面。三是宣传工作持久化。通过院坝会宣传20场次，通过发放宣传资料、发布信息、悬挂横幅、巡查及"敲门行动"等形式进行安全生产及惠民政策的宣传，同时开展消防演练、地质灾害紧急避险应急逃生演练及让住户签订安全承诺书等，倡导人人皆为家庭防火"第一责任人"。四是以环境整治为抓手，深入推进"四大行动"。结合"红黑榜""积分制"制度开展乡村庭院美化行动、街道城镇精致管理行动、文明新风倡导行动、法治教育普及行动，让街道更加宜居宜业。五是引进"生态家教研学旅行中心"。雷山县通过粤黔协作，引进广州市黄埔区三生家庭教育研究院项目，覆盖 11 所学校和 3 个社区，着力守护易地扶贫搬迁点流动儿童、留守儿童心理健康。至今，进行个体辅导 122 人，入户家访 198 次，团体辅导 719 人，同时培训了 50 名种子教师，扩大了心理健康教育的人才队伍。六是推进数字化社区治理。借助阿里巴巴集团帮扶资源优势，2023 年 4 月，"雷山羊排钉"易地扶贫搬迁社区数字管理平台正式搭建应用，未来将推广到整个龙头街道。

5. 抓基层党建，推动"强基础"建设

一是充实基层党组织建设。龙头街道 3 个社区共有班子成员 14 名，驻村第一书记和工作队党员 9 名。全街道系统共有党员 305 名，入党积极分子 13 名，发展对象 3 名。街道 15 个网格各成立 1 个党小组，覆盖 275 名党员。二是深化"党建+产业"融合发展模式。依托辖区 10 家就业车间、59 家企业，鼓励搬迁群众通过"劳务输出+就地就近务工+公益性岗位+本地特色产业务工"模式实现就业增收。三是持续壮大集体经济促发展。依托现有兴雷（集团）公司、供应链公司等国有实体企业，积极探索"县级平台公司+街道+社区"模式成立安置社区集体经济组织，力争实现 20 万元以上的社区 2 个，50 万元以上的社区 1 个。

2022 年，雷山县易地扶贫搬迁脱贫户人均纯收入 16821 元，比 2021 年（14657 元）增长 2164 元，增幅 14.8%。2023 年上半年，全县易地扶贫搬迁脱贫户人均纯收入 9771.89 元，按年增长 15% 计算，上半年完成年度任务的 50.52%（见表 3）。

表 3　2022 年以来雷山县易地扶贫搬迁脱贫户人均收入

时间	工资性收入	生产经营性收入	财产性收入	转移性收入	合计
2022 年	13388 元（79.6%）	1893 元（11.3%）	34 元（0.2%）	1506 元（9%）	16821 元
2023 年上半年	8484.31 元（86.8%）	396.47 元（4.0%）	17.81 元（0.2%）	873.3 元（8.9%）	9771.89 元

数据来源：据调研资料整理。

（二）湖南省新化县

2017年，新化县在湖南省易地扶贫搬迁工作中率先探索推行"1+3+X"（1层门面+3层住宅+产业配套）模式，利用财政投入资金建设底层商铺和厂房车间，门面产权归县国资委所有，门面产生的租金收益10年内由搬迁群众享有，共建安置住房面积86.09万平方米、底商面积11.4万平方米，完成总投资20.7亿元。为进一步完善易地扶贫搬迁后续扶持组织领导体系，2022年6月，按照新化县委要求，成立易地扶贫搬迁后扶事务中心（简称"易扶事务中心"），归县发展和改革局管理，编制人员12名。7月，经县人民政府同意，成立新化县易地扶贫搬迁后续扶持工作领导小组，办公室设在县发展和改革局。在2022年湖南省乡村振兴考核中，新化县被评为全省易地扶贫搬迁后续扶持工作A类满分单位。

1. 就业帮扶方面

截至2023年6月，全县有易地扶贫搬迁劳动力16965人，有就业意愿且全部就业的13839人，资产收益帮扶1982人，兜底帮扶3617人，实现"一户一人就业"目标。一是发展车间、基地等就业帮扶载体。全县累计有265栋安置房实行了"1+3+X"模式，引进就业帮扶车间148个（安置点内80个、安置点外68个），安置就业1475人，涉及电子陶瓷、五金、电子元器件、服装、鞋类、木雕、食品加工等多个行业。二是实施"311"就业服务行动。每年至少为有劳动能力和有就业意愿的未就业人员提供3次岗位信息、1次职业指导和1次免费技能培训信息，确保零就业家庭动态清零。2021年以来，共推荐就业岗位信息5600余条，职业指导420余人次，免费职业培训信息1300余条。三是组织线上线下招聘会。2023年上半年，县易扶事务中心联合人社就业服务中心举办两场大型现场招聘会，对接企业200余家，参加现场招聘企业73家，提供就业岗位2418个，现场达成就业意向300余人次，并组织人员把9000多份招聘信息送到全县各安置点，为搬迁群众提供全方位服务，确保搬迁群众顺利就业。

2. 产业发展方面

一是统筹谋划发展特色农业。大力发展"两茶一药、五特、两传统"等十大特色种养产业，鼓励引导搬迁群众以土地入股、小额信贷入股、劳动务工等形式加入各类新型农业合作组织，现已有160余家合作社与搬迁户建立利益联结机制，受益群众达1万余人。二是因地制宜发展现代服务业。通过将景区旧房改造成农家乐或原生态景观小屋，交由搬迁群众经营；在安置点建设旅游商品集散地，利用景区生态资源，引导搬迁群众发展林下经济；在主要产业基地或偏远山区，建立电商服务站点，全县已有4000余名搬迁群众依托景区发展起农家乐、旅游商品种植销售、电子商务等产业。三是全力推进产业帮扶项目建设。支持脱贫村和安置点因地制宜发展特色主导产业，110余家种养殖专业合作社与安置点搬迁户建立利益联结机制，搬迁户以劳务报酬、入股分红、土地流转、种苗补助、产品回购等方式参与产业发展，受益7000余人。四是抓实项目建设"牛鼻子"。一方面，抓以工代赈项目实施，充分吸纳易地扶贫搬迁劳动力就近就业；另一方面，抓省级后续扶持项目落地和乡村振兴统筹易扶后续扶持资金。2022年全县实施以工代赈项目35个，投入资金830余万元，发放劳务报酬60余万元；投入后扶资金300万元，已全部落实到11个乡镇26个项目中，用于基础设施建设和产业帮扶。2023年全县计划实施以工代赈项目3个，计划投入资金1460万元，预计发放劳务报酬200余万元；将继续加大乡村振兴统筹易扶后续扶持资金投入力度，新入库项目164个，总投资2693万元。

3. 基层治理方面

一是突出建组织，锻造"主心骨"。全县扎实开展易扶安置点搬迁户党员信息排查，采取单独组建、联合组建、挂靠组建、下派组建、划归管理等方式，截至2023年6月，共成立易扶安置点党支部9个、党小组35个、挂靠所在村管理68个、下派党建指导员129名，实现了党组织（或党小组）在集中安置点的全覆盖。二是突出建平台，提升"融入度"。2021年以来，全县财政投入1040万元，共新建和改造安置点党群服务中心9个，实现"一门式"服务全覆盖。其中，800人以上的安置点实现应建尽建，1000人以上的安置点，均示范打造出集党建主题公园、党群服务中心、党员活动中心、便民服务中心、安置户议事中心、就业咨询中心、教育培训中心、文化娱乐中心于一体的高标准服务平台。三是突出建体系，做实"大文章"。建立常态化驻村帮扶机制，实现安置点选派驻村第一书记和工作队全覆盖。发挥党员作用，持续开展"五个到户"活动，召开安置点"屋场会"，建立民情例会制度和民情台账，每周对走访中的问题及时研究，第一时间解决群众诉求。四是突出建民心，倡导"微治理"。持续开展"一分菜地"行动，帮助有耕种意愿的搬迁户在迁入地每户至少流转0.1亩的菜地，用于解决"菜篮子"问题，降低搬迁群众生活成本。各安置点普遍设置网格员、信息员、核查员，建立动态监测队伍，常态化开展监测预警。截至5月底，全县搬迁户中共有监测对象529户1673人，其中已消除风险243户733人，未消除风险286户940人，未消除风险的监测户已全部纳入监测帮扶。

4. 公共服务方面

一是强化基础服务配套。2020年至今，共完成投资近6200多万元，集中完善了各安置点的污水处理、道路、绿化、水土保持等设施，美化了安置点生活环境。教育、卫生等部门在安置点周边新建学校、医院，如：炉观永嘉社区旁新建的炉观中学，洋溪镇建新安置点旁新建的新化县第一人民医院等。二是推行自主管理机制。琅塘镇苏新工贸区安置点256户搬迁户自主成立业主管理委员会，以志愿者服务模式形成"社区—社区管理者—楼长—搬迁户"四级网格管理体系。曹家镇中心安置点永靖社区不仅在全市安置点率先开展实施"积分超市"模式，将积分制推广运用到安置社区融合中，还依托娄底技师学院筹办全市第一所乡村振兴农民职业技术培训学校。三是持续推动移风易俗。上梅街道鸿兴村安置点新建公共服务设施项目（红白喜事场所），吸纳搬迁户15人务工，解决安置点87户搬迁户办红白喜事的场所问题。

2022年，新化县易地扶贫搬迁脱贫户人均纯收入15805.09元，比2021年（13554.13元）增长2250.96元，增幅16.6%。2023年上半年，易地扶贫搬迁脱贫户人均纯收入8179.14元，按年增长15%计算，上半年完成年度任务的45%（见表4）。

表 4 2022 年以来新化县易地扶贫搬迁脱贫户人均收入

时间	工资性收入	生产经营性收入	财产性收入	转移性收入	合计
2022 年	12436.7 元（78.69%）	1745.26 元（11.04%）	98.48 元（0.62%）	1524.64 元（9.63%）	15805.09 元
2023 年上半年	6445.16 元（78.8%）	799.71 元（9.78%）	53.98 元（0.66%）	780.29 元（9.54%）	8179.14 元

数据来源：据调研资料整理。

总体而言，两地后续扶持工作成效显著，易地搬迁脱贫成果得到巩固。围绕易地扶贫搬迁后续扶持工作机制，我们从组织领导、群众增收、便民服务、基层治理四个工作层面提炼出贵州省雷山县（反映特大型安置区）和湖南省新化县（反映中小型安置点）的共性经验和个性做法。

三、经验启示

（一）因地制宜健全组织领导体系

过渡期内，两地均成立易地扶贫搬迁（后续扶持）工作领导小组，由于两地易地扶贫搬迁工作面临不同的形势，其后续扶持组织领导体系也呈现出不同的特征（见表 5）。

表 5 调研县易地扶贫搬迁后续扶持组织领导体系比较

名称	雷山县易地扶贫搬迁后续扶持工作领导小组	新化县易地扶贫搬迁后续扶持工作领导小组
成立时间	2021 年 11 月 20 日	2022 年 7 月 12 日
组长	县委副书记和副县长（2 人）	县委常委、常务副县长（1 人）
副组长	（6 人）县委办公室副主任、县乡村振兴局局长、县生态移民局局长 县委办公室正科级督查专员 县政府办公室正科级督查专员	（5 人）县委常委、副县长 副县长、县公安局局长 副县长（教育、医保、卫健）

续表

名称	雷山县易地扶贫搬迁后续扶持工作领导小组	新化县易地扶贫搬迁后续扶持工作领导小组
副组长	县委组织部常务副部长 县发展改革局局长 县财政局局长	副县长（自然资源、住房和城乡建设、生态环境、人防建设、林业、供水、城市管理、特色小镇建设） 副县长（农业农村、乡村振兴、水利、美丽乡村、供销、移民）
办公室	县乡村振兴局	县发改局
成员单位	（35个） 县委宣传部 县委政法委 县委编办 县信访局 县教育科技局 县工业信息化商务局 县民宗局 县公安局 县民政局 县司法局 县人力资源社会保障局 县自然资源局 州生态环境局雷山分局 县住房城乡建设局 县交通运输局 县水务局 县农业农村局 县林业局 县文体广电旅游局 县卫生健康局 县应急局 县审计局 县医保局 县投资促进局 县总工会 团县委 县妇联 县残联	（25个） 县总工会 县政府办 县纪委监委、县驻村办 县发改局 县乡村振兴局 县教育局 县民政局 县财政局 县人社局 县交通局 县自然资源局 市生态环境局新化分局 县住建局（人防办） 县农业农村局 县商粮局 县文旅广体局 县卫健局 县政府金融办 县林业局 县妇联主任 中国人民银行新化县支行 县美丽办 县蚩尤公司（原扶贫投） 县森林公安局 县消防救援大队

续表

名称	雷山县易地扶贫搬迁后续扶持工作领导小组	新化县易地扶贫搬迁后续扶持工作领导小组
成员单位	县消防救援大队 县国有资产运营服务中心 县银保监管组 县税务局 农发行雷山支行 县信用联社 县供电局	

数据来源：据调研资料整理。

雷山县、新化县均为原国家级贫困县。具体而言，雷山县的易地扶贫搬迁集中安置点数量少、规模大，呈块状分布。"十三五"时期，全县统筹将搬迁群众集中安置在县城，全部辖于龙头街道。由于巩固脱贫攻坚成果、推进乡村振兴任务重，且为国家乡村振兴重点帮扶县，因此雷山县乡村振兴局（生态移民局）在易地扶贫搬迁后续扶持工作中发挥了主要的协调作用。

新化县的易地扶贫搬迁人口多，但安置点数量多、规模小，呈点状分布。"十三五"时期，由县级指导，各乡镇属地统筹，大多数搬迁群众均就近安置在迁出地所在乡镇（街道）安置点。因此，新化县发展和改革局在易地扶贫搬迁后续扶持工作中发挥了主要的协调作用，并于2022年6月成立发展和改革局下属的新化县易地扶贫搬迁后扶事务中心，理顺县乡村工作体系。

（二）多措并举夯实群众增收根基

两地干部都清醒地认识到，做好就业帮扶和产业扶持是巩固易地扶贫搬迁后续扶持成果的关键。只有坚持"一手抓产业、一手抓就业"，搬迁群众才能稳步增收，新市民才能融入新型城镇化建设。

1. "老旧房"变成"致富房"

雷山县是国家传统村落密度最大的县。"十三五"期间实施易地扶贫搬迁的4534户中，有1709户的迁出地属于国家级传统村落，637户的迁出地属于国家级少数民族特色村寨。按照政策，这些搬迁群众的旧房不能拆除，但可以盘活改造。因此，雷山县结合全县传统村落开发与保护，坚持旅游产业规划与县域总体规划融合，研究建立了雷山县易地扶贫搬迁户旧房盘活机制，实施全县易地扶贫搬迁传统村落旧房改造提升工程，充分利用碧桂园、融创、上海乐百年等社会帮扶资源，引进项目资金和捐赠资金对易地扶贫搬迁未拆除旧房进行统一包装改造。在重点村的示范下，全县共完成易地扶贫搬迁旧房改造200户215栋，有效带动480人就业，辐射带动800人增收，不仅保护了传统村落特色，还增加了搬迁群众和村集体经济收入。

2. "稳得住"实现"能致富"

新化县上梅街道鸿兴村民主安置点是较早一批建设的易地扶贫搬迁安置点。2017年7月，87户380人整体搬迁入住后，安置点着眼后续产业发展、紧盯就业岗位帮扶。一是采取"政府搭桥、搬迁户自愿、流转土地"方式，分配"一份菜地"，解决搬迁群众吃菜难问题。二是组建村集体（52%）和搬迁户（48%）合股的蔬菜种植合作社，成立占地200余亩的有机蔬菜种植基地，搬迁群众可获得务工收入和股份分红双重收益，平均每年每户分红2000余元。三是引进归湘来食品有限公司、鸿兴顺通养鱼基地，发展糍粑、面条等农产品深加工和牛蛙、加州鲈鱼等特色水产养殖，实现搬迁群众产业全覆盖。四是结合产业发展和劳务输出需求，开发"产业合作社务工+帮扶车间吸纳+公益性岗位兜底+群众自主创业"的就业模式。落实就业岗位271人，其中省外68人，省内县外24人，县内126人，公益岗位9人，帮扶车间5人，产业基地30人，自主创业9人，实现每户"至少一人就业"的目标。

(三) 齐抓共管提升便民服务能力

确保搬迁群众享有与迁入地居民（村民）同等的基本公共服务是巩固易地扶贫搬迁后续扶持成果的基本要求，提升便民服务能力需要进一步理顺安置社区日常服务管理的体制机制。

1. 街道统一管辖、社区全面管理

雷山县专门成立龙头街道，统一管辖羊排、牛王寨、小河沟3个安置点，并根据安置点的人口规模等因素，合理设立3个社区，其中，城南社区和连心社区辖羊排安置点，观音阁社区辖牛王寨、小河沟安置点。由此，龙头街道发挥着落实雷山县易地扶贫搬迁后续扶持工作的枢纽作用，社区工作也围绕易地扶贫搬迁后续扶持工作要求全面展开。这种街道统一管辖、社区全面管理的模式大大提升了以雷山县为代表的大型易地扶贫搬迁安置区对搬迁群众的便民服务能力，可以有效节省制度运转的纵向行政成本，提高公共服务配套设施利用率，实现搬迁群众的整体融入。

2. 乡镇专班负责，社区独立管理

新化县 116 个集中安置点，建立 7 个 800—1600 人规模的社区，实行独立社区管理体制，2 个安置点建成"一站式"党群服务管理平台（含 1 个社区），3 个安置点建成党群服务管理中心（含 2 个社区），其他 107 个集中安置点均成立乡镇（街道）层面的工作专班（1 名党政领导牵头，2—3 名镇村干部组成），由镇—村（安置点所在村）两级负责日常管理。县发改局（下属易地扶贫搬迁后扶事务中心）加强业务指导；县委组织部将易地扶贫搬迁后续扶持工作纳入对乡镇考核范围。这种乡镇专班负责、社区独立管理的模式适应了以新化县为代表的中小型易地扶贫搬迁安置点的日常管理需要，可以有效节省制度运转的横向行政成本，分散易地扶贫搬迁安置点的综合治理风险。

（四）协同联动推进基层治理创新

安置点相比于周边地区，治理基础更加薄弱，对基层治理体系和治理能力提出了更高要求。2022 年，国家乡村振兴局、国家发展改革委、农业农村部联合组织开展易地扶贫搬迁安置点乡村治理专项行动，两地相继制定落实行动方案（见表6）。

表6 两地加强安置点基层治理有关文件

时间	文件
2022 年 6 月 8 日	《中共新化县委实施乡村振兴战略领导小组办公室关于印发〈2022年易地扶贫搬迁安置点乡村治理专项行动工作方案〉的通知》
2022 年 6 月 20 日	《新化县社区建设工作领导小组办公室关于印发〈新化县关于做好易地扶贫搬迁集中安置社区治理工作的实施方案〉的通知》
2022 年 7 月 25 日	《雷山县易地扶贫搬迁工作领导小组关于印发〈雷山县易地扶贫搬迁安置点社区治理专项行动方案〉的通知》

数据来源：据调研资料整理。

雷山县依托国有企业雷公山苗侗山珍供应链服务有限公司，结合搬迁安置点企业及群众生产、生活需求，通过建、养、管、用等举措，创新推出"社区合约食堂"，积极构建"国有企业+搬迁群众+积分管理"基层治理和公共服务机制，有效推动易地扶贫搬迁群众增收致富。该模式于2022年4月在国家乡村振兴局官网得到推介。与此同时，当地为解决"三多两大"（外出务工人员多、孤寡老人多、留守未成年人多，少数民族占比大、山区面积大）导致的群众办事难问题，探索推行了"寨管委"治理模式和"红色代办"服务机制。以便民服务创新为抓手，构建起县统筹、镇主抓、村领导、寨自治的乡村治理体系，从群众"急难愁盼"的问题出发，通过无偿代办，延伸了治理触角、打通了服务链条，聚焦了联系服务群众"最后一公里"（见附件1）。

新化县在基层治理创新上充满制度活力，其吉庆镇油溪桥村的村级事务积分制管理模式是促进中央层面推广运用乡村治理积分制的源头。过渡期以来，结合易地扶贫搬迁后续扶持工作，通过"上梅红"等基层治理创新品牌，新化县走出了一条以志愿服务创新加强和改进基层治理的成功道路。"上梅红"模式产生于上梅街道，有全县最多的移民村。"上梅红"志愿服务队伍从群众中产生（包括搬迁户），每个楼栋（院落）均为每名网格员配备1名"上梅红"志愿者，充分调动群众参与基层治理的积极性，"上梅红"着眼社区"微小事"，通过"街道党工委—社区党总支—网格党支部—楼栋（院落）党小组—党员带志愿者服务队"的组织体系，形成"楼栋吹哨、干部报到"的局面。此外，为推动搬迁群众更好地实现社区融入，新化县创造性地实践出"琅塘星"基层治理体系（见附件2）。

四、困难问题

调研过程中，地方干部反映了一些困难，综合掌握的情况，通过实地走访也发现了一些问题，初步看有6类18条。值得注意的是，两地情况类型相似，这说明特大型安置区和中小型安置点在困难问题上主要是表现程度的差异。

（一）基层社会治理能力有待加强

一是基层党组织活力相对不足。年轻党员常年流出，安置社区党员队伍普遍呈现出年龄偏大、文化偏低的结构特征，留守老党员能力较弱、示范带动群众作用不明显，部分安置社区党支部由于没有合适的后备党员干部，只能调乡镇（街道）包保的干部充任社区党组织书记。二是社会参与程度相对较低。虽然多数安置社区均按党建带群建要求组建了工青妇、业主委员会等群团社团组织，但因搬迁群众的文化程度整体偏低且生活不稳定，群团社团组织发挥作用的基础很弱。

（二）安置社区管理水平亟待提高

一是社区工作人员缺乏管理经验。社区工作人员大多数是从搬迁户中选任的，基层工作经验较少，边干边学导致工作效率不高、适应期较长，工作找不到切入点，反而挫伤其积极主动性。二是安置社区资源统筹能力较低。三大员（党支部书记、居委会正副主任）缺少解决复杂问题的管理经验，对于易地扶贫搬迁后续扶持工作中互相交叉但各有侧重的条块不能整合推进，帮扶资源下沉往往单打独斗，造成任务落实和政策执行的被动局面。三是社区网格管理划分亟须规范。网格划分不够密，有的社区网格员平均每人对接300户以上，宣传一遍政策至少需要3天，实际工作中往往积压事务一并入户，造成政策的延迟执行。

（三）就业指导培训效果尚待提升

一是技能培训转化率较低。搬迁群众参加的职业培训以5—15天的短期培训为主，结业后常因各种原因未能精准就业，不能满足企业用工需求。二是就业培训观念引导不足。一些易地扶贫搬迁劳动力对参加工作有畏难抵触情绪，常以离家远、年龄大等借口不愿外出，"门前懒汉"现象较重。三是企业安置劳动力能力有限。许多就业帮扶车间采用订单模式经营，按计件方式支付劳动报酬，对劳动力的需求不稳定，大量培训后，最终进入车间的易地扶贫搬迁劳动力只占极少数。四是就业培训宣传力度不足。安置社区就业服务作用发挥不明显，工作落实停留于信息转发、印宣传单、贴展示栏，没有实现一户一策，不能做到有针对性地走访易地扶贫搬迁劳动力。

（四）产业带动就业增收出现脱节

一是社区集体经济较为薄弱。许多安置社区自身集体经济较为薄弱，没有解决搬迁户就业或带动搬迁群众增收的经济基础。集体经济组织形式大于内容，以土地承包租赁为主，功能定位和发展方向模糊。二是底商门面资产尚有闲置。大多数安置社区集体资产都在住宅楼一楼规划有底商门面，由于新冠疫情和经济下行影响，有的安置社区底商门面空置率达到50%，造成扶贫资产闲置问题。三是利益联结负担较为沉重。有的就业帮扶车间及民营企业反映，疫情结束后，企业扩张需求旺盛，但面临现金流紧张且融资困难的问题，6%以上的利益联结机制限制了企业的投资能力和发展潜力。四是帮扶车间代加工利润较低。多数的就业帮扶车间都从事代加工生产，服装鞋帽、手工编织、农产品初加工等是帮扶车间的主要业态，处在价值链的底端，劳动生产率低，抗风险能力弱。

（五）公共配套设施维护存在隐患

一是基础设施验收移交进度滞后。有的安置社区大多数基础设施未完成验收工作，移交效率不高，导致无法进行系统管理。还有的安置社区基础设施（如公厕等）维护频率较低，存在不同程度故障。个别安置社区基础设施维修维护无资金保障。二是社区物业管理服务托管困难。集中表现在物业费收取难、管理成本偏高，有的安置社区物业不具备向市场招标条件或曾引进物业管理公司但因亏损撤离，目前其物业由国有平台公司代管维持，整体经营状况不佳，短期合同到期后仍将撤离。

（六）其他方面重点突出问题

一是新增人口住房问题。调研走访的安置社区中，有约10%的搬迁群众面临新增人口住房问题。目前县级层面针对该苗头性问题主要有给予租房补贴与允许回乡建房两种解决方式，以此帮助面临新增人口住房问题的搬迁群众缓解居住压力。然而，搬迁群众迁出地旧房均被拆除，新增人口住房问题亟须关注。二是留守人群照护问题。调研走访发现，安置社区的劳动力主要参与外出务工，留守人群以妇女、老人、小孩为主，在家庭照护和社会治安方面存在较大隐患。其中，不少留守家庭对未成年人疏于照护，缺乏健康的成长环境，容易沾染不良习气，甚至遭受非法侵害，由此造成的社会治安和社区稳定问题是安置社区矛盾纠纷的一大来源。

五、对策建议

（一）强化党建引领作用，增强基层党组织活力

一是加强基层党组织人才队伍建设。根据小区、院落的地域属性、人员类别全面推进基层党组织建设。要扩大范围、增加途径、拓宽领域，着重提高女性党员、少数民族党员比例，优化党员年龄结构，有计划地发展搬迁群众入党，把靠得住、有本事、信得过的搬迁群众，选拔充实到基层党组织队伍中。二是健全常态化驻村帮扶工作机制。对易地扶贫搬迁集中安置点选优配强驻村第一书记和工作队，带动安置社区各项工作步入正轨。传好驻村"接力棒"，确保驻村力量迅速到位、尽快进入工作状态，保证脱贫攻坚与乡村振兴有效衔接和平稳过渡。三是建立安置社区后备干部人才库。采用党组织推荐、个人自荐、居民评议、街道考察的方式建立后备干部人才库，对后备干部人才有针对性地实行重点培养，增强社区班子发展后劲。

（二）壮大社区管理队伍，健全基层治理体系

一是落实社区治理主体责任。配齐安置社区工作人员，全面开展岗前培训和社区两委、群团负责人业务培训，提升履职尽责能力。例如，以"上梅红""义警站"等社区社会组织为依托，创新社区与社会组织、社会工作者、志愿者联动机制，激发基层社区治理活力。二是细化社区网格管理单元。合理设置社区网格，搭建起以社区党组织书记任总网格长、社区干部任网格长、楼栋（小区）长任网格员和小网格长的三级网格系统。推广每名网格员配备1—2名志愿服务者的模式，并按每250户左右划分一个网格，在网格中成立党小组。三是建立民情民意察访制度。建立街道领导班子成员联系小区制度，为群众解决实际问题。社区工作人员、驻村干部、网格员、楼栋长、党员要

分工作组，对搬迁群众开展定期察访，切实解决群众身边的"急、难、愁、盼"问题，通过院坝会、场屋会等方式充分吸纳搬迁群众参与社区自治。

（三）改进就业支撑体系，实现"培训即就业"

一是加强就业动态监测，提升就业服务能力。合理配备公共就业服务站点，开展用工信息动态对接。结合东西部劳务协作等帮扶资源深入开展职业指导、专场招聘会等就业服务活动，通过政府购买服务、补贴交通费用等方式，为搬迁群众外出就业提供劳务输出服务，提供"点对点、一站式"服务。二是加强职业技能培训，转变搬迁群众就业观念。聚焦企业用工需求，积极组织开展线上线下技能培训，不断提高易地扶贫搬迁劳动力的综合素质和技能水平，加强对易地扶贫搬迁劳动力就业意愿的观念引导和思想宣传，通过电视、广播、微信公众号、指导手册等媒介广泛宣传就业帮扶政策，消除其心目中的畏难情绪和"懒汉"心理，激发斗争精神和工作热情。三是探索"培训+就业"模式，解决"授人以渔"问题。有针对性地组织企业需要的技能型人才培训，针对每个未就业的贫困劳动力和易地扶贫搬迁劳动力，制定"一人一策"就业培训帮扶方案，开展"一对一"点单式就业培训服务。强化配套产业园区、就业帮扶车间的就业吸纳能力，建立健全挂钩联动机制，使吸纳就业数量与就业需求相匹配。

（四）拓宽产业发展渠道，激发群众增收动能

一是引入优势产业，凝聚发展动能。充分利用闲置门面资产，持续优化营商环境，加大招商引资力度，吸引适合安置社区发展的产业，在设备采购、物流、财税、金融、用工等方面给予政策优惠。二是培育集体经济，增强"造血"功能。把社区集体经济纳入易地扶贫搬迁后续扶持项目库，充分利用社区人力资源，成立社区集体企业，发展服务、旅游、特色农产品、工艺品加工等产业，解决就业渠道单一及过度依赖劳务输出等问题。吸引适合安置社区发展的产业，发展多元集体经济。探索安置社区分红模式和联农带农机制，助力搬迁群众增收。三是创新融资渠道，争取帮扶资源。政府引导社会资本参与安置社区产业发展规划，推动安置社区融入新型城镇化建设。优化

安置点基础金融服务，引导各银行金融机构加大对安置点服务网点、助农服务点、便民服务点等基础设施建设的资金投入，不断完善易地扶贫搬迁安置区附近金融服务网点布局，推动安置点基础金融服务实现全覆盖。

（五）提升公共服务水平，优化配套设施建设

一是强化资金保障，提高服务水平。申请县级政府层面资金支持，将安置社区的基础设施维修资金纳入财政预算，其日常管理纳入市政设施管理范畴，制订年度检查计划。引导金融机构为易地扶贫搬迁后续扶持项目提供配套融资服务，加大对安置区产业配套设施建设、产业培育等中长期信贷支持，逐步完善安置区综合设施建设，提升安置区公共服务水平。二是明确管理事项，完善配套服务。成立安置社区便民服务中心，县乡层面要相继下放便民服务权力事项，既切合搬迁群众实际生产生活需要，又符合行政效率要求，减轻基层工作负担。同时，适当支持社区公益服务业务用房，组建社区志愿服务工作队，把免费理发室、健身室等公益性服务场地纳入社区配套设施建设。

（六）未雨绸缪集中攻关，解决重点突出问题

在新增人口住房问题上，要高度重视以下几点：一是全面排查，摸清底数。组织街道干部、社区工作人员、网格员对全县易地扶贫搬迁人口开展全面排查，研判锁定新增人口家庭形势。二是建立健全的补贴机制。制定印发公共住房租赁补贴方案，通过市场租赁住房，解决新增人口住房困难。根据社会经济发展水平、承租对象的承受能力、租赁成本、利润、房屋类型等因素拟定易地搬迁公共租赁住房租金标准。适时调整住房面积和收入情况认定标准，并根据家庭条件进行动态跟踪。三是确保惠民政策宣传到位。要通过宣传手册、社区干部走访、LED显示屏滚动播放、微信公众号等宣传方式，提高搬迁群众对惠民政策的知晓率。

在留守人群照护问题上，要综合施策：一是全面寻访综合排查。社区以楼栋或村民组为单元划分安置点网格，网格员"零距离"服务搬迁群众。针对特殊困难群体建立由社区动态管理的留守照护边缘家庭名单。二是建立干

部包保制度。依托街道（乡镇）干部、社区干部、驻村干部、社区医生、派出所民警、楼栋长等力量对入选名单的留守人群进行包保。组织包保责任人定期与留守人群谈心谈话，帮助留守人群尤其是留守儿童解决感情缺失、心理失衡、生活失助、安全缺保等问题。三是鼓励各地政府完善公共服务体系。加大县乡养老机构管理人员专项培训力度，提升照护水平。完善留守儿童关爱服务体系，提高儿童福利机构服务保障水平。

附件1：以便民服务创新加强和改进乡村治理——基于贵州省雷山县的经验与启示

附件2：以志愿服务促进社区融入——以新化县"琅塘星"志愿服务队为例

附件1：

以便民服务创新加强和改进乡村治理——基于贵州省雷山县的经验与启示

5月28—31日，中国扶贫发展中心同中央财经大学组成调研组，赴贵州省雷山县开展"巩固易地扶贫搬迁后续扶持成果专项行动"调研。其间，调研组通过实地走访和座谈，发现过渡期以来，雷山县紧盯有效衔接工作，针对"三多"（外出务工人员多、孤寡老人多、留守未成年人多）"两大"（少数民族占比大、山区面积大）导致群众办事难的问题，探索推行了"寨管委"治理模式和"红色代办"服务机制；以便民服务创新为抓手，构建起县统筹、镇主抓、村领导、寨自治的乡村治理体系；从群众"急难愁盼"的问题出发，通过无偿代办，延伸了治理触角、打通了服务链条，打通了联系服务群众"最后一米"，走出一条加强和改进乡村治理的成功之路。现将有关情况报告如下。

一、基本情况

雷山县位于黔东南苗族侗族自治州西南部，总面积1218.5平方公里，辖8个乡镇、1个街道、154个行政村、323个自然寨、1305个村民小组，全县户籍人口16.48万人，少数民族人口占92.3%，其中苗族占总人口的84.2%，是"九山半水半分田"的山区县，现为国家乡村振兴重点帮扶县。

二、经验成效

（一）寨官为民，重心下移

一是优化治理密度，夯实社会基础。全县成立"寨管委"管理工作领导小组，县委副书记担任组长，办公室设在县委组织部，建立"寨管委"管理联席会议制度，以现有自然寨为单位、村民组为基础，综合考虑历史沿革、地理相邻、居住相连、人文相近、利益相关等因素，按照便于组织、便于管理、便于服务的原则，共组建471个自然寨管理委员会，实现村民寨全覆盖。

"寨管委"通过"3+N"组织架构，形成1名乡镇干部任指导员、1名村干部任包保员、1名"寨管委"主任和多名委员（保洁员、水管员、护路员、安全员、护林员）组成的三级联动体系，夯实了村级治理的基础。

二是完善治理体系，吸纳社会精英。"寨管委"属于各自然寨的群众自治组织，与"行政村党支部（总支）—网格（村民小组或自然寨）党小组（党支部）—党员联系户"的村党组织体系有机融合，是对村民委员会的延伸和补充，其职责主要是在村级领导下抓好政策宣传推广、环境卫生整治、社会综合治理、公益事业发展、乡风文明建设等5项工作。"寨管委"主任由本自然寨的村"两委"成员或村民小组长、联户长、网格长兼任，委员从本自然寨的"两代表一委员"、"五老"、离退休返乡人员、退伍复员军人、致富带头人等优秀村民中推选，丰富了村民自治的内涵。

(二) 代办利民，服务前移

一是创新服务理念，加快治理转型。全县在"寨管委"模式基础上，推广"红色代办"便民服务，乡镇、村层面共设置8个"红色代办"总站和154个"红色代办"站，结合村情实际，合理设置自然寨"红色代办点"。采取党员自荐与群众推荐相结合的方式，选出热心党员、优秀团员和进步群众与驻村工作队共同组成村级便民"红色代办队"，由代办员为群众无偿代办事务，着力破解因程序不清、政策不明、距离不便等原因造成的群众办事难等问题，实现农村基层便民服务场所全覆盖。2021年以来，全县723名代办员累计为群众解决困难问题2500余个，代办实事5900余件，通过上门服务和轮流值班等灵活多样的方式，把群众跑路变为党员干部跑腿、把群众办事变为党员干部代办。

二是打通服务链条，提升治理效能。针对留守未成年人、孤寡和空巢老人、残障人士等特殊困难群体，由代办员提供一对一精准服务。按照定点、定员、定项、定时、定标的原则，建立"三办理，四登记"制度（一般事项直接办理、特殊事项承诺办理、重大事项联合办理，预约电话登记、上门服务登记、代办结果登记、办结签收登记），明确项目审批、证照代办、咨询服务、公益事业4类服务事项，几乎涵盖农民经济生活和公共服务需求的各个领域，县级职能部门和乡镇成为村级"红色代办"的后盾，实现更多事项"跨省通办""一事联办"，最大限度地减少群众跑腿次数。

三、启示建议

2023年中央一号文件指出，要"突出大抓基层的鲜明导向""坚持以党建引领乡村治理，强化县乡村三级治理体系功能"，治理重心下移和资源下沉成为乡村治理的发展趋势。目前，农村地区普遍推行了网格化管理、包村联户等制度，但由于村级事务工作负担长期居高不下，与农民对公共服务的巨大需求相比，现有乡村治理体系在联系服务群众上还存在漏洞。雷山县坚持以人民为中心的服务理念，扎实探索"寨管委"和"红色代办"等政策工具，以便民服务创新为抓手，加强和改进乡村治理。据此，有如下政策启示：

一是要推动重心下移，将党建引领与村民自治结合起来，变治理末梢为治理支点。建议借鉴"寨管委"治理模式经验，针对村庄人口"空心化"问题，在现有行政村（社区）的基础上，夯实村级层面以下二级组织（网络）建设，优化治理密度。

二是要坚持关口前移，将基层治理与公共服务联动起来，变服务盲区为服务通道。建议借鉴"红色代办"模式经验，针对农村公共服务短板，在现有政务服务平台建设基础上，主动发现和回应群众诉求，畅通便民服务渠道，延伸治理触角。

三是要统筹县域治理，将工作创新与机制推广贯通起来，变单打独斗为协同联动。建议借鉴雷山县以便民服务创新为抓手，加强和改进乡村治理的思路，在现有行政管理体制基础上，加强县乡村三级治理体系工作衔接，突出治理成效。

附件2：

以志愿服务促进社区融入——以新化县"琅塘星"志愿服务队为例

2023年6月9—13日，中国扶贫发展中心同中央财经大学组成调研组，赴湖南省新化县开展"巩固易地扶贫搬迁后续扶持成果专项行动"调研，其间，调研组通过实地走访和座谈，发现过渡期以来，新化县紧盯有效衔接工作，针对村级组织软弱涣散、基层任务繁重复杂、基层社会凝聚力差等问题，探索推行了"琅塘星""上梅红"等志愿服务工作体系，推进基层志愿服务常态化，有效破解了基层治理难题，创造了可复制、可推广的典型经验。现将有关情况报告如下：

一、基本情况

湖南省新化县地处湘中偏西、雪峰山东南麓，辖区总面积3642平方公里，辖3个街道、18个镇、7个乡、2个国有林场、1个经济开发区。新化县是湖南省最大的贫困县，"十三五"期间，该县共建设易地扶贫搬迁集中安置点116个，分散安置点2个，安置建档立卡贫困户9096户34436人。

2022年以来，新化县扎实推进易地扶贫搬迁后续帮扶工作，不断健全基层党组织领导的群众自治制度，推广"琅塘星"基层治理模式。"琅塘星"以数字平台为载体，采用积分制管理模式，解决易地扶贫搬迁普遍面临的社区治理共同体困境。"琅塘星"获评民政部"全国第二批基层治理创新典型案例"。

二、经验成效

（一）培育社区志愿组织，赋予基层治理职责

一是巧用优秀传统文化，吸纳群众参与治理。新化县是梅山文化的发源地，自古以来就有"重义轻利"的传统文化思想。当地运用"厚德重义"的地区文化思想，组建"琅塘星"志愿服务队，吸纳社会精英和社区居民参与

志愿服务，发挥群众地熟、人熟、事熟的优势，让群众力量汇聚到基层治理的方方面面。琅塘镇共发展志愿服务队32支，包括385名乡贤在内的志愿者6122名，为基层社会治理注入新鲜血液。

二是健全完善岗位职责，全面提升服务质量。建立镇总队、部门、村分队组织构架，明确规定所有党员、村干部必须加入志愿服务队，村两委开展志愿服务活动，党员率先参与志愿服务。赋予"琅塘星"志愿者政策宣讲、安全巡查、矛盾调处、环境保护、扶贫济困、卫生整治、文明创建、平安建设等八项职责，激励志愿者积极履行社会责任。

（二）数字赋能志愿服务，推进社会协同治理

一是创建"琅塘星"官方平台，整合志愿服务资源。"琅塘星"公众平台承载着正面报道、反向曝光、数据记录、诉求渠道四个方面的职责，集中发布志愿服务需求清单，组织志愿者线上认领服务项目，便于志愿者精准参与服务活动。2022年全年通过"琅塘星"公众号数字平台收到各类急、难、愁、盼事项67件，累计解决59件，办结率近88%，共涉及16个村，208人，群众满意度98%。

二是实现数字治理全覆盖，推动社会协同治理。"琅塘星"数字治理平台已经实现全域覆盖，并把志愿服务和环境整治、村规民约、家风家教、移风易俗等具体工作相融合，促进了社区群众与基层政府之间的沟通，弥补了线下消息传递缓慢、政策宣传力度不够等问题，有效地推动了社会协同治理。

（三）创新社区参与模式，促进群众社会融入

一是志愿服务积分量化，激发群众内生动力。琅塘镇对志愿服务活动全程进行数字记录和整理，并实施累计积分管理，按照积分确定星级标准和工作绩效。坚持"日积分、月表彰、年兑换"制度，以村、部门为单位，由专人收集各网格志愿活动开展情况并每月公示，每月评选一名"志愿之星"，每年对全镇积分前200名实施物质激励，从而有效地激发群众参与热情。

二是开展社区公益活动，引领崇德向善风尚。"学雷锋·争做新时代雷锋"在琅塘镇蔚然成风。该镇依托"琅塘星"志愿服务体系，广泛开展志愿服务活动，将志愿服务融入基层治理，带动社区居民参与社区公共事务管理，

形成社区治理"志愿者带头、群众参与"的良好氛围,引领崇德向善文明风尚。

三、启示建议

易地扶贫搬迁后续帮扶工作是巩固拓展脱贫攻坚成果的重要内容。《关于推动大型易地扶贫搬迁安置区融入新型城镇化实现高质量发展的指导意见》明确了今后一个时期推动大型易地扶贫搬迁安置区融入新型城镇化、实现高质量发展的总体要求、主攻方向、主要任务和支持政策,更好地满足搬迁群众对美好生活的向往。易地扶贫搬迁打破了基于血缘和地缘关系的居住形态,使得原有的村庄情感纽带被割裂,生产和生活两个空间基本分离,为社区治理带来难度。与此同时,个体脱离传统的共同体,搬迁前"熟人社会"的聚合功能逐步瓦解,慢慢地从"集体化社会"变为"原子化社会"。此外,多数群众无法适应从村民到市民的身份转变,缺乏对搬迁社区的认同感和归属感,从而带来一系列的基层治理问题。

为破解易地扶贫搬迁群众社会融入难题,新化县琅塘镇以志愿服务为切入点,构建"琅塘星"基层治理体系,有效激发群众参与热情,凝聚社会治理力量。据此,有如下政策启示:

一是党建引领志愿服务,培育基层民众组织。建议借鉴"琅塘星"志愿服务体系建设经验,通过党建引领提升志愿服务组织的资源动员能力,以居民需求为导向,充分发挥党员先锋模范作用,积极组织党员志愿者开展志愿服务活动。同时,结合地方文化特色,培育基层民众组织。建议地方政府因势利导,结合本地区的传统文化与地方知识,培育和发展社区志愿服务队伍,创建具有地方特色的志愿服务品牌。

二是开展社区公益活动,培育社区社会资本。搬迁农户来自不同乡镇和村庄,彼此之间异质性强、认知能力存在差距,且文化心理差距、共同体意识缺失也容易使搬迁群众产生身份认同困境。因此,建议在安置社区广泛组织开展群众喜闻乐见的社区公益活动,以积分制管理为抓手,开展文明家庭创建、劳动模范评比、文明实践志愿服务活动。同时,积极引入专业社会工作服务,通过志愿服务活动增进互信,在利他实践中培育社区社会资本,形成"邻里和睦、守望相助"的良好风气。

三是创新社区融入模式，提高公共服务水平。安置社区养老服务、社会救助、留守儿童问题仍值得关注。建议整合政府、社会各方资源，通过心理疏导、物质补助、亲情关怀等多种手段，加大对社区留守老人、妇女、儿童等特殊困难人群的救助力度。同时，建议借鉴新化县"琅塘星"志愿服务体系，推动各地创新基层治理模式，积极应用数字化治理工具，着力提升安置社区公共服务供给能力，不断提高搬迁群众生活质量。

培育新型农业经营主体、增强内生发展动力对策调研报告

王玉海　李　娜　董　菡　薛亚硕　冯丹萌　鲁煜晨①

一、新型农业经营主体培育发展的基本情况

（一）情况概述

习近平总书记指出："要积极扶持家庭农场、农民合作社等新型农业经营主体，鼓励各地因地制宜探索不同的专业合作社模式。"在坚持家庭承包经营基础上，培育从事农业生产和服务的新型农业经营主体是关系我国农业现代化发展的重大战略。党的二十大报告提出，"发展新型农业经营主体和社会化服务，发展农业适度规模经营"。2022年3月，农业农村部发布《关于实施新型农业经营主体提升行动的通知》，提出加快推动新型农业经营主体高质量发展。2023年中央一号文件指出，"深入开展新型农业经营主体提升行动，支持家庭农场组建农民合作社、合作社根据发展需要办企业，带动小农户合作经营、共同增收"。党的十八大以来，各地大力扶持发展新型农业经营主体，采取一系列政策措施推动新型农业经营主体不断培育壮大，对乡村产业振兴和促进农民增收起到了重要作用。截至2022年底，全国依法登记的农民合作社达223万家，纳入管理名录的家庭农场超过400万个，辐射带动全国近一

---

① 王玉海，北京师范大学经济与资源管理研究院教授，博士生导师；李娜，中国乡村振兴发展中心合作处干部；董菡，北京师范大学经济与资源管理研究院博士生；薛亚硕，北京师范大学经济与资源管理研究院博士生；冯丹萌，农业农村部农村经济研究中心经营体制处副处长，副研究员。课题组组长：王玉海。课题调研团队成员：董菡、薛亚硕、冯丹萌、鲁煜晨。

半农户,成为构建现代农业经营体系的重要依托,为培育新型农业经营主体积累了有益经验。然而,如何在此基础上进一步培育壮大新型经营主体,持续增强农户内生发展动力,需要有效疏通以下堵点和难点。

一是农村要素市场化改革滞后,不仅农村土地市场不能促进资源优化配置,而且金融市场也无法满足新型农业经营主体的需求。一方面,土地是农业生产的基础性要素,新型农业经营主体对土地的需求已从传统的承包地向设施农业用地、建设用地等拓展,但由于中国农村土地市场化改革缓慢,农村土地资源要素还不能实现优化配置,绝大多数新型农业经营主体都面临着用地难题。根据第三次全国农业普查数据,截至2016年底,在20743万农业经营户中,只有398万规模农业经营户,仅占0.19%,并没有实现规模经营的目标。另一方面,当前中国农村有大量的新型农业经营主体因无法维持持久的投入而倒闭,主要原因是新型农业经营主体很难获得金融支持,具体表现为融资门槛高,缺乏相应的涉农融资担保机构;针对涉农的融资产品与主体不适应;农村融资渠道不丰富、融资体系不完善等三大方面。

二是内生发展扶持政策不足。以家庭农场为例,根据全国31个省、自治区、直辖市2014—2018年家庭农场监测数据,全国家庭农场中位数仅为200亩,具有小农户相似的脆弱性。近年来,东北三省玉米市场价格下降,稻谷和小麦的最低收购价基本停滞不前,远低于农业生产资料价格上涨幅度,直接影响了粮食种植家庭农场的收益水平,一旦遇到旱涝等天灾,许多家庭农场主不得不选择放弃。然而,在解决家庭农场脆弱性方面的扶持政策还不够充分,培育新型农业经营主体的政策支持体系相对薄弱。

三是新型农业经营主体人才需求不断加大。目前,我国新型农业经营主体的人才需求正面临挑战:一方面是农村青年人才数量较少、结构不优。第三次农业普查数据显示,目前我国农村35岁以上劳动力占比达80.8%,其中55岁以上劳动力占比33.6%。严重的人口外流和失衡的剩余人口结构成为制约新型农业经营主体培育的重要难题。另一方面是农村人口的普遍素质不能适应发展需要。这不仅表现在农业生产经营人员文化素质水平低下,大多数是初中学历(47%),高中及以上学历占比仅为27.6%,还表现在新型农业经营主体的发展缺少高素质涉农领域人才。

(二) 文献综述

1. 国外研究现状

对于新型农业经营主体相关问题的研究,国外部分发达国家的起步较早,研究成果较为完善,主要包括类型界定、农业生产率以及路径分析等内容,对我国培育新型农业经营主体具有一定的参考借鉴价值。现将国外关于培育农业经营主体的相关研究概括如下。

一是关于新型农业经营主体类型问题的研究。国外多数学者将发达国家的农业经营主体分为家庭农场、公司型大农场、兼业农户、合作社集中四大类型(李铜山和刘清娟,2013)。Collier P 和 Dercon S (2014) 认为在全球的农业生产中家庭农场处于长期稳定的主导地位。Tortia 等 (2013) 则认为,合作社的生产能力优于传统家庭农场,由于其大规模化生产降低了生产成本和交易成本,有效弥补了传统家庭农场的弊端。

二是关于新型农业经营主体生产率问题的研究。舒尔茨(1964)指出农业经营规模并不是农业生产率的绝对决定因素,提高农业生产率的关键在于资源的高效配置和农业要素的均衡性问题。Robert A. Hoppe (1999) 认为在传统农业向规模经营过渡的过程中,经营规模的大小对于农业生产率有一定的决定作用。

三是关于培育新型农业经营主体路径问题的研究。Thompson (2016) 强调了金融政策支持在家庭农场发展中的重要作用,并指出应加大贷款利率补贴以及提供农作物保险补贴等金融支持措施。Andrea Zimmermann (2019) 指出社会环境、经济波动以及政策扶持是提高家庭农场发展质量和加快家庭农场发展速度的重要因素。

2. 国内研究现状

当前,国内对于新型农业经营主体相关问题的研究成果日益丰富,相关探讨主要集中在类型界定、特征分析、路径探寻等3个方面。现将国内关于新型农业经营主体的研究成果概括如下。

一是关于新型农业经营主体类型问题的研究。国内学者自新型农业经营主体这一概念初次提出，便对其包含的类型进行了大量探究。多数学者将以专业大户、农民专业合作社、家庭农场和农业龙头企业为代表的几类群体纳入新型农业经营主体包含的主要类型之中（黄祖辉和俞宁，2010；张照新和赵海，2013；陈晓华，2014）。对此类问题的研究对于定向分类扶持主体具有理论铺垫作用。

二是关于新型农业经营主体特征问题的研究。汪晓文和杨光宇（2013）将新型农业经营主体的突出特征总结为规模相对传统的经营主体大、经营管理方面能力突出、在生产中对农业资源的选取把握以及利用率高、各项农业设施条件水平高、掌握的技术较为先进等5个方面。张秀生和单娇（2014）认为新型农业经营主体在经营规模、盈利能力和市场竞争力方面要明显优于传统的经营方式。宋洪远等（2020）提出不同类型新型农业经营主体特征明显，但主体产业类型较为单一，且参与经营的环节具有明显的趋同性。

三是关于新型农业经营主体路径问题的研究。对新型农业经营主体的培育路径这一问题的探讨一直是国内学界的研究重点。其中，关于新型农业经营主体融资路径的研究成果居多（林乐芬和法宁，2015；王吉鹏等，2018；宋洪远等，2020；张宏斌，2023）。刘婷婷（2016）指出应加大对新型农业经营主体的信贷支持力度、提升对新型农业经营主体的金融服务质量、加快农村金融体系建设。王睿和周应恒（2019）提出通过金融扶持新型农业经营主体时，应降低融资成本、升级农村产业供应链、完善农村财务信息体系和会计制度。杨兆廷等（2021）认为通过"区块链+大数据"技术，新型农业经营主体能够盘活关键资产、优化组织形式和完善征信体系，从而能够解决其融资困境问题。吴易雄（2023）认为新型农业经营主体高质量发展离不开政策的有力支持，需要着力在新型农业经营主体呼声最高、需求最迫切的融资贷款、附属设施用地、基础设施建设、农业保险覆盖、人才培育引进上实现重大突破。此外，部分学者对土地流转路径以及经营管理路径等方面也进行了一定研究（陆梦秋，2019；孔祥智和周振，2020；李耀锋和张余慧，2020；何军和朱成飞，2020；李江一和秦范，2022）。

3. 文献评述

国外对农业经营主体问题的研究较为完善，对于我国当前面临的培育壮大新型农业经营主体这一重大任务有较强的参考价值。此外，由于我国农村存在自身特殊性，必须在借鉴国外优秀理念的同时立足"大国小农"的基本国情具体分析。

与国外学者相比，国内学者对新型农业经营主体培育的研究起步较晚，直到党的十八大后新型农业经营主体的相关研究才进入了主流视野。我国学者在对相关概念进行梳理后展开研究，进一步丰富了新型农业经营主体的内涵，深化了学术界对新型农业经营主体的认识。但是，在关于新型农业经营主体培育机制的研究中，既有的研究视角较为单一，较少关注新型农业经营主体和小农户的关系问题，缺乏对依托新型农业经营主体增强农户内生发展动力的探讨，从而难以形成对新型农业经营主体培育机制的完整认识。

（三）寿光市与博野县新型农业经营主体培育发展的总体情况

总体来看，山东省寿光市和河北省博野县在培育新型农业经营主体上都有了长足发展，在经营规模、科技创新、品牌建设、联农带农、市场竞争力等方面都有显著提升，日益成为乡村产业发展的"领头雁"和推动乡村全面振兴以及建设农业强国的重要力量。

1. 寿光市新型农业经营主体培育发展的总体情况

寿光市，是山东省潍坊市辖县级市，位于山东省中北部，潍坊西北部，渤海莱州湾西南岸，总面积2072平方千米。截至2022年末，寿光市下辖5个街道、9个镇，户籍总人口111.2万人。作为一代农圣贾思勰的故乡，寿光市既"因菜闻名"又"因农而旺"：一方面，设施蔬菜种植面积约60万亩，蔬菜大棚15.7万个，年产量达450万吨，年交易蔬菜量约900万吨，农林牧渔业总产值196.4亿元，一半以上来自蔬菜；另一方面，高效设施蔬菜产业富农利民强市效果明显，寿光市2022年GDP总量达1002.1亿元，首次跻身"千亿俱乐部"，同时金融机构各项存款余额达1578.7亿元，是山东省存款最多的县级市，农村居民人均可支配收入23900元，比全国平均水平高39.5%，城乡居民可支配收入比为1.87∶1。

新型农业经营主体是农业高质量发展的重要支撑。近年来，寿光市高度重视新型农业经营主体培育，把发展新型农业经营主体作为拓展创新"三个模式"（"潍坊模式""诸城模式""寿光模式"）的重要内容，把发展新型农业经营主体作为保障农产品有效供给、引领农业转型升级、农民稳定增收的重要力量，将加快培育农民合作社、家庭农场等新型农业经营主体作为推进农业现代化的重要抓手，突出优质导向、市场导向、惠民导向，坚持规范与发展并举，提升与创新并重，外塑形象内提质量，强力推进全国农民合作社质量提升整县推进试点，加快由量的积累向量质并举转变。寿光市新型农业经营主体呈现出模式新、质量高、活力强、运营好的良好态势。截至2022年底，寿光市农民合作社已发展到3005家，农民出资总额50亿元，带动周边农户18万户，农户入社比例达到85%以上；家庭农场2213家，果蔬类家庭农场1047家，占比47%以上；农业龙头企业有135家。

表1 2022年寿光市新型农业经营主体发展的基本情况　　　　单位：个

	级别	数量
农民专业合作社 （3005个）	国家级示范社[a]	8
	省级示范社	49
	市级示范社	67
	县级示范社	163
	高标准样板社	15
家庭农场 （2213个）	省级示范家庭农场	13
	潍坊市级示范家庭农场	57
	寿光市级示范家庭农场	22
农业龙头企业 （135个）	—	—

注：a 分别是寿光市众旺果蔬合作社、寿光市洛城街道斟都果菜合作社、寿光市东华蔬菜合作社、寿光市令欣蔬菜合作社、寿光市亮泽果蔬合作社、寿光市金百果品合作社、寿光市民隆蔬菜合作社、寿光市利邦养殖合作社。

资料来源：调研组整理。

二、寿光市与博野县培育新型农业经营主体的主要做法

近年来，寿光市与博野县通过深入实施新型农业经营主体培育行动，积极培育家庭农场，规范提升农民合作社，大力发展农业社会化服务，推动小农户与现代农业有效衔接，现代农业经营体系日益完善。其培育新型农业经营主体、增强内生发展动力的主要做法可归纳总结为以下几个方面。

（一）坚持以体系创新为抓手，"自上而下"强化培育新型农业经营主体的组织保障

一是强化顶层设计，做好规划引领。山东省委、省政府高度重视新型农业经营主体发展，将其作为建设农业强省、促进乡村全面振兴的重要支撑，明确写入省委一号文件和省政府工作报告，纳入对各市党政领导班子和领导干部推进乡村振兴战略实绩的考核内容，不断强化政策拉动、典型带动、服务促动，有力推动新型农业经营主体迈向高质量发展阶段。二是强化政策创设，因地制宜精准施策。寿光市和博野县结合各自发展实际，因地制宜研究出台培育壮大新型农业经营主体的地方政策。具体来看，寿光市人民政府办公室印发了《关于加快构建政策体系培育新型农业经营主体的实施意见》，旨在指导寿光市加快形成以家庭经营为基础、合作与联合为纽带、社会化服务为支撑的立体式复合型现代农业经营体系；博野县先后制定了《关于发展壮大新型农业经营主体的实施意见》《深化清理规划合同的实施方案》《村党组织领办合作社的实施意见》等方案意见，进一步细化了目标任务、明确了经济措施。三是健全工作责任体系，推动政策落到实处。寿光市成立农民合作社工作领导专班、建立县镇村三级农民合作社辅导员队伍，充实基层经营管理工作力量，确保各项政策落到基层、落到实处。博野县成立发展壮大村集体经济领导小组，县委书记和县长亲自挂帅，坚持"横向到边、纵向到底"的工作体系，协同推进新型农业经营主体培育进程，两手抓双促进。在纵向上建立了县镇村三级发展壮大村集体经济责任体系，县委书记和县长分别同乡镇党委书记和镇长签订责任状，明确目标任务，压实责任；在横向上建立

了跨部门联商协调机制，统筹考虑项目资金分配，出台分类指导方案，根据各村实际情况，开展针对性帮扶指导。

（二）坚持以市场需求为导向，增强成长中的市场竞争力

一是探索组织化经营，分散农户、合作社向规模联合经营转型。2020年9月，寿光市组建了全国首家蔬菜合作社联合会，构建起以合作社联合会为龙头、15家镇街合作社分会为骨干、131家潍坊市级以上示范社为支撑的高品质合作社架构，带动85%的农户进入产业化经营体系，彻底扭转了原来蔬菜生产"一家一户单打独斗"闯市场的局面。博野县则由大营果品蔬菜专业合作社牵头，联合16家小规模合作社成立了消费帮扶协会，旨在最大限度缓解农产品滞销难题。二是以"互联网+"模式拓展销售渠道、推动销售升级。寿光市与京东物流、阿里巴巴签订了战略合作协议，集中打造了"农圣网""种好地"等区域性电商平台。乐义蔬菜、鲁誉种苗、翔琦专业合作社、金蔬农业科技有限公司等通过抖音、快手等互联网平台进行产品展示、推介，扩大销售规模，订单明显增加。三是打造区域公用品牌。寿光市2019年成功注册"寿光蔬菜"地理标志集体商标，依托寿光蔬菜合作社联合会作为区域公用品牌的管理单位，制定了"寿光蔬菜"区域公用品牌管理办法，明确了品牌使用标准和产品要求。博野县也培育出保定市首批、博野县第一个农产品区域公用品牌"博水之野"，并在2023年6月组织的区域农产品公用品牌大赛中获得最佳创意奖。四是严格质量把控。为解决推广过程中由于企业技术和个人经验不同导致的质量差异问题，寿光市推动创建了全国蔬菜质量标准中心。全国蔬菜质量标准中心自成立以来，立足寿光蔬菜产业发展优势，围绕品种培优、品质提升、品牌打造和标准化生产，以设施蔬菜全产业链标准集成和研制为突破口，全面总结寿光设施蔬菜生产管理经验，强化技术标准和管理模式示范推广，取得了积极成效。

（三）坚持以"标准、规范、提升"为核心，积极引导新型农业经营主体多元融合发展

一是突出标准引领。全国蔬菜质量标准中心于2018年落地寿光，并在全国范围首次提出了"蔬菜全产业链标准"概念，集成了2369条蔬菜产业链相关标准，形成14大类、182个品类的蔬菜标准数据库，编制完成了37种蔬菜的54项生产技术规程，6项全产业链行业标准获农业农村部发布实施，填补了国内空白，一个个"寿光标准"上升为"国家标准"。此外，顺应市场对高品质蔬菜的消费需求，寿光新型农业经营主体全部实行生产标准、技术服务、生资供应、产品包装、品牌销售、质量检测"六统一"标准管理，走出了一条蔬菜产业规模化生产、集约化经营的新路子。二是强调规范提升。为进一步提升蔬菜合作社样板社和样板家庭农场的发展质量，寿光市人民政府制定了《寿光市蔬菜合作社样板社规范提升实施意见》和《寿光市家庭农场规范提升实施意见》，积极培育部分在全省乃至全国叫得响的单体高端品牌，快速提升"寿光蔬菜"的品牌知名度、竞争力和附加值。三是优化利益联结。寿光市积极引导新型农业经营主体通过订单带动、保底收益、利润返还、股份合作、共设风险保障金等形式，与普通农户建立更为密切的利益联结机制，形成新型农业经营主体与农民共享政策红利、共享现代农业发展成果的良性机制。博野县按照"四步三连六统一"的方式，坚持党委主导、支部领办、党员主力、农民自愿的原则，统一吸纳土地入股，构建起了"支部+农户+市场主体"的三方利益联结机制。

（四）坚持健全完善财政支持和金融保险制度，着力解决壮大过程中各类难题

一是优化财政支持政策、落实税收优惠政策，解决新型农业经营主体融资难题。寿光市和博野县在财政支农资金安排分配上，向新型农业经营主体倾斜。对龙头企业，重点在信贷担保、贷款贴息、品牌创建、技术创新等方面进行支持；对示范性家庭农场、农民合作社，重点采用以奖代补、先建后补、示范奖励的方式进行扶持；对社会化服务组织，重点采用购买服务、大型设备购置补贴等方式进行扶持。此外，寿光市积极落实新型农业经营主体在产、供、加、销各个环节及用地方面的税收优惠，强化宣传培训、纳税服务、申报征收、后续管理等。二是加大金融信贷支持力度、发挥保险的风险转移作用，解决新型农业经营主体融资与风险分担难题。寿光市与博野县发展"普惠金融",尤其是"数字普惠金融",更好地满足新型农业经营主体农业装备购入和技术改造升级的融资需求。寿光农商银行与蔬菜产业各环节密切结合,积极为涉农经济主体提供全方位融资解决方案,实现"从种子到餐桌"的全产业链普惠金融服务,不仅推出"金种e贷",还创新推出"新型农业经营主体贷"和"预制菜贷",赋能全产业链发展。博野县为推动本县肉牛养殖特色及重要产业发展,出台了"乡村振兴·博牛贷·博牛保"政策,通过"政府+村党组织+农户+银行+保险"的带动模式,以银行"信用贷款"、保险"兜底保障",推动金融资源高效配置到特色养殖产业重点环节,为县域内特色养殖产业发展提供有力支撑。三是多种方式解决新型农业经营主体用地问题。寿光市和博野县支持新型农业经营主体依法依规盘活现有农村集体建设用地发展新产业。其中,寿光市鼓励新型农业经营主体合建或与农村集体经济组织共建仓储烘干、晾晒、保鲜、农机库棚等农业设施,以节约用地。

(五)坚持"内培"与"外引"相结合,建立新型农业经营主体人才支撑机制

一是培育高素质新型农业经营主体带头人。依托潍坊农村干部教育实践中心、潍坊科技学院、寿光羊口职教中心学校等平台,寿光市采取聘请专家授课、参观考察学习、写心得体会、小组讨论展示等灵活多样的培训方式开展新型农业经营主体带头人专业技能、经营管理和田间课堂培训,不断提升培训的针对性和实效性。博野县则通过县委组织部、农业局等部门和单位分批组织开展了对农民,尤其是对脱贫人口的职业技能培训活动,积极培育新农人。此外,博野县还发起了认定"乡村工匠"的活动,通过寻找乡村手艺人,在传承中华优秀传统文化的基础上,推广文旅结合、打造文创产品,推动产业升级。二是智力招引借力发展。寿光市先后与中国农科院、中国农业大学等10多家国家级科研院校建立深度合作关系,中国农科院寿光蔬菜研发中心、国家蔬菜工程技术研究中心寿光研发中心、农业农村部蔬菜种子质量监督检验测试中心寿光分中心等12家"国字号"平台相继落户寿光。

(六)坚持以数字农业为引擎,赋能新型农业经营主体智慧升级

一是打造寿光蔬菜供应链综合管理服务平台。围绕寿光蔬菜产业发展需

求，融合最新物联网技术、网络通信、自动控制、智能监控、行为识别及可视化管理体系，打造贯穿蔬菜产业全链条综合性管理服务平台，开发党建引领、蔬菜种业、果菜品种权交易、蔬菜质量网格化监管等14个模块，开发应用便携式移动监管设备，实现数据采集自动化与智能化，建立全产业链信息流闭环。二是以"数字+"撬动装备升级。寿光市坚持以工业互联网思维对农业基础设施进行改造提升，建成投用了丹河设施蔬菜标准化生产示范园、现代农业高新技术试验示范基地等现代化智能园区，全部覆盖大型水肥一体机、智能温控等新装备，承办了2022山东（寿光）智慧农业装备博览会，展览展示智慧农业领域新技术、新装备90多项，带动全市1.6万个大棚应用了数字化技术和智能化装备。三是以"数字+"推动销售升级。寿光市与京东物流、阿里巴巴签订战略合作协议，集中打造了"农圣网""种好地"等区域性电商平台，目前全市有5000多种蔬菜、种苗以及200多种土特产、农特产实现网上销售，被财政部、商务部、原国务院扶贫办确定为"2020年全国电子商务进农村综合示范县"。2022年，寿光荣登全国"农产品数字化百强县"榜单，位居全国第16位，山东第2位。四是以"数字+科技创新"抢占现代化农业前沿。寿光市坚持以智慧化思维、科技化手段对农业产业链全方位重塑，量身定制"寿光蔬菜产业互联网平台"，研制推广了立体栽培、无土栽培、椰糠栽培等30多种新模式和大棚滴灌、臭氧抑菌、熊蜂授粉等300多项国内外新技术，科技进步对农业增长的贡献率达到70%，高出全国10.8个百分点。

三、寿光市与博野县新型农业经营主体发展的典型模式、发展成效及推广可行性分析

寿光市和博野县新型农业经营主体发展具有鲜明的地方特色，形成了以"龙头企业+合作社+农户""投资商+运营商+家庭农场""党支部领办"为代表的发展模式，取得了显著的发展成效。

（一）典型模式

1. "龙头企业+联合会+合作社+农户"模式

"龙头企业+联合会+合作社+农户"发展模式是通过涉农领域的龙头企业

动员当地农民，联合合作社联合会，选定特定合作社基于风险共担、利益共享的原则，引导农民成员共同推进合作社发展建设的模式。

寿光市丹河园区蔬菜产业联合体（以下简称"联合体"）是"龙头企业+联合会+合作社+农户"发展模式的典型代表，也是寿光市为打造乡村振兴齐鲁样板的示范标杆，探索推出了培育新型农业经营主体的创新发展模式。寿光市依托寿光设施蔬菜产业基础优势，培育创建了"龙头企业+蔬菜合作社联合会+蔬菜合作社+农户（家庭农场）"的蔬菜产业联合体运营模式，推动蔬菜产前、产中、产后全产业链和价值链的双提升。

联合体是在寿光市委、市政府的大力支持下，以丹河园区为平台，由寿光蔬菜产业集团这一龙头企业牵头，联合寿光市蔬菜合作社联合会，与寿光市亮泽、东华等蔬菜合作社基于风险共担、利益共享的原则组建而成。其中，寿光蔬菜产业集团负责抓产前、产后环节和全链条的标准制定，蔬菜合作社联合会和蔬菜合作社负责生产环节的标准化应用和技术服务，农户（社员）负责生产环节，各方签订协议，明确分工职责，推动蔬菜全产业链标准化发展。丹河园区蔬菜产业联合体示意图见图1。

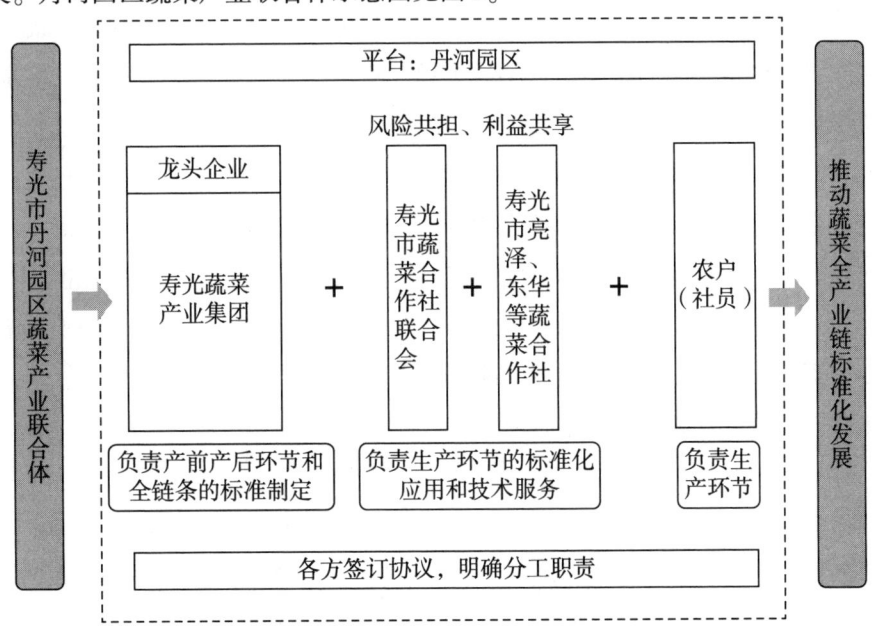

图1 寿光市丹河园区蔬菜产业联合体"龙头企业+联合会+合作社+农户"发展模式

联合体将充分借助和发挥参与各方的基础优势，实现资金、技术、标准、品牌、市场等要素的集聚融合，使得蔬菜产业的组织化程度进一步提高，资源配置效率大大提升，形成完整高效的产业链条。在乡村振兴战略实施的大背景下，联合体将不断完善总结好的经验做法，为在全市、全省乃至全国推广应用提供示范样板。丹河园区详细信息参见专题一。

> **专题一："龙头企业+联合会+合作社+农户"模式**
> **——丹河园区蔬菜产业联合体助力寿光蔬菜全产业链、价值链双提升**
>
> **一、运营模式**
>
> 依托寿光设施蔬菜产业基础优势，培育创建"龙头企业+蔬菜合作社联合会+蔬菜合作社+农户（家庭农场）"的蔬菜产业联合体运营模式，推动蔬菜产前、产中、产后全产业链和价值链的双提升。
>
> 1. 发挥龙头企业的示范带动作用，重点抓好蔬菜产前和产后环节。整合利用寿光蔬菜产业集团在研发、技术、标准、品牌、资金方面的优势，建设蔬菜标准化产业基地，解决一家一户分散种植、标准模式落地难的问题。由寿光蔬菜产业集团牵头，筛选优良蔬菜品种，开展工厂化育苗，统一农业投入品供应，统一技术培训和指导，统一品牌营销。产出的高品质蔬菜产品通过集团的中高端营销渠道销往粤港澳大湾区、长三角、京津冀等全国重点城市乃至日韩、东南亚及欧美市场，实现蔬菜产品的优质优价。
>
> 2. 发挥蔬菜合作社联合会和蔬菜合作社的服务职能，重点抓好蔬菜生产环节的标准化。以寿光市蔬菜合作社联合会为主体，规范"寿光蔬菜"区域公用品牌的运营与管理，健全完善寿光蔬菜基地生产的标准化组织体系，广泛开展专题培训活动，做好蔬菜全链条标准的推广应用，实现"统一农资、统一技术、统一管理、统一检测、统一品牌、统一销售"的"六统一"标准，保障蔬菜产品质量安全。
>
> 3. 建立紧密的利益联结机制，形成"风险共担、利益共享"的利益共同体。蔬菜产业集团、联合会、合作社、农户（家庭农场）四方以订单生产的形式，签订蔬菜生产和收购协议，明确蔬菜品种、基准产量、质量、价格等，在质量达标的前提下，以高于市场价收购协议农户的合格蔬菜产

品，最大限度让利于菜农，年终再进行综合考核，由龙头企业从利润中拿出一定比例对联合会及运营良好的合作社、农户给予"二次返利"。

4. 加快联合体模式在全国复制推广。依托寿光蔬菜产业集团，加快在云南、甘肃、海南、宁夏、内蒙古等地规划建设寿光模式"飞地经济"产业基地，大力推广寿光蔬菜产业联合体模式，实现寿光蔬菜周年均衡供应，助力全国乡村产业振兴。

二、工作机制

联合体探索实施"链长制"管理模式，以寿光蔬菜产业集团为蔬菜产业链"链主"，充分发挥"链主"的引领带动作用，围绕蔬菜产业链加快资源整合，创新发展模式。由集团一位主要领导担任联合体总负责人，多位分管领导担任关键链条的负责人。明确工作职责，细化任务分工，清晰重点任务，探索建立健全蔬菜产业政策治理机制与蔬菜产业管理制度。

联合体按照总体规划和重点任务工作要求，实行专班推进工作机制，强化督查考核，一周一调度，一月一考评。重点协调解决联合体培育过程中遇到的各类难点问题，确保联合体各项工作高标准、高质量推进。

三、工作任务

1. 完善利益联结机制。联合体内各经营主体之间以土地、资本、技术、设施、品牌为纽带，通过股份合作、订单合同等方式形成紧密型利益联结关系。促进农资供应、技术培训、标准推广、生产服务、品牌营销等优势互补，形成配套服务、购销等最惠待遇，让各成员受益，实现合作共赢。

2. 打造蔬菜种业研发集群。充分发挥寿光蔬菜产业集团农业农村部设施蔬菜种质创新重点实验室、山东省设施蔬菜技术创新中心等国家级、省级创新、人才、标准平台的作用，重点瞄准番茄、黄瓜、辣（甜）椒等种业领域，开展新品种选育和良种繁育工作。力争在2025年底前，联合体培育成拥有自主知识产权的蔬菜新品种200个以上，年育苗能力达到1亿株以上。

3. 建设蔬菜标准化生产示范基地。大力推行"寿光蔬菜"全产业链标准，推进生产设施、技术模式、质量管理标准化改造提升，强化病虫害统防统治、绿色防控、生物防治、有机肥替代化肥等措施的示范应用，打造蔬菜标准化生产示范基地。

4. 完善鲜切蔬菜加工及冷链物流体系。以市场为导向，借鉴"中央厨房+冷链"模式，建设净菜加工和冷链物流基地，通过加工、储藏、保鲜、分类分级，实现蔬菜产品的规模化加工生产，提高蔬菜商品化处理包装率，延长产业链，提高蔬菜产品档次和附加值。力争到2025年，年加工净菜达2万吨以上。

5. 拓展全国高端销售市场。线下借助粤港澳大湾区"菜篮子"潍坊配送中心以及粤港澳大湾区"菜篮子"潍坊农品寿光蔬菜展示交易中心等优势平台，线上通过寿光蔬菜在天猫、京东等电商平台设立的官方旗舰店以及网红直播带货等方式，深入拓展全国重点城市群商超社区高端销售市场，真正实现让优质寿光蔬菜从产地到餐桌的无缝对接。

6. 推进品牌共创共享。发挥"寿光蔬菜"区域公用品牌的优势，积极开展"三品一标"认证，走特色差异化发展路子。着力培育"寿光蔬菜"高端品牌发展体系，打造一批品质好、知名度高、信誉好的蔬菜单体品牌，实现品牌共享共建。力争到2025年，培育创建以口感型番茄、黄瓜为代表的特色单体品牌10个以上。

7. 突出示范带动效应。积极探索订单生产、二次返利等多种合作机制，通过拓展农超对接、产地直供、蔬菜保供等各类产销对接渠道，实现蔬菜产品优质优价。到2025年，实现联合体带动蔬菜合作社50家以上，带动农户超过1000户，户均年收入增加2万余元。

2. "投资商+运营商+家庭农场"模式

随着物联网、大数据等新一轮农业技术革命的蓬勃兴起，数字化转型正在成为乡村产业发展的风向标。但农业数字化转型还存在两大突出难题：一是以农户为基础的农业生产者虽有一定技术和经验但投资实力不足；二是金融投资企业反哺农业支持农业愿望强烈，也有足够的资金实力，但却缺乏乡村产业运营的管理经验，对乡村产业振兴"爱莫能助""难以楔入"。

为此，寿光市积极探索构建"投资商+运营商+家庭农场"的新型农业组织发展方式，借助投资商资本运作优势，建设数字化蔬菜产业园区租赁给附近农户，并通过专业运营团队为入驻农户提供标准化的种植技术和后期运营指导，实现了投资者专注投资、运营商专业经营、农户家庭拎包入驻，充分发挥了各类主体的自身优势，探索出了未来蔬菜产业化发展的新模式，促进了乡村产业高质量发展，为实现农民持续增收和乡村全面振兴提供了有益借鉴。

寿光市田柳镇现代农业创新创业园区是"投资商+运营商+家庭农场"模式下的典型案例。该园区由寿光市农业局下属国企金投集团投资建设，金投集团为园区提供充足资金，将低息贷款、统一大棚保险、一卡通理财等金融元素纳入园区运营之中；由民营企业恒蔬无疆负责实际运营，恒蔬无疆为入园业主提供技术指导、农资供应、安全防护、市场销售、产品检测等全流程、标准化服务，避免农户各自为战，实现农业生产工业化、服务业化；通过家庭农场经营，推动农业生产组织化、集约化、规模化，让传统农民变身职业业主，种植操心少、抗风险能力强。此外，该园区还通过构建多种农户入园模式，如租赁模式、自营模式以及合伙人模式，充分利用农户原有种植技术经验，让农户在深度融入产业链价值链中分享更多产业增值收益。田柳镇现代农业创新创业园区示意图见图2，详细信息参见专题二。

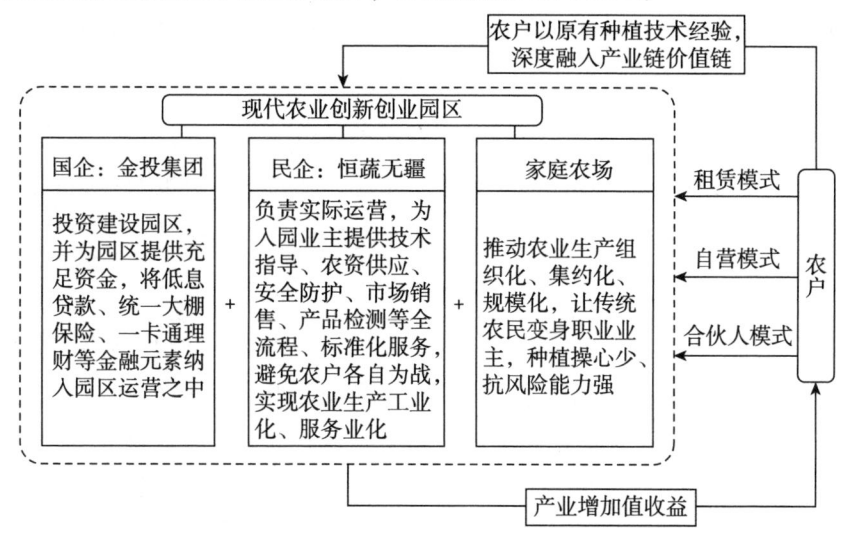

图2　寿光市田柳镇现代农业创新创业园区"投资商+运营商+家庭农场"发展模式

专题二："投资商+运营商+家庭农场"模式
——田柳镇现代农业创新创业园区助力寿光蔬菜产业竞争力提升

产业兴旺是实现乡村振兴的重要基础，是解决农村一切问题的前提。进入全面推进乡村振兴新阶段，如何把握高质量发展新要求，推动乡村产业提质增效成为摆在各地区面前的现实问题。

1. 发挥国有资本优势，满足蔬菜产业数字化转型投资需要

数字时代对产业发展提出了新的要求。寿光蔬菜产业发展进程中，蔬菜种植设施大棚的更新换代是数字化赋能最为突出的标志。但相应的，蔬菜大棚的更新换代对资金投入的要求更多、对技术水平的要求更高。现今蔬菜大棚已经迭代到第九代，大棚就如同工业产品生产流水线，高达三四十万元的建设成本成为了农民智能大棚建设的最大阻碍。

为此，寿光市把建设农业园区、推进集约化运营、强化数字化应用作为推动蔬菜产业升级的重要举措。在寿光市委、市政府的整体安排部署下，市属国有独资企业寿光市金融投资集团有限公司（以下简称"寿光金投"）充分利用国有企业实力雄厚、信用良好、更易受到金融资本青睐的优势，以较低的成本实现融资贷款。同时，创新国有资本下乡新模式，将低息贷款、统一大棚保险、一卡通理财等元素纳入到园区运营中，实现了"金融活水"向蔬菜全产业链精准浇灌。2018年，田柳镇现代农业创新创业示范园区正式建设完成并投入使用。园区累计投资1.7亿元，面积1500亩，建设高标准冬暖式大棚168个，棚内配备了各种数字化设备，包括环境传感器、二氧化碳发生器、智能喷淋系统、水肥一体机等，可以通过物联网在手机上运行，实现手机App对大棚智能化设备的远程操控。

2. 发挥专业团队优势，提升园区数字化运营水平

专业化分工是寿光蔬菜产业化发展最突出的表现。其中专业管理团队运营是寿光蔬菜分工深化的显著特点，寿光现已形成蔬菜产业集群的园区运营方式。这方面的代表是寿光市恒蔬无疆农业发展集团有限公司（以下简称"恒蔬无疆"），恒蔬无疆是一家总部位于寿光市的蔬菜全产业链综合

管理服务商，在蔬菜品种的研发筛选和推广、现代园区规划建设和服务托管、设施蔬菜栽培研究和销售等领域深耕多年。恒蔬无疆充分发挥自身优势，主要为入驻园区的家庭农场（农户）提供技术指导、农资供应、安全防护、市场销售、产品检测等全流程、标准化服务。

一是在蔬菜种植标准化上提供服务。恒蔬无疆充分借助中国蔬菜质量标准中心技术力量，积极推动入园农户统一种苗供应、统一无土基质栽培、统一配方施肥、统一配备智能装备和统一实行物理防治和生物防治结合，实现了蔬菜种植的标准化、监管智慧化。

二是在数字技术提升方面提供服务。恒蔬无疆大力引进航天科工二院智慧农业技术，配备智能温控、空气传感器、物联网云平台等智能设备，帮助入园农户实时掌控种植过程中的各项数据，实现全过程智慧化监管。

三是推动营销品牌化。恒蔬无疆注册精彩益生蔬菜品牌，开设蔬菜工厂体验店，甄选优质产品，由园区统一推动品牌营销，实现优质优价，带动更多农户更快致富。

四是提供组织管理服务。恒蔬无疆尝试建立物业式带动联农的利益联结机制，让入园农户在种产销全过程中享受保姆式服务，打破了原先农户种植销售各自为战的局面，让农户进入组织化管理体系。

3. 探索多种入园模式，用好农户技术经验

农民是乡村产业发展的主体。寿光"投资商+运营商+家庭农场"模式通过构建多种入园模式，充分利用农户原有种植技术经验，让农户在深度融入产业链价值链中分享更多产业增值收益。

一是租赁模式，即在入园农户缴纳一定租赁费后，由园区提供温室及各种智能化设备，满足农户蔬菜种植数字化转型的设施要求。农户可以充分利用自身原有种植技术和经验开展蔬菜种植。

二是自营模式，即由园区招聘种植管理人员（通常是园区附近具有种植经验的农户），由技术人员统一管理，园区根据棚室收益情况对棚长和技术员进行相应奖惩。

> 三是合伙人模式，园区不仅提供温室及各种智能化设备，还向农户提供从种子到销售的全程跟踪式服务，入园农户只需进行日常简单化管理。同时，为解决这类入园农户的资金难题，园区实行前期费用垫付模式，蔬菜种植经营过程中产生的费用统一由园区垫付，待蔬菜销售后从收入中统一扣除。

3. "党支部领办"模式

"党支部领办"模式是指充分发挥党支部在新型农业经营主体中的引领作用，突出支部主导、群众自愿、风险共担、集体增收，将党支部的政治引领、家庭农场或合作社的抱团发展、群众的积极参与等要素有效融合，实现"支部有作为、党员带头跑、群众得实惠、集体增收入"。村党支部领办模式通过三种方式给农户带来切实好处：一是通过土地流转获得收入、支出减少相应增加收入、多次分红增加收入、就地打工增加收入、抱团发展减少风险损失等帮农民算好经济账；二是通过村党支部领办合作社促进集体经济发展，富裕的村集体有了更多服务群众的财力和能力，帮农民算好民生账；三是农户把地流转给合作社，既省心又省力还有保障，既能够获得土地流转保底收入、分红收入，还可以在合作社实现就地务工，解决后顾之忧，帮农民算好长远账。

"党支部领办"模式又可以细分为"党支部+合作社+公司+基地+农户"组织模式、"党支部+家庭农场+公司+基地+农户"组织模式。寿光市稻田镇崔岭西村党支部领办成立的众旺果蔬专业合作社是"党支部+合作社+公司+基地+农户"模式的典型代表之一，并入选国家第四批新型农业经营主体典型案例。该社通过支部引领，实施组织化经营，带动村民致富；通过数字赋能，实施智慧化生产，激活种植潜力；通过瞄准线上电商平台和线下国际市场，实施融合化运作，激发销售潜力；通过品牌先行，实施标准化种植，撬动增收杠杆。详细信息参见专题二。

另外，寿光市纪润家庭农场、寿光市瑞航家庭农场、寿光市金硕家庭农场等，都是"党支部+家庭农场+公司+基地+农户"模式的典型案例。以寿光市纪润家庭农场为例，该家庭农场由村党支部书记孟令欣于2016年领办，总投资1000万元，常年聘用管理人员80人、技术员60人，集生产种植、冷藏、加工、销售、电商平台运作、物流配送于一体，带动周边农户3000多户，带动蔬菜种植基地6500亩，曾先后获得"山东省级标准化生产基地""寿光市农产品质量安全监督管理先进单位"等多个荣誉称号。

党支部领办模式，让老百姓心里有了底气，实现了从单打独斗到抱团闯市场，从分散种植到组织化、智慧化、绿色化、融合化的转变，既有利于加强党的领导，又有利于增加农民收入、调动群众积极性，还有助于规范管理，是把农民群众组织起来、发展壮大集体经济、实现"农业强、农村美、农民富"的好路子。

专题三："党支部+合作社+基地+农户+企业"模式
——众旺果蔬专业合作社助力寿光蔬菜产业品牌化运营

寿光市稻田镇崔岭西村党支部领办成立的众旺果蔬专业合作社是寿光市合作社高质量发展的典型代表之一，入选国家第四批新型农业经营主体典型案例。该社创新"党支部+合作社+基地+农户+企业"方式，坚持高品质、高标准、高效益发展，推行农资、技术、管理、检测、品牌、销售"六统一"模式，发展智能化、数字化农业生产，逐步开辟了国内、海外两个市场，实现了从单打独斗到抱团闯市场，从分散种植到组织化、智慧化、绿色化、融合化的转变，每年可为社员增收2万元，增加村集体收入90万元，获得中国和全球良好农业规范体系（GAP）双认证，成为全国50个蔬菜质量标准中心试验示范基地之一，获评粤港澳大湾区"菜篮子"生产基地、冬奥会蔬菜直供基地，是国家农民合作社示范社，入选全国农民合作社典型案例。众旺果蔬专业合作社形成了组织振兴引领产业振兴的"崔西探索"，走出了一条乡村振兴共同富裕的新路子，为激发农民专业合作社等新型农业经营主体内生动力，推动实现农民持续增收和乡村全面振兴提供了有益借鉴。

1. 支部引领，实施组织化经营，带动村民致富

寿光市稻田镇崔岭西村共有 226 户、880 口人，党员 30 名，耕地面积 1500 亩，是一个没有任何资源优势和区位优势的典型农业村。自 20 世纪 80 年代发展大棚蔬菜种植以来，针对无统一品种、无统一品牌、无统一销售渠道等问题，村党支部领办成立众旺果蔬专业合作社，13 名党员主动带头，把群众组织起来，做给群众看、领着群众变、带着群众干，规范种植行为，抱团开拓市场，鼓励村民以土地、资金入股的方式加入合作社，合作社按交易量（额）每年给成员返还盈余，建立起风险共担、利益共享的利益联结机制。同时，为破解生产资金短缺、农户贷款难的问题，党支部积极争取金融部门的支持，在合作社内设立资金互助社，累计发放贷款 1000 多万元，最大限度地满足群众生产资金需求，为村内蔬菜产业发展提供坚实的资金保障。

党支部领办合作社，让老百姓心里有了底气，解决了卖菜难的大问题，既有利于加强党的领导，又有利于调动群众积极性，还有助于规范管理，是把群众组织起来、发展壮大集体经济的好路子。

2. 数字赋能，实施智慧化生产，激活种植潜力

随着蔬菜需求量不断攀升，如何高效利用有限的农业产业要素，保障蔬菜的稳产增产，成为寿光市合作社提高经济效益的关键问题。

为提高资源利用率，众旺果蔬专业合作社对入社土地进行统一规划建设，共建成智能大棚 40 个，集中配套了用水、用电、硬化、绿化、亮化、监控等设施设备，统一协商定价，将智能大棚分配给成员管理。智能大棚配备了自动卷帘机、放风机、雾化机、植物生长灯、水肥一体机等，农户通过手机 App 就能完成遥控放风、补光、加湿、浇水、施肥操作，每个蔬菜大棚节约劳动力 50%，亩产效益提高了 30%，每个大棚年收入达 20 万元。合作社给每个大棚建立了温室健康档案，实行蔬菜生产"大数据"源头可追溯，系统全覆盖，每周对成员蔬菜大棚进行环境抽检并录入追溯系统，对合作社统一收取的蔬菜进行质量安全检测，检测结果同步录入系统，

实现数据追溯到户，确保蔬菜质量全部达到绿色标准。

3. "双线"驱动，实施融合化运作，激发销售潜力

为保证可持续发展，千方百计拓宽销售渠道成为急于突破的重点。为此，合作社探索创新了线上线下融合模式，多措并举拓展销售渠道。

一是瞄准线下国际市场。先后赴黑龙江、内蒙古等地考察边境蔬菜贸易，与满洲里口岸、绥芬河口岸、珲春口岸的蔬菜外贸公司签订了长期合作协议，建立起规范、稳定的销售渠道。在此基础上，合作社先后开辟了莫斯科、伊尔库斯克、新西伯利亚等国际市场销售渠道，将蔬菜直接配送到口岸，节约了中间成本。目前，合作社年出口蔬菜近 2 万吨，销售收入达 1.5 亿元，带动了周边村庄 2000 吨蔬菜出口。

二是开辟线上销售渠道。合作社依托京东生鲜、顺丰优选、全国蔬菜质量标准中心产销对接平台等电商销售平台开展蔬菜配送业务，发展线上高端客户群体，合作社种植的"崔西一品"原味番茄经过挑选、包装后，以每千克 40 元的价格销售，日成交量 2.5 吨左右，日销售额达 10 万元。

4. 品牌先行，实施标准化种植，撬动增收杠杆

随着消费者对蔬菜产品的质量安全要求的提高，产品品牌作为消费者感知产品质量的重要方式，成为合作社关注的新课题。为全面提升蔬菜品牌附加值，合作社严格执行"六统一"管理模式，大力推广"良田良品"项目，通过增施有机肥、使用熊蜂授粉，提高土壤品质；与菜农之家联合社合作，定期为蔬菜大棚进行测土配方施肥，防止土壤板结、营养流失。2020 年，合作社注册了"崔西一品"商标，借助国内电商和边贸蔬菜销售渠道进行品牌营销，拉动蔬菜价格每千克提高 10 元左右。获得了良好的品牌效应，实现了种植蔬菜标准化、规模化、品牌化的目标，实现了小农户与大市场有效衔接。

（二）发展成效

寿光以新型农业经营主体为抓手，有力推动现代农业加速发展。寿光市通过扎实开展农民合作社质量提升整县推进试点工作，收到初步成效。新增

植物新品种权 26 个，蔬菜种业集团、永盛农业分别入选国家级育繁推一体化企业、育种联合攻关阵型企业，寿光市被认定为国家级区域性良种繁育基地。国家蔬菜质量标准化创新联盟获农业农村部认定，7 项行业标准、2 项预制菜团体标准获批发布。寿光市成功举办菜博会、种博会和智慧农业装备博览会，创建省级产业强镇 2 个，新增"三品一标"农产品 81 个、省级以上合作示范社 25 家，被确定为全国农民合作社质量提升整县推进试点重点县、全省首批现代农业强县。蔬菜产业体系建设典型经验入选迎接党的二十大"奋进新时代"主题成就展。2022 年，寿光市荣登全国"农产品数字化百强县"榜单，位居全国第 16 位，山东第 2 位。

博野县在新型经营主体和新型农民培育方面成效初显，2022 年培育创办家庭农场 24 个，全县家庭农场累计达到 125 个，指导培育合作社和家庭农场，促进其高质量发展。全县特色农业加快高质量发展，中药材、蔬菜、水果、苗木、食用菌稳产增收。质量兴农、科教兴农、绿色兴农、品牌强农成效显著，申报 1 个河北省农业科技创新驿站，新增 3 个市级以上龙头企业，建设 6 个产业示范区，成功申报保定市首家农产品区域公共品牌"博水之野"。一二三产加快融合发展，加工业、休闲农业、农村电商等新产业、新业态蓬勃发展。

此外，调研组回收的 127 份新型农业经营主体调研问卷，由来自山东省寿光市和河北省博野县的 3 家专业大户、64 家家庭农场、56 家农民专业合作社、2 家农业企业（含加工厂）和 2 家其他经营性农业社会化服务组织构成。从调研问卷分布来看，3 家专业大户 2 个来自寿光、1 个来自博野，64 家家庭农场来自寿光 40 个、博野 24 个，56 家农民专业合作社来自寿光 34 个、博野 22 个，农业企业和其他经营性农业社会化服务组织寿光、博野各占一个。具体构成及分布情况见图 3。

经过问卷分析，从以下方面对寿光市和博野县新型农业经营主体的发展成效进行补充：一是新型农业经营主体盈利能力增强，带动农户增收效果显著。截至 2022 年底，绝大多数（62.2%）新型农业经营主体的经营收入介于 10 万—100 万元之间，带动农户平均增收集中在 1001—5000 元。此外，44%

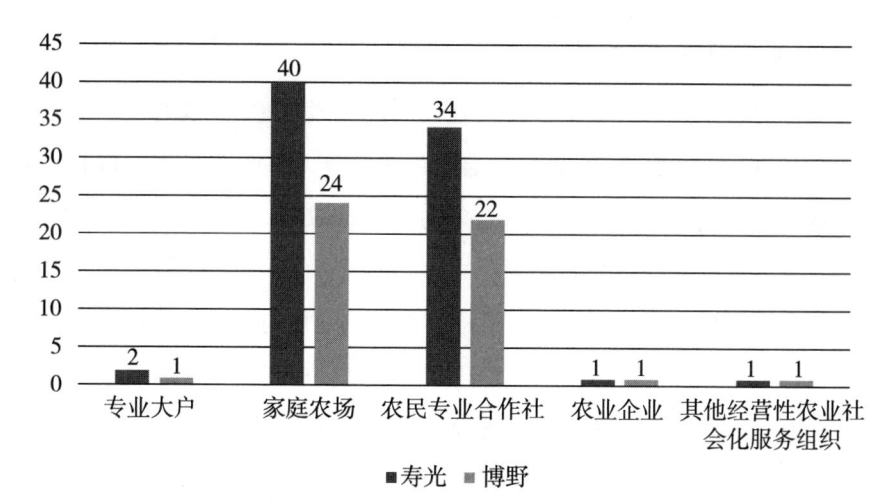

图 3　127 份调研问卷构成及分布情况

的受访者认为其偿债能力有所增强，59%的受访者认为其盈利能力亦有所增强。80%以上受访者认为其所在新型农业经营主体带动农户增收效果明显，对其他农户有很大的吸引力。二是广泛采取市场合作方式与小农户实现利益联结，专业合作社形式最受欢迎。在新型农业经营主体与小农户利益联结的实现方式方面，通过生产合作方式的有 38 家（29.9%），通过市场合作方式的有 52 家（40.9%），通过股份合作方式的有 16 家（12.6%），通过多元混合型方式的有 21 家（16.5%）。值得一提的是，66%以上的调研主体认为专业合作社是最适合当地农业生产经营实际的新型农业经营主体形式，其次是家庭农场形式。三是政府支持扶社，发展质量不断提高。寿光市和博野县政府都高度重视新型农业经营主体高质量发展，通过提供社会服务、项目带动、税收优惠、人才培养、建章立制等措施，引导新型农业经营主体内强素质、外强能力，持续推动其高质量发展。就政府提供的社会服务而言，90%以上的受访户对所在地的基础设施情况、物流体系健全情况、农业机械化发展情况、信息化建设程度、电商平台发展情况、农村治安保障情况都感到十分满意。另外，87%的受访者参加过政府组织的农业技术培训活动，37%的受访者获得过政府对新型农业经营主体的补贴。

（三）推广可行性分析

寿光作为农业大市，很多村庄依托设施蔬菜发源地的独特优势，结合自身努力与外部项目、资源的支持，无论在农民收入、生态环境、村容村貌，还是产业打造、电商发展、城乡融合等方面，都取得了长足发展。但需要指出的是，少数重点村的振兴并不意味着乡村的全面振兴。与精准扶贫面向贫困户不同，乡村振兴以共同富裕为目标，面向的是所有村庄。中国有超69万个行政村、超260万个自然村，如何让如此大规模的村庄全部实现乡村振兴，需要因地制宜探路求解。因此，在全面推进乡村振兴的进程中，尤其需要思考普通村庄应如何发展，如何让区位优势不明显、资源优势不突出的广大普通村庄实现共同富裕。

通过资源漫灌实现乡村全面振兴并不现实，普通村庄难以靠"外部输血"实现振兴，必须探寻乡村发展的内在动力。在这一过程中，发展好集体经济是关键。只有真正发展壮大村集体经济，才能提高村庄的"自我造血"能力，从而为乡村发展提供强大动能。在对寿光实地调研的过程中，东斟灌村给出了有力回答。位于寿光市洛城街道的东斟灌村通过党支部领办果蔬合作社、土地股份合作社、资金互助合作社"三社一体"联合发展，在十余年时间里，引领东斟灌村这样一个不邻市镇、不靠要道，没有明显区位优势和突出资源优势的我国最普通、最常见的农业村，从一个村集体收入不足3万元的"土里刨食"的落后村蝶变为村民增收、产业兴旺的"乡村振兴山东最美村庄"。

专题四："果菜+土地+资金"三社联合模式
——区位优势不明显、资源优势不突出的普通农业村实现振兴的"斟灌之路"

位于山东省寿光市洛城街道的东斟灌村，是典型的农业村。全村共有597户、2226人，党员60名，耕地面积4486亩。近年来，东斟灌村创新实施基层党组织核心引领下的"自主议事、自治管理、自我服务""三自"乡村治理模式和果蔬合作社、土地股份合作社、资金互助合作社"三位一体"合作联合发展模式，合作社依靠科技创新，建立机制，规范运作，完善管理，强化服务，带领社员开拓市场，提高组织化程度，推进农业产业化水平不断提高，全面激活发展要素，探索出一条党建引领、村社互动、人才支持、科技助力，以产业振兴带动村民富裕的发展之路，实现了党组织引领下的产业发展、集体增收、农民致富和乡村治理的有机融合。2022年，村集体经济收入180万元，村民人均纯收入4.3万元，较2012年土地流转前实现村集体增收145万元，村民人均增收3.07万元。

东斟灌村作为一个不邻市镇、不靠要道，没有明显区位优势和突出资源优势的我国最普通、最常见的农业村，在十余年时间里，从一个村集体收入不足3万元的"土里刨食"的落后村蝶变为村民增收、产业兴旺的"乡村振兴山东最美村庄"。东斟灌村党支部领办的斟都果菜合作社于2018年入选中央组织部壮大村集体经济典型案例，于2021年被农业农村部评为国家级示范社，东斟灌村也被评为全国一村一品示范村，其发展历程和做法经验对促进全国其他类似乡村实现产业振兴、集体增收和农民致富提供了有益借鉴。

1. 领办果菜专业合作社，组织群众"抱团"闯市场，破解市场难题

面对特色产业转型过程中面临的黄瓜市场饱和、菜商强行砍价压价、收菜打白条不给现金等市场问题，2008年，东斟灌村党支部带领村注册资金333万元，成立斟都果菜专业合作社。从种子购进、管理技术培训、蔬菜安全检测到购销信息发布、钱款收支等，全部由合作社负责，很好地解决了村民的蔬菜销售难题。合作社建立了斟灌彩椒市场，形成了"市场+合作社+基地+农户"的生产模式，以利益联结为纽带，实行"合作社参与中介、客户与种植户买卖分离、购销钱款集体负责"的办法，由客户根据收菜数量先预付款到合作社集体账户，菜农卖了菜到合作社领取钱款，这让菜农在销售环节吃了定心丸。合作社加强技术培训和网格化管理，指导菜农做到了"五个统一"，即统一技术规程、统一物资供应、统一产品检测、统一包装标识、统一品牌销售。合作社建立了蔬菜质量追溯制度，保证了彩椒的质量品质。合作社加大力度开拓市场，已经有20多家国内客商慕名来合作社收菜，2020年疫情期间合作社又通过商务部、海关办理了蔬菜出

口认证，斟灌彩椒可以直接销往俄罗斯、韩国、新加坡等国家。

2. 领办土地股份合作社，"土圪垃"变成"金疙瘩"，破解人地矛盾

2012 年，为破解蔬菜大棚转型升级过程中面临的土地约束问题，东斟灌村党支部成立了土地股份合作社，对全村 4486 亩土地进行统一运营管理，按照依法、自愿原则，在稳妥"收地"的基础上，合作社采用"动账不动地"的办法，2073 名村民每人 1 股，每股每年保底分红 600 元，其余土地收益的 40%给村民二次分红，60%作为村集体收入。想建大棚的村民向合作社承包土地、交纳承包费。根据人口变动和市场行情，股份 1 年一调整，承包费 3 年一变动。土地股份合作社解决了老年人、外出务工人员土地没人种闲置浪费的问题，也为合作社的大棚两改提供了土地调整的主动权，让东斟灌村的土地实现了高效化、资本化运营，也促进了东斟灌村蔬菜产业的规模化升级，每年为村集体增加收入 60 多万元，菜农的家庭年收入都在 20 万元以上。

3. 领办资金互助合作社，用"闲钱"撬动大产业，破解资金难题

2013 年，为破解蔬菜大棚"两改"过程中的资金短缺问题，东斟灌村党支部牵头创办了资金互助合作社，后调整为果菜合作社信用互助业务部，当年吸纳资金 300 万元，每年为约 60 户菜农解决资金难题。业务部实行"单一用途、以贷定存、封闭运行"的运营方式，以高于银行存款的利率吸纳村民手中的闲置资金，以低于银行贷款的利率借给短期急需用钱的村民。资金互助合作社为菜农救了急，激发了社员发展大棚的积极性。

村党支部领办合作社是提升村党组织组织力、实现村民致富和集体增收的有效途径。寿光市洛城街道斟都果菜专业合作社，由寿光市洛城街道东斟灌村党支部领办，并连续创建土地股份合作社和资金互助合作社，形成"三位一体"合作新模式，从机制上解决了多个"三农"难题，促进了蔬菜产业大发展，实现了集体增收、农民致富。

四、寿光市与博野县培育新型农业经营主体面临的问题

调研组在寿光和博野进行调研时也发现,两地在新型农业经营主体培育方面不仅存在一些共性问题,同时还面临着不同的个性困境。

(一)寿光市与博野县培育新型农业经营主体存在的共性问题

1. 新型农业经营主体抗风险能力弱,用地、融资、风险分担等政策需求强烈

调研数据显示,87%的受访者有扩大经营规模的愿望,但往往面临着土地、人才、资金、信息(尤其是中高端市场信息少)、技术、政策和精力不足等方面的困难,影响了新型农业经营主体进一步扩大经营规模的行动。

一是靠天吃饭特征明显,新型农业经营主体收益波动大。农业产业的特殊属性决定了新型农业经营主体抗风险能力弱,农产品价格波动大导致新型农业经营主体收益不稳定。

二是种粮补贴政策出现错配。调研了解到,一些种粮大户在生产中,通过流转多户农民的土地进行粮食种植,但是却无法真正享受实际种粮农民一次性补贴政策,种粮补贴多是直接分到农户手中。这使得种粮大户在生产经营中获得的政策支持变相减少,反而产生了打击种粮大户积极性的副作用。

三是土地流转需求大,社会资本介入提高了流转价格。新型农业经营主体普遍有土地流转需求,67%的受访者进行过土地流转,79%的受访者在未来还有继续流入土地的发展需求。然而,很多农户对土地流转存在惜租心理,导致租期短,10年以内流转周期占比达52%。同时,社会资本进入农村后,给农户的土地租金远远高于村集体给农户的土地租金,不仅与村集体形成竞争关系,更带动拉高了土地流转价格,导致65%以上的受访者认为当前转入土地价格过高。

四是普遍面临资金缺口,缺少普惠金融支持。从调研数据来看,一方面,"自有资金+银行贷款"方式是受访新型农业经营主体的主要生产资金来源,但信用贷额度有限(一般上限为200万元),导致69%的新型农业经营主体存

在较大的资金缺口问题,完全依靠自有资金的不足20%。另一方面,尽管69%的受访者以新型农业经营主体名义向正规金融机构申请并获得过贷款,但是半数以上(63%)受访者没有享受到任何优惠利率,还有14%的受访者表示,由于缺乏金融机构认可的一般抵押物,导致以新型农业经营主体名义贷款难度大。此外,普惠金融发展滞后。32%的受访者认为金融机构提供的服务种类无法覆盖经营过程中的金融服务需求。以博野县推出的"肉牛贷"保险为例,此类保险既不是金融机构的常态化业务,又有数量限制(3000头),并不能完全满足风险规避的需求和普惠发展的需要。

2. 支持培育新型农业经营主体、增强内生发展动力的人才力量不足

人才是构建联农带农机制的关键,也是全面推进乡村振兴的核心。

一是本地人才培育难。一方面,当前多数新型农业经营主体成员文化程度不高。从调研数据来看,寿光市和博野县新型农业经营主体成员的文化程度偏低,42%的受访者是初中及以下学历水平,大学本科学历占比仅11%,缺乏有技术、善经营、会管理的高素质人才。另一方面,近年来,博野县一直属于人口净流出县,大量的人口外流造成本地人才缺失,培育难度较大。

二是引进人才能力弱。由于博野县以前属于省级扶贫县,县级财政收入仅有5亿元左右,经济发展受限、融资环境弱,对于外界人才的吸引力相对较低。即使招来人才,由于工作条件较为艰苦、待遇较低,也面临留不住人的困境。

三是后继人才缺乏。尽管当前新型农业经营主体的经营者总体上是农村中综合素质相对较高的群体,但据调研了解,目前寿光市和博野县农村年轻劳动力大多外出务工,本地从事农业劳动的大多是中老年人,农村老年从业现象突出,50岁以上经营者占比达45%,30岁以下经营者占比不足4%。一旦这部分中老年人从农业产业中退出,是否有数量充足的后继人才,情况并不乐观。此外,返乡回流的年轻人才较少,从事农业的更是少之又少,未来"谁来种地"是极大难题。

3. 新型农业经营主体单体规模较小,市场竞争力不强

一是多数新型农业经营主体仍然属于小微企业,市场竞争力还不够强。

从问卷数据来看,受访新型农业经营主体中,经营收入在500万元以下的占比87%,绝大多数仍然属于小微企业。

二是经营主体类型发展不均衡,产业类型相对单一,联农带农效果有限。一方面,新型经营主体发展类型不均衡。受经济效益影响,以经济作物为主的经营主体发展速度明显快于以粮油为主的经营主体。调研数据显示,全部种植经济作物的新型农业经营主体占比超过45%,是全部种植粮食作物的新型农业经营主体的两倍。另一方面,新阶段新型经营主体大多属于种植、养殖、初加工等传统业态,薄弱的市场竞争力和有限的经济收益不利于激发新型农业经营主体的内生发展动力,在联农带农上更是"有心无力"。调研数据显示,大多数(58.3%)新型农业经营主体带动农户平均增收仅在5000元之内。

三是新型经营主体现有规模相对较小。以博野县为例,其土地流转率仅为45%,分散经营占一大部分,加之土地流转均价较高、转入土地农业基础设施不健全、手续变更成本高等因素增加了生产和管理成本,收益相对较小,进一步制约了经营规模的扩大。

(二)寿光市与博野县培育新型农业经营主体面临的个性困境

1. 寿光:亟待平衡国家保障粮食安全的目标与新型农业经营主体追求合理利益的偏好

个性困境方面,对于寿光而言,最主要的问题在于高用地需求的寿光新型农业经营主体培育模式,亟待寻求国家保障粮食安全的目标与新型农业经营主体追求合理利益的偏好之间的均衡。寿光大棚建设用地面积大,日益紧张的土地指标叠加粮食安全等政策原因限制,依托土地增量扩大经营规模的难度大。寿光模式的用地局限性在很大程度上限制了寿光经验向全国推广。

2. 博野:亟须克服新型农业经营主体产业发展"弱小散"与合法权益保护不足问题

博野的个性困境主要有两个:一是新型农业经营主体产业发展"弱小散"问题严重。博野县本身属于乡村振兴重点帮扶县,产业发展大多处于起步阶段,农产品加工企业不仅数量少,而且产值低、产业链条短,在内部运营、市场竞争以及风险应对等方面的能力都相对较弱，农户获得的增值收益有限。二是新型农业经营主体在市场合作中的合法权益有待保护。调研了解到，受资产悬殊、信息不对称等因素影响，新型经营主体在进入市场与企业合作时，常常面临买方垄断的不对等现象。这一问题在博野县奶业发展上体现得尤为突出，奶牛合作社在与乳业企业合作时，价格的设定、牛奶的订单量以及时间等条件均由乳业企业单方面制定，奶牛合作社没有话语权，奶农成本倒挂，风险自担，十分被动。

五、经验启示与对策建议

（一）经验启示

通过实地调研寿光市和博野县在培育新型农业经营主体、增强内生发展动力方面采取的做法和模式，总结其经验启示集中在三个方面。

1. 在农业产业化进程中，充分发挥各类主体自身优势

从发展模式上看，无论是通过"龙头企业牵着头领着跑、合作社带着干帮着赚、农户出人出地"，或是"政府给政策、国企来投资、专业团队来运营"，还是"党支部引领、公司对接、基地供给、村社互动"等形式，各类新型农业经营主体都应置身事内、协同发展、内强素质、外强能力，充分发挥自身优势，提升组织化水平，引领新型农业经营主体发展行稳致远。

2. 在农业产业化进程中，构建收益增加、利益持久、权益维护的带农惠农机制

在农业产业化过程中，资本与农民的互动实践往往是多样态的，并非"资本不成功便成仁"及"小农不抗争即顺从"的单一面向，推动乡村产业发展的根本目的在于带动农民就业增收，基于利益共享、风险共担的原则与前提，平衡政府与市场、村集体与企业主、小农户与合作社之间的多方博弈，创新构建收益增加、利益持久、权益维护的"三益"联结机制。寿光市打造农业产业联合体的实践经验表明，主体培育是前提、企业带动是关键、利益机制是核心、政府引导是保障，要多举措鼓励和支持家庭农场、农民专业合

作社等新型农业经营主体发展；要通过发挥龙头企业的资源优势，提升市场经营能力，带动联合体整体发展；要提高联合体的凝聚力，构建利益共享、风险同担的联合体经营机制，通过创新联合体成员利益联结机制，积极探索联合体成员互相入股、成立合资机构等多种全新联结方式，推进成员实质性融合；要予以适度的政府扶持，对农业经营主体进行补贴扶持。此外，应将农户嵌入现代产业发展链条，为未来技术密集、资本密集产业发展条件下，普通农户参与现代产业体系发展，从产业发展中获益探索新路。

3. 在农业产业化进程中，依托科技和改革双轮驱动不断实现创新突破

习近平总书记指出："建设农业强国，利器在科技，关键靠改革。"产业发展重要的是可持续发展能力，产业发展的进程其实也是不断突破自我、创新求变培植新优势的过程。科技和改革，融入寿光蔬菜产业的发展"基因"。回顾发展历程，产业发展的矛盾和问题，都是靠科技和改革破解的。家家户户都种大棚，可土地有限，就建立现代产业体系、生产体系和经营体系，不断提高资源利用率。市场竞争激烈，就抢先发力标准化，牢牢把握发展主动权。消费者要吃得好吃得安全，就深化供给侧结构性改革，加快绿色发展，确保蔬菜质量安全。以科技创新和机制创新扩总量、稳变量、提增量，促进寿光蔬菜产业不断迈上高质量发展新台阶。

从寿光看全国，人多地少是基本国情，超大规模市场对农产品的需求不断增长，化解资源约束、环境压力等，破解"谁来种地""如何种好地"问题，当前的中国农业比任何时候都更加需要农业科技和改革创新。寿光蔬菜产业的不断升级，深刻地印证了这一道理。推进科技创新和机制创新，要瞄准产业所需，聚焦底盘技术、核心种源、关键农机等领域，整合优势科研资源，提升创新体系整体效能。政府和市场协同发力，不断完善农业科技推广体系，鼓励各类社会化农业科技服务组织，打通科技进村入户"最后一公里"。针对大市场和小农户的关系，要重点扶持一批家庭农场、农民合作社等新型经营主体，激发经营活力。

（二）对策建议

针对在实地调研过程中发现的问题，结合调研问卷数据，为促进新型农

业经营主体发展、进一步培育内生发展动力，调研组提出如下对策建议。

一是建议进一步加强针对新型农业经营主体发展的资金支持。首先，建议加强金融机构对新型农业经营主体的支持力度，拓宽农村产权抵质押物范围，继续推进完善农村各类资产资源确权颁证，探索和推广农村动产质押、应收账款质押，活体畜禽抵押。其次，由于区域地理条件、耕作习惯、物价因素、农作物生产成本、经济效益等的巨大差异，有必要持续完善农村产权抵押物价值评估体系，建议由政府协调专家颁布农村产权估值标准和方法，并由专业评估机构按照政府制定的评估标准对抵押物进行估值。最后，建议针对农村不同地区优势主导产业、不同类型的新型农业经营主体，因地制宜设计区域性特色信贷产品，设计符合新型农业经营主体经营发展特点的产品，加大金融产品和服务方式创新力度，分类提供金融产品支持。

二是建议重点加强对新型农业经营主体的权益保护。针对专业大户、家庭农场、专业合作社等相对弱势主体在与大型企业合作过程中容易出现的买方垄断等不对等现象，建议通过政府、协会、市场等多方面合力推进对相对弱势新型农业经营主体的权益保护，规范大型企业与相对弱势新型农业经营主体的合作流程，缓解因实力不对等产生的压价、延迟付款、拖欠账款等问题，保护其合法权益。同时，建议根据县域产业规划布局，培育一批与产业发展相适配的中小企业，建立多样化、多类型的主体合作模式，避免市场垄断现象出现。

三是建议通过加强本土人才识别、建构人才引进新机制，缓解新型农业经营主体发展的人才不足难题。一方面，本土人才熟悉乡土文化和资源禀赋，在培育新型农业经营主体中具备他人难以比拟的优势。因此，建议各地在摸清本土人才底数基础上，通过初始资金支持、提供技术指导、优化地区营商服务环境等方式鼓励引导"土专家""乡创客"创办各类新型农业经营主体，扩充新型农业经营主体人才队伍。另一方面，建议鼓励城镇和外出就业务工的技术人才、管理人才参与农村新型农业经营主体发展，适时调整提升其在公共服务、社会保障等方面的权益，通过薪资、股份等多种奖励方式，引入外来专业经营管理人才，提高新型农业经营主体发展效益。

四是建议加强新型农业经营主体带头人培育机制建设。在"内识外引"新型农业经营主体人才的同时，建议持续加强新型农业经营主体带头人专业能力培养。一方面，提升新型农业经营主体带头人培训的普惠性。坚持尽力而为、量力而行，尽可能加强包括专业大户、家庭农场、专业合作社、农业企业以及农业社会化服务组织在内的所有新型农业经营主体带头人的培训供给。另一方面，要做好培训需求分析，合理设置培训内容。如农民专业合作社理事长培训要根据当地产业发展特色和市场需求，制定详细的能力提升培训方案，针对性地提供政策法规、经营管理、产品营销等方面的培训内容。

五是建议规范和推进土地有序流转，提高新型农业经营主体的发展规模。首先，建议地方政府结合本地农村土地产权交易需要出台规范土地产权流转的文件，因地制宜制定土地流转管理办法、交易流程、交易操作细则等制度文件，推动实现主体规范、合同规范、程序规范、监督规范，降低因规章制度不规范给新型农业经营主体土地流转带来的外部成本。其次，强化大数据应用，为农户和新型农业经营主体土地流转提供交易信息整合、价格指导、交易匹配等服务，扩大土地流转交易半径，提高土地流转交易效率。最后，在落实好耕地"非农化""非粮化"政策、守护好耕地红线基础上，引导农户依法、自愿、有偿向新型农业经营主体流转土地经营权。要健全新型农业经营主体通过流转取得土地经营权的资格审查、项目审核和风险防范制度，确保土地经营权流转农地农用。

六是鼓励新型农业经营主体延伸产业链，提升价值链，增强新型农业经营主体市场竞争力。针对当前新型农业经营主体精深加工能力欠缺、内部功能类型单一问题，一方面建议鼓励具备条件的专业合作社、专业大户等经营主体采取以农林渔业为基础，向农产品加工业、农村服务业顺向融合的方式延伸产业链，如鼓励新型农业经营主体兴办农产品产地加工业、建立农产品直销店等，甚至直接形成链接农业生产与农产品消费的农业全产业链。另一方面，建议新型农业经营主体整体发展水平较高地区、农业龙头企业等大型农业经营主体，建设优质、高效、生态、安全甚至高产的农产品原料基地，不断向农业产业链上游的种子种苗开发、新技术开发应用等环节攀升，持续提升价值链。

重点帮扶县人才回流返乡创业就业路径研究调研报告

万 君 李 强 宋志杰 王一凡①

乡村振兴，人才是关键。习近平总书记强调："要推动乡村人才振兴，把人力资本开发放在首要位置，强化乡村振兴人才支撑，加快培育新型农业经营主体，让愿意留在乡村、建设家乡的人留得安心，让愿意上山下乡、回报乡村的人更有信心，激励各类人才在农村广阔天地大施所能、大展才华、大显身手，打造一支强大的乡村振兴人才队伍，在乡村形成人才、土地、资金、产业汇聚的良性循环。"乡村后备人才"断层"、基层党组织缺乏凝聚力、产业联农带农富农机制薄弱等问题是当前乡村振兴的难点和痛点。鉴于此，调研组于2023年5月29日至6月7日，赴云南省镇雄县和贵州省正安县2个县开展专题调研，实地参观走访了28个人才返乡创业就业典型示范点，通过开展2次座谈和20余次访谈，详细了解并梳理总结地方返乡人才创业就业现实情况和典型模式，提出相关思考建议。

一、总体情况

（一）云南省镇雄县人才回流返乡创业就业的总体情况

镇雄县地处乌蒙山腹地，总面积3696平方公里，是云南省第一人口大

---

① 万君，北京师范大学经济与资源管理研究院副教授；李强，中国乡村振兴发展中心合作处干部；王一凡，北京师范大学经济与资源管理研究院博士生；宋志杰，北京师范大学经济与资源管理研究院博士生。课题组组长：万君。课题调研团队成员：宋志杰、王一凡。

县,总人口 171 万人,常年赴省外务工人数超 40 万人。近年来,镇雄县坚持"人才支撑"战略,结合全县发展定位和产业需求,实施"古邦归雁"行动,引导优秀的在外人才回乡投资创业、服务攻关,助力乡村振兴。通过精心建库"唤雁归",分梯次、分类别建立县外镇雄籍公职人员、专业技术人才、企业管理人才、高校优秀学子、优秀务工技能人才及在镇挂任职人员等六大人才动态信息库,现收录人才 1768 人。2022 年累计引导镇雄籍在外人才携 11.764 亿元回乡投资兴业。

(二)贵州省正安县人才回流返乡创业就业的总体情况

正安县是贵州襟连重庆的最前沿,素有"黔北门户"之称,总面积 2595 平方公里,总人口 66.08 万,农村劳动力 38 万,其中外出务工人员 23.2 万人。截至 2023 年 5 月,全县共有返乡创业市场主体 13000 余户,创办企业 1700 余家,带动就业 5.2 万人,培育了 150 户返乡创业"示范户"、50 家返乡创业示范企业和 6 名省级返乡农民工"创业之星",打造了 14 个县级"就业帮扶车间"。2016 年正安县被国家发改委、人社部等 10 部委确定为"农民工返乡就业创业试点县"。2021 年"贵州省正安县的吉他产业"发展模式被国家发改委作为返乡创业先进经验在全国进行推广。

二、镇雄县和正安县吸引和支持人才回流返乡创业就业的主要措施

近年来,镇雄县和正安县高度重视返乡人才在县域经济发展和乡村振兴中的关键作用,持续探索吸引和支持人才返乡创业就业的有效举措,通过实施专项引才工程,不断加强财政补贴、金融支持、公共服务、创业就业培训等方面的优惠支持和保障,为人才返乡创业就业搭台架桥、保驾护航,确保返乡创业就业人才"引得来、留得住、能发展、可持续"。

(一)健全人才工作体制机制,确保返乡人才"引得来"

一是完善人才工作制度建设。为切实推进返乡人才创业就业工作取得成效,正安县立足县情,先后制定出台了《关于进一步落实党管人才原则切实加强人才队伍建设的意见》《关于加强人才队伍建设加速"正安崛起"的意

见》等一系列人才工作政策，从人才工作的组织领导机构、具体工作流程、创新创业支持和激励保障措施等方面作出明确规定，为有效推进返乡人才创业就业工作筑牢制度根基。

二是科学制定引才行动方案。镇雄县制定"古邦归雁"行动实施方案，围绕"建立镇雄籍县外优秀人才信息库、构建乡情联络联动网络、搭建回引回流服务载体、完善人才项目落地机制、夯实返乡人才政策支撑"5个重点方面，深入推进引才行动计划；每年发布致镇雄籍在外人才的公开信，联动县乡（镇）村三级分别召开"古邦归雁"返乡人才座谈会，制定完善招才引智奖励实施方案。

三是用活用足平台载体吸引人才。正安县结合县域短期和长远发展需要，积极筹备参与各类引才活动，每年收集全县党政机关和企事业单位高层次急需人才需求，组建以县委常委、常务副县长为组长的现场评审组参加人才博览会、全国高校人才巡回招聘等专项人才引进活动，吸引高层次、急需紧缺人才、特岗教师、大中专毕业生等一批返乡人才。

（二）完善公共服务福利待遇，确保返乡人才"留得住"

一是探索建立返乡人才优待机制。通过筑巢引凤，开辟绿色通道，为返乡人才提供优质服务，镇雄县探索发行"古邦惠才卡"，依托人才服务中心建设人才服务平台，为返乡创业就业人员提供政策咨询、服务代办等"一站式"便捷服务。

二是解决人才返乡后顾之忧。镇雄和正安县政府有关部门积极主动协调解决高层次、急需紧缺人才子女就学、配偶就业、医疗、住房保障和落户等问题，通过高标准打造人才公寓、保障性住房，有效解决返乡人才住房之忧；正安县政府在吉他产业园附近规划新建了医院、中小学校、电子商务中心，确保返乡人才能够在园区就业经商，实现就近就医、子女入学等。

三是开展高层次人才支持培养项目。镇雄县对符合"凤凰计划""鲲鹏计划"和院士专家工作站等有关人才项目条件人员，给予生活补贴、动态编制安排、建站补贴以及高层次人才对应享受的就医、子女入学等优厚待遇；每年划拨县级"三名人才"和市级"鲲鹏计划""凤凰计划"人选专项培养经费约 100 万元，设置 30 个专项人才事业编制，单列管理、专编专用。

（三）提升创业就业保障服务，确保返乡人才"能发展"

一是降低返乡创业成本。镇雄县利用现有创业园区（创业基地），为毕业 3 年内返乡创业的高校毕业生免费提供创业场所、办公设施、网络开通等服务；正安县利用返乡农民工创业园和创业孵化器等平台，整合各类资源，向初创企业免费提供创业场地，为返乡创业人员提供政策咨询，极大地降低人才返乡创业成本。

二是完善创业孵化服务。镇雄县电商物流创业孵化园为返乡人才创业提供高效的综合政务、市场拓展、融资对接、人才培训、营销策划、项目推介等创业孵化服务，协助企业办理营业执照、税费减免等业务和咨询，有效地降低了返乡创业风险并提高人才返乡创业信心。

三是开辟返乡创业绿色通道。正安县为返乡人才提供"一站式"服务，在办理各项手续证件时提供优惠支持和便捷服务，对返乡创业人员在水、电、路等基础设施建设方面给予优先考虑，在项目选择、土地流转、科技投入等方面给予大力支持，营造良好的创业环境和条件。

（四）完善创业就业激励机制，确保返乡人才"可持续"

一是创新财政金融对返乡创业支持模式。镇雄县大力实施"333"贷款工程，对符合条件的返乡创业者给予每户 3 万元创业贷款扶持，县财政全额贴息 3 年，对经营状况好、创造岗位多、带动效果强、能按时还贷的优秀返乡创业人才给予 3 万元奖补，有效纾解返乡人才创业融资难、贷款难问题；正安县出台《正安县落实创业扶持政策管理办法》等政策文件，针对首次创业且符合条件人员提供一次性创业补贴和创业场所租赁补贴，同时，针对返乡创业人才提供税收减免、社保补贴、小额贷款等扶持。

二是根据吸纳就业、出口和线上销售情况实施奖补激励。镇雄县针对县内返乡人才带头创办就业帮扶车间，吸纳 5 人及以上脱贫劳动力就业 1 个月以上的，按发给脱贫劳动力工资额的 15%给予奖补；正安县为返乡人才投资创办的吉他商贸企业提供办公场所和仓储库，执行"免三减二"的场地租赁优惠政策，并根据企业出口量、线上零售额指标给予外贸出口奖补、电商扶持补贴。

三是开展创业就业专项培训。镇雄和正安针对有创业意愿的返乡人员、大学毕业生等，由县财政全额拨款，相关部门组织开展创业就业专项培训；在培训内容上，正安县除了开展 SIYB 创业培训、网络创业培训、直播创业培训，还根据全县实际增设了创业优惠政策、劳动合同法、金融知识等自编课程，把创业培训和创业指导、项目论证、跟踪服务等相结合，有效提升返乡创业就业人才综合能力。

三、镇雄县和正安县人才回流返乡创业就业典型模式和经验启示

作为国家级乡村振兴重点帮扶县的镇雄县和正安县长期以来都是劳务输出大县，人才流失问题突出，近年来，两县在回引返乡人才创业就业方面开展了有效探索和实践，形成了"党建引领人才型""主导产业聚才型""政府搭台引才型"等几种典型的吸引人才回流返乡创业就业模式。

（一）典型模式

1. "党建引领返乡人才"模式

这种模式的主要特点是通过吸纳具有丰富外出经商、务工、求学深造等经历的返乡人才进入基层党组织、担任集体经济组织负责人、带头建立股份合作发展模式等途径，发展壮大村集体经济，创新联农带农机制，实现村集体、农户、经营主体共享乡村产业发展成果。

第一，镇雄县裕和社区吸纳返乡人才进村两委班子、集体经济组织、领办集体经济公司。裕和社区承接了全县 19 个乡镇 99 个村共 883 户 4266 人的易地搬迁户，由返乡能人担任社区党总支书记。在返乡人才带领下，裕和社区通过盘活利用集体资产，发展菊花和魔芋种植，形成党组织牵头、公司化运营、群众参与的"抱团互助"发展模式。一是抱团发展"飞地经济"，助力集体经济持续增长。社区党总支牵头成立集体经济公司，下设劳务、物业和农业有限公司三个子公司，充分发挥集体经济桥梁纽带作用，采取"党组

织+龙头企业（集体经济）+合作社+基地+群众"模式，以跨村产业联建方式与邻近村、社区抱团探索发展"飞地经济"，利用周边村、社区流转土地合作共建菊花和魔芋种植基地、仓储物流中心等。二是探索入股分红机制，促成群众"滚雪球"式增收。社区党总支积极探索集体经济入股分红机制，广泛发动群众出资入股，确保产业收益的近70%用于村集体和群众分红。例如，菊花产业基地实行股份制分红机制，优先吸纳社区群众出资入股，提取总收益的10%用于人工费和管理维护费，剩余部分再按投资占比分红。2021年裕和社区实现集体经济收益32.8万元，2022年实现集体经济收益70.5万元，2023年集体经济收益预计突破120万元。

***专栏3-1

党建引领返乡人才，助力集体经济与群众收入增收

镇雄县裕和社区针对易地搬迁社区"无地可种"难题，社区党总支于2021年7月提出成立集体经济公司，采取"党组织+龙头企业（集体经济）+合作社+基地+群众"模式，与邻近村、社区抱团探索发展"飞地经济"，由飞出地裕和社区党总支负责项目资金筹措和管理，由飞入地负责流转土地和基础设施建设，先后在陈贝屯村和高山村合作共建菊花大棚和魔芋种植基地几千亩，在松林湾村投资50万元，与街道其他社区共建4500平方米的仓储物流中心。为加强组织领导，裕和社区在菊花生产基地成立党支部，由基地现场负责人任党支部书记，为提高产品质量，引进遵义花卉公司对基地负责人员开展技术指导，为打通销售渠道，在南部新区新建冷库。

2022年菊花种植基地为住户分红80.4万元，集体经济公司创收10.4万元，2023年预计可为住户再分红200万元，集体经济公司创收30万元，自2021年起，所种菊花成功打入广州、台湾、昆明、贵阳、昭通等市场，初步在省内外树立了良好的品牌形象，形成种植、管护、销售一体化。收益实行股份制分红机制，每年提取10%的收益用于人工和管理维护费，剩余部分再按公司（村集体）51%、社区群众（16.6%）、社会资本投资（32.4%）占比分红。2022年7月，第一季菊花陆续上市，销往昆明、广东、贵州乃至韩国，实现村集体增收 50 万元，其中，社区居民入股分红达 13.4 万元。2022 年有 115 户群众入股资金 67 万元，2023 年已有 152 户群众参与入股，入股资金达 166.8 万元。

第二，正安县安场镇返乡人才成立农机服务公司，与村集体股份合作抱团发展。农机服务公司与 11 个村、社区联合组建股份制农机服务专业合作社，由返乡人才担任合作社负责人。合作社收益的 75% 用于村集体分红，成立 2 年多来，村级集体经济增收 150 余万元。一是深耕农机专业服务，助力农业生产经营提质增效。合作社探索"党建+返乡人才创业企业+镇级合作社+村集体经济"运作模式，开展覆盖周边乡镇及邻近县区的机耕、无人机"飞防"、机械化育苗等跨区、跨县农机作业服务业务，实现了"耕、种、管、收"农业托管全过程"一条龙"，有效推进农业生产性服务精细化、集约化、规模化，切实助力农民生产生活增效增收。二是完善利益联结机制，促进农业增效、农民增收。农机服务合作社探索形成"党建+返乡人才创业企业+村集体股份合作社+基地+农户"的利益联结机制，合作社收益按照村集体及公司出资比例（村集体 75%，返乡人才创业企业 25%）、作业量或交易量（额）比例分配。截至 2022 年底，合作社已提供机械耕种服务面积达 1 万余亩，为群众节约成本 100 万元，订单收购高粱 1510.77 吨，实现农民增收 1148.18 万元，切实助力农民生产生活增效增收。

第三，正安县桐梓社区党组织领办"村社合一"集体经济发展平台，吸引返乡人才参与管理运营，实现村社融合发展。通过党建领办供销社，吸纳壮大乡村人才队伍，促进集体经济实现村集体、返乡人才、农户共享乡村产业发展成果。一是党建带社建，筑牢供销主阵地。供销社通过引进培育一批返乡大学毕业生、返乡创业致富带头人、新型职业经纪人、实用型农技人才等返乡人才，担任供销社管理员、销售经理和农业技术骨干，夯实供销社与集体经济人才支撑。二是健全服务农民生产生活综合平台。供销社主要经营农资农药、农副产品、日用百货等商品，通过送货上门的方式降低农业生产成本、便利群众生活、增强干群关系；通过有效整合村集体、合作社、乡土人才、农户等多方优势，开展农资服务、农技指导、收购贮藏、加工销售等农业全产业链经营服务，促进村集体和农民双增收。三是聚焦服务乡村产业，拓宽农民致富路。社区党总支积极促成供销社与村党组织、新青校、乡村产业有效结合，聘请经验丰富的产业人才担任产业导师，免费给农民开展农业种植、管护技术培训；围绕本地油菜、蜂蜜等6大产业，带领广大群众入股，促进蜂蜜、粮油加工等村集体经济稳步发展，群众发展产业积极性明显提升。2022年1月营业至今，供销社实现经营收入240万余元、村集体经济纯收入48万余元，户均增收3000元。

2. "产才深度融合发展"模式

这种模式的主要特点是通过因地制宜打造县域特色优势产业，依托产业发展高地持续吸引各类技术技能型、经营管理型人才返乡创业就业，形成"产业引人才，人才强产业"的双向奔赴发展格局。

第一，依托本地资源优势和产业基础，培育壮大特色农业产业。镇雄县坚持以市场为导向，在基地建设、主体培育、精深加工方面精准发力，吸引返乡人才创办辣椒深加工企业，使辣椒成为促进当地农业经济发展和联农带农富农的重要支柱产业。一是发展订单农业。通过经营主体与镇村两级签订合作协议建设辣椒种植基地，实行对农户采收辣椒进行保护价收购，最大限度地调动群众发展辣椒种植基地的积极性；在基地建设过程中，通过垫资为农户解决种苗、薄膜、化肥等农资问题，农户除土地和劳动力外基本实现零成本投入，确保了农户利益最大化。二是适度规模经营。对于辣椒品质要求较高的返乡创业企业，采取经营主体直接与农户签订协议的方式，流转土地开展辣椒适度规模种植，通过产业反哺持续稳定辣椒种植面积，在此基础上，经营主体积极探索二次分红，确保农户持续稳定增收。此外，通过由村集体参与流转土地、组织收购、订单种植，紧密联结经营主体与农户利益，按每公斤0.1元的标准提取劳务费用于壮大村集体经济，实现促农增收。

***专栏3-2

培主体强加工，火红小辣椒成致富大产业

镇雄县近年来依托自身资源优势和产业基础，大力发展辣椒产业，坚持以市场为导向，以规模化经营为途径，以龙头企业为支撑，在基地建设、主体培育、精深加工、联农带农等方面精准发力，完成"传统产业+新平台+新机制=新产业"的产业转型蜕变。2022年，全县辣椒种植面积达8万亩，建成辣椒高产示范基地5.66万亩，实现产量12万吨，产值3.6亿元，项目区覆盖3.86万户16.65万人，其中脱贫户0.76万户2.85万人，三类对象0.07万户0.28万人，实现户均增收7200元以上。2022年，镇雄县辣椒产业共推动村集体经济增收500万元以上。

第二，聚焦县域吉他主导产业，探索构建"以产聚才、以才兴产"的产才融合发展格局。正安县自2013年引进第一家返乡人才回迁的吉他制造企业，县委、县政府盯准这一资源，因势利导，及时跟进，全力打造正安吉他产业园，持续引聚工匠型人才、创业型人才等返乡人才。一是创新发展模式，着力构建吉他工业、吉他文化、吉他旅游"三位一体"融合发展体系，探索吉他产业园"实体+电商""完全合作代工"和"自主高端产销"三大发展模式，吸引多层次、多类别返乡人才创业就业。二是优化产业生态，持续聚力吉他产业集群发展，提升园区承载能力，加大招商引资力度，补齐补强吉他全产业链条，通过明星代言、参办展览等方式不断扩大正安吉他品牌影响力和知名度，厚植人才返乡创业就业沃土。三是激发创业活力，出台创业扶持和奖励政策，为园区创业企业提供租金减免、税费优惠等支持，根据外贸出口规模和线上销售额，给予企业出口奖励和线上销售奖补，极大地激发了返乡人才创业积极性。

***专栏3-3

神曲引来金凤凰，党政跟进成园区

正安县依托返乡入乡创业，靠着"无中生有"的激情实干，创造出年产销吉他600万把、带动上万人就业的吉他奇迹。2013年引进第一家吉他产业；2015年荣获"中国吉他制造之乡"称号；2020年获得国家级文化产业示范园区创建资格；2021年获"中国吉他之都"美誉，被评为"国家级外贸转型升级基地"；2022年得到国发2号文件重点支持，成为全球集聚程度最高、产销规模最大的吉他生产基地；2023年获得了贵州省唯一的国家级文化产业示范园区称号。

正安县2013年引进第一家吉他制造企业，并开始建设吉他产业园。当第一个敢吃螃蟹的正安人——在广州开办神曲吉他制造的郑传祥先生不惧风险，怀着对乡愁的憧憬，搬厂回家的那一刻，"无中生有"的吉他制造产业便由此开始在正安大地演绎着一种奇迹。县委、县政府自始至终盯准这一资源，毫不迟疑、及时跟进，因势利导，立足"乡情"、重点突破，主动迎接"凤还巢""雁回归"，引进培育壮规模，精准招商成集群，"无中生有"的吉他制造由此形成，正所谓"神曲引来金凤凰，党政跟进成园区"。

3. "政府搭台引聚人才"模式

这种模式的主要特点是依托政府投资建设创业孵化器、科技产业园区等创业就业服务平台，落实"双创"激励扶持政策，探索创新创业孵化模式，为返乡创业就业人才提供办公空间、技术支持和市场资源。

第一，依托产业园区集聚效应，着力推动"人才回乡、资金回流、项目回迁"。镇雄县以延链、补链、强链为重点，紧抓东部产业梯度转移机遇，聚焦纺织服装、小五金、电子加工等劳动密集型产业，在3个万人安置点周边、高速公路沿线等精准布局，实施纺织服装等"4个1平方公里"劳动密集型产业承接园区，成功引进浙江蓝贝、潮州宝涛服装、上海永润考拉鞋服等一批劳动密集型企业入驻，因地制宜发展了上百个以上"家庭作坊式"就业帮扶车间，灵活采取"送培训到企业""在家门口培训"等方式，有针对性地开展订单培训、在岗培训，大力培养纺织服装、鞋类制造、电子加工等产业工人和技术型人才。

第二，依托电商物流创业孵化园，厚植电商、物流人才返乡创业就业沃土。镇雄县电商物流创业孵化园，由县属国有企业镇雄工业投资开发有限责任公司负责独立管理运营。园区建筑面积8.6万平方米，截至2023年5月，共孵化企业（团队及个人）53家，带动就业人数891人，园区项目孵化稳定率为82%，创业团队注册率达92%，为人才返乡创业就业提供了宝贵平台。一是有效降低创业就业成本。镇雄县利用现有创业园区（创业基地），为毕业3年内返乡入乡创业的高校毕业生，免费提供创业场所、办公设施、网络开通服务等，有效缓了解青年人才返乡创业的资金压力，提升其自主创业信心。二是创新创业孵化服务模式。为更好地满足入园企业创新创业需求，园区组建了专业的运营团队，引进签约各行业兼职导师53人，为创业企业提供综合政务服务、市场拓展、融资对接、人才培训、营销策划、项目推介、品牌建设等创业孵化服务功能，有效激发人才返乡创业就业的创新活力、发展潜力和转型动力。

（二）经验启示

1. 发挥基层党建引领作用，推动人才工作落地落实

重点帮扶县要做好人才振兴工作，为县域和乡村发展引贤纳士，关键在于党建引领，通过不断完善党管人才体制机制，全方位落实人才工作新举措，确保返乡人才引得来、留得住、能发展、可持续。

一是要开动"火车头"，发挥基层党组织战斗堡垒作用。镇雄县裕和社区选拔优秀返乡人才到农村基层干部队伍中去，充分发挥人才在基层党组织中的模范带头作用，为"火车头"注入强劲动力；通过吸纳有经验、能作为、敢担当的返乡人才进入基层党组织担任村两委和集体经济组织负责人，实现支部引领、党员干部带头，村集体、农户、经营主体共享乡村产业发展成果。

二是要筑起"引凤巢"，完善返乡人才创业就业保障机制。通过为返乡人才提供资源和政策便利，激发返乡人才创业就业积极性、能动性。创业资金扶持保障机制方面，镇雄县通过实施"贷款+贴息+奖补"的"333"工程，有效纾解返乡人才创业资金难题，提高返乡人才创业积极性；福利待遇方面，镇安县通过建设人才公寓、保障性住房，解决返乡创业就业人才住房之忧；创业就业环境方面，镇雄县和正安县依托产业园区、创业孵化园区为创业人

才提供免费的办公场地及孵化服务，确保返乡人才创业有机会、发展有空间。

2. 聚焦县域特色主导产业，赋能返乡人才创业就业

乡村振兴，产业振兴是基础，人才振兴是关键，要因地制宜打造县域特色主导产业，以产业发展聚才引才，形成"以产聚才、以才兴产"的产才融合发展格局。

一是要创新延伸产业链，更好地发挥人才在科技创新和成果转化中的主体作用。镇雄县以辣椒等区域特色优势产业为核心，把小品种做成大产业，鼓励支持返乡人才创办辣椒深加工企业，通过联农带农奖补和银行贷款财政贴息等一批惠企政策，科学引导返乡创业主体扩大生产规模，推动辣椒产业延链强链，实现由原料销售向精深加工转型；正安县着力构建吉他工业、吉他文化、吉他旅游"三位一体"融合发展体系，推动吉他制造全产业链创新延伸，通过成立吉他文化产业发展中心，不断完善吉他产业服务保障体系，推动产业链和人才链、创新链深度融合，形成"以产聚才、以才兴产"的产才融合发展格局。

二是要在区域品牌上做文章，深挖产品文化，实现品牌价值共享。镇雄县利用"赤水源辣椒"公共品牌，大力开展辣椒产品"三品一标"认证，深挖辣椒产品附加值，支持返乡创业企业先后创建"思农椒椒""乌蒙思农""腊糟媳妇"等辣椒商标，依托互联网电商平台打响知名度，极大地提升了镇雄辣椒产业竞争力和影响力；正安县把握创新发展趋势，聚焦吉他主导产业，全力打造正安吉他文化产业园，持续擦亮"吉他之乡"金字招牌，借正安吉他品牌影响力，全力打造育才引才、聚才成才的"强磁场"，持续吸引大批吉他生产研发、吉他工匠等人才返乡发展。

3. 创新人才联农带农机制，实现参与主体互利共赢

推进乡村振兴，促进农民共同富裕，要完善利益联结机制，更好地发挥返乡人才联动带农作用，尽可能让农民参与进来。

一是要找准利益联结共享路径，大力推进农业社会化服务。正安县安场镇返乡人才创立的农机服务公司，与村集体合作探索"党建+返乡人才创业企业+村集体股份合作社+基地+农户"的利益联结机制，让农民深度参与产业

链。通过"股份制"联结模式,农机服务公司联合11个村、社区共同组建股份制农机服务专业合作社,可分配盈余按照村、社区及公司出资比例(村集体75%,返乡人才创办公司25%)分配。通过"托管式"联结模式,针对外出务工、劳动力不足或缺少销售渠道的农户,鼓励引导其将土地委托农机服务合作社代耕、代管、代种并获得一定托管利益,实现撂荒地整治、农业规模化经营和农户稳定增收"三赢"局面。通过"订单式"联结模式,农机服务合作社与农户签订合同,为农户提供农机作业、农资供应、农产品收购等服务,让农户在降低劳动强度和经营风险的同时提高农业经营收益;农机服务合作社吸纳农机技术人员、农业生产人员,根据作业量或交易量(额)进行利润分红,拓宽农民工资性收入渠道。

二是培育壮大村级集体经济,创新返乡人才联农带农机制。镇雄全县262个村(社区)均已成立村集体经济公司,通过发挥基层党组织的引领和协调作用,积极探索"党支部+村集体经济公司+企业+合作社+基地+农户"等发展模式,鼓励经营主体通过流转土地、劳务用工、收益分红等方式健全产业项目联农带农机制。按照"谁领办、谁受益,谁创办、重奖谁"的原则,镇雄县提出"3331"村级集体经济收益分配模式,牢固树立"多劳多得、少劳少得"的鲜明导向,将村干部报酬与村级集体经济"双向"捆绑,提取收益的30%用于提高村组干部补贴,形成稳固的利益共同体。例如,裕和社区选任返乡人才担任党总支书记,积极主动为发展壮大村级集体经济谋实招、觅出路,成立集体经济公司,下设劳务和物业、裕和农业有限公司三个子公司,引进种植经验丰富的专业人才和农业能人,负责发展菊花、魔芋等种植产业,以群众入股分红的方式增加资产性收益,以"技术培训、全程指导、订单收购"一站式产销服务调动群众生产积极性,通过壮大村级集体经济实现促农增收。

四、镇雄县和正安县人才回流返乡创业就业面临的问题

通过实地调研镇雄县和正安县在吸引人才回流返乡创业就业、推动县域和乡村产才融合发展的现状和举措,总结其面临的问题,主要包括四个方面。

（一）返乡人才"引育留"机制尚不健全

重点帮扶县返乡人才难引进、难发展、难留住问题仍然比较突出。一是财政支持力度有限，返乡人才难引进。受地方财力等条件制约，重点帮扶县对返乡人才引进政策支持力度受限，几万元的资金支持对返乡创业人才不足以形成有效激励，难以吸引优质返乡创业人才。二是福利待遇保障不足，返乡人才难留住。一方面，公共服务保障覆盖范围有限、保障力度不够。各类人才福利待遇主要面向少数特定高层次人才，如医疗、教育行业人才，造成返乡人才行业分布不均、供需结构失衡。另一方面，人才薪资待遇低、生活条件不佳。人才薪资水平远低于周边较发达城市，造成人才外流现象严重；相对偏远落后的乡村基础设施和公共服务不完善，"空心化"问题突出，影响青年人才返乡创业就业的意愿。三是创业就业环境不佳，返乡人才难发展。一方面，重点帮扶县在政策支持、创业资源、市场需求等方面尚不成熟，基础设施及产业配套相对落后，农村劳动力综合素质不高，用工较不稳定，影响人才返乡创业的持续性。另一方面，人才返乡创业就业支持政策举措高度依赖县域财政资金，金融领域配套支持政策有限，支持手段单一、力度不足，缺乏持续性的人才培育发展方案和激励举措，使得返乡人才职业发展前景堪忧。

（二）乡村产业基础薄弱且人才缺口大

从返乡创业就业的主体角度来看，人才返乡创业就业普遍面临较低收益、较高风险的情况，返乡创业收益较高的个体仅占极少数。一是返乡创业经营主体普遍规模小、利润薄。大多返乡创业经营主体是几个农户、十几个农户的松散式联合，规模效应和示范带动作用不强。例如，截至2023年5月，镇雄县尚无一家国家级农业龙头企业，从事农产品深加工的创业企业屈指可数。小规模返乡创业主体经营利润低，收益很大部分来源于政府补贴。二是技术型、管理型产业发展人才缺口大。大多数返乡创业企业和合作社缺乏专业技术、管理人员，缺少科学有效的管理机制，乡村产业经营主体抵御市场风险能力较弱，缺少善经营、懂管理的专业人才为乡村富民产业发展提供智力支撑。三是农业社会化服务欠缺。缺少专门从事农业社会化服务的返乡人才和经营主体，尤其是偏远农村地区的农业生产经营性社会化服务体系薄弱，导致农产品的销售渠道和附加值提升受限，农业生产成本高、综合效益低。

（三）产才深度融合发展机制相对薄弱

从县域产业与返乡人才发展角度来看，当前，重点帮扶县产才融合发展机制相对薄弱。一是县域产业布局不优、链条不长。由于缺乏科学的引导规划，致使返乡创业项目布局分散，难以形成产业集群优势；落户企业普遍规模小、产业关联度不高，整体竞争力不强。例如，正安吉他产业园引进大量吉他生产厂家，但总体上以生产中低端产品为主，专业研发技术人才队伍力量薄弱，部分高端零部件仍依赖进口，和国内外知名吉他品牌产品存在差距。二是返乡创业项目实力不强、起点不高。受技术、资金、劳动力等要素制约，多数人才返乡创业项目实力不强、起点不高，缺少带动性和示范性强的重大项目，缺乏科技含量高、市场影响力大的拳头产品。三是乡村三产融合发展水平较低。人才返乡创业就业项目中，农业种养殖、农产品加工和小规模纺织手工业占多数，少数为一、三产融合的农家乐、乡村民宿。受制于返乡人才理念和现实发展条件，乡村一、二、三产深度融合发展的产业项目数量较少、层次较低。

（四）产业联农带农富农机制尚不健全

一是缺乏有效的合作发展模式。农民与返乡创业企业、合作社之间缺乏稳定有效的合作发展模式，难以形成良好的利益共享和风险分担机制，且"空心社"现象比较突出，可能导致合作关系不稳定，影响农民生产积极性。乡村三产融合发展尚处于初级阶段，农产品加工、乡村旅游、民宿等二三产业创业项目较少，农民收入仍主要依靠农业初级生产。二是针对农户的技术支持力度不足。农民缺乏农业专业生产技术和管理经验，造成收益损失较大。例如，在镇雄县人才返乡创业企业与农户订单发展模式中，农民获取的有效技术支持和培训不足，导致魔芋、辣椒等种植户自种产品的产量和品质参差不齐，受自然灾害等风险因素影响较大，造成农民收入不稳定。三是返乡创业经营主体带动能力不强。部分资本密集型产业返乡创业项目难以带动就业。例如，一家投资几千万元的生猪养殖场落户镇雄，饲料采购和生猪销售两头在外，整个养猪场仅需聘请2位全职管理人员负责日常管理，吸纳周边农民就业能力有限。

五、对策建议

针对镇雄县和正安县在吸引人才回流返乡创业就业、推动县域和乡村产才融合发展等方面的主要问题，提出四个方面的建议。

（一）健全引才工作机制，增强基层党建引才力度

深入实施"一把手"抓"第一资源"，有效落实"一把手"抓人才工作目标责任制，强化各部门协调力度，合力解决好引才工作中的关键问题。优化基层党组织人才结构，加强返乡青年人才的政治引领和政治吸纳，健全培养机制，夯实村级组织后备人才队伍。通过选派、招引等形式持续吸纳一批能力强的返乡人才充实基层党组织、集体经济组织，放大返乡人才作用，提升党组织发展集体经济的能力。对于难以直接吸纳进入村党组织的，可以推广广东等地的做法，推动各地设立"产业村长""经济村长"，领办村集体经济。

（二）拓展引才深度宽度，弥补重点产业人才缺口

一是坚持刚柔并济引才思路，改进人才引进和管理方式，积极组织各项招录计划，招录条件向高校毕业生适当倾斜，加强青年人才揽蓄培养力度，夯实高层次青年人才储备基础；强化技能型人才回引，瞄准县域产业发展转型需求和发达地区产业转移承接趋势，深入推进引才聚才行动，有序引导纺织服装、五金加工、绿色食品和电子装配等技能型人才返乡创业就业。二是优化就业创业营商环境，建强用好各类引才平台，将引才平台建设作为推进人才工作高质量发展的突破口；科学布局规划产业园区、创业孵化园区，完善园区基础设施建设和配套服务功能，大力实施政策推动、园区带动、项目驱动，强化部门联动，切实解决场地、资金、用工等突出问题，为返乡创业

就业人才搭建优质平台。

（三）调整优化产业布局，推动产才融合提质升级

一是科学谋划县域总体规划和重点产业布局，聚焦县域特色优势产业，持续优化产业扶持资金投入方式，在特色优势产业延链强链上下功夫，以联农带农为导向，以返乡创业主体培育为纽带，完善县域特色优势产业高质量发展支持奖补政策。二是加强政策引导、规范管理，鼓励引导返乡创业经营主体创办农业精深加工企业，推动乡村产业由基地扩张向订单农业、精深加工、产销衔接转型升级，精准聚焦收购、加工、销售等环节，着力培育产供销一体化的生产经营体系。三是加强返乡创业项目审批监管。严格落实提升返乡创业扶持资金使用效益的有关措施，坚持将联农带农作为返乡创业资金支持的刚性要求，将经营性帮扶项目审批与是否建立联农带农利益联结机制挂钩，各类帮扶资金扶持的经营性项目严格实行"一个项目、一个联农带农机制方案"。

（四）树立引领示范典型，创新联农带农富农机制

一是支持推动党组织领办型集体经济良性发展，强化对基层党组织经济活动的监管引导，增强基层党组织引领和服务返乡人才创业就业功能，探索返乡人才与集体经济利益联结共享新路径，形成"党建引领、村企共建、人才支撑、群众参与"的乡村发展格局。二是开展荣誉表彰活动，树立人才返乡创业就业促进集体经济典型示范，支持鼓励返乡人才创新利益联结机制，对于联农带农富农效果好、支持集体经济力度强的返乡就业创业人才，由农业农村部（国家乡村振兴局）组织评选表彰，给予资金、现金、荣誉等支持，并进行全国性宣传推广。

附件1：吸纳返乡人才担任基层党组织、集体经济组织负责人，领办集体经济的"党建+"模式

附件2：返乡人才与村集体股份合作抱团发展的"党建+人才创业企业+"模式

附件3：村党组织主办，吸引回流人才参与日常管理运营的"党建+人才"模式

附件4："党支部+合作社+基地+群众"合作模式

附件5：返乡人才创办龙头企业，多元主体参与共赢模式

附件6：以县域特色主导产业引聚人才模式

附件1：

吸纳返乡人才担任基层党组织、集体经济组织负责人，领办集体经济的"党建+"模式

这种模式的主要特点是吸纳返乡人才进入基层党组织担任村"两委"和集体经济组织负责人，依托村集体经济发展乡村产业，创新联农带农机制，实现村集体、农户、经营主体共享乡村产业发展成果。

例如，由返乡能人担任社区书记的镇雄县裕和社区，探索的"党组织+龙头企业+合作社+基地+群众"模式，利用集体资产，发展菊花和魔芋种植，产业收益的近70%用于村集体和群众分红。

裕和社区承接全县19个乡镇99个村共883户4266人的易地搬迁户，由组织选派返乡能人担任社区党总支书记。针对易地搬迁社区"无地可种"难题，社区党总支于2021年7月提出成立集体经济公司，采取"党组织+龙头企业（集体经济）+合作社+基地+群众"模式，与邻近村、社区抱团探索发展"飞地经济"，由飞出地裕和社区党总支负责项目资金筹措和管理，由飞入地负责流转土地和基础设施建设，先后在陈贝屯村和高山村合作共建菊花大棚和魔芋种植基地几千亩，在松林湾村投资50万元，与街道其他社区共建4500平方米的仓储物流中心。

为加强组织领导，在菊花生产基地成立党支部，由基地现场负责人任党支部书记，为提高产品质量，引进遵义花卉公司对基地负责人员开展技术指导，为打通销售渠道，在南部新区新建冷库，2022年菊花种植项目为投资住户分红80.4万元，集体经济公司创收10.4万元，2023年预计可为住户再分红200万元，集体经济公司创收30万元。目前，所种菊花已经成功打入广州、台湾、昆明、贵阳、昭通等市场。初步在省内外树立了良好的品牌形象，形成种植、管护、销售一体化模式。

2021年裕和社区实现集体经济收益32.8万元，2022年实现集体经济收

益70.5万元，2023年集体经济收益预计突破120万元。收益实行股份分红机制，每年提取10%的收益用于人工和管理维护费，剩余部分再按公司（村集体51%）、社区群众（16.6%）、社会资本投资（32.4%）的占比分红。2022年7月，第一季菊花陆续上市，销往昆明、广东、贵州乃至韩国，实现村集体增收50万元，其中，社区居民入股分红达13.4万元。2022年有115户群众参与入股，入股资金达67万元，2023年已有152户群众参与入股，入股资金达166.8万元，初步形成"滚雪球"效应。

附件2：

返乡人才与村集体股份合作，抱团发展的"党建+人才创业企业+"模式

这种模式的主要特点是由返乡人才成立经营主体（创业企业），与村集体股份合作，抱团发展，通过联农带农机制，实现返乡人才、村集体、农户共享乡村产业发展成果。

例如，贵州正安县安场镇，11个村、社区联合1家由返乡人才创业公司成立的农业服务公司，共12个股东共同组建股份制农机服务专业合作社，由返乡人才担任合作社负责人，抱团发展。合作社收益75%用于村集体分红，成立2年多来，带动村级集体经济增收150余万元。

农机服务合作社吸纳技术管理人员8人、生产人员35人，现有收割机12台、旋耕机22台、插秧机3台、播种机6台、烘干塔2台等农耕机械设备合计86台。采取"党建+返乡人才创业企业+镇级合作社+村集体经济"的运作模式，形成带动村集体经济和全镇农业现代化转型抱团发展体系。农机服务合作社覆盖周边乡镇及邻近县区的机耕、无人机"飞防"、机械化育苗等跨区、跨县农机作业服务，实现了"耕、种、管、收"农业托管全过程"一条龙"，有效推进农业生产性服务精细化、集约化、规模化，切实助力农民生产生活增效增收。

农机服务合作社探索形成"党建+返乡人才创业企业+村集体股份合作社+基地+农户"的利益联结机制，可分配盈余按照村、社区及公司出资比例（村集体75%，返乡人才创业企业25%）、作业量或交易量（额）比例分配。截至2022年底，合作社已提供机械耕种服务面积达1万余亩，为群众节约成本100万元，订单收购高粱1510.77吨，实现农民增收1148.18万元，村级集体经济增收150余万元。

附件3：

村党组织主办，吸引回流人才参与日常管理运营的"党建+人才"模式

这种模式的主要特点是党组织领办"村社合一"的集体经济发展平台，吸纳各类返乡人才进入平台，参与日常管理，通过发展集体经济实现村集体、返乡人才、集体经济成员共享乡村产业发展成果。

正安县杨兴镇桐梓社区"两委"班子成员大胆探索、主动创新，采取党建引领、村社融合发展的"村社合一"模式，成立供销专业合作社。引进和培育了一批返乡大学毕业生、返乡创业致富带头人、新型职业经纪人、实用型农技人才等乡村人士，担任管理员和供销社销售经理。

通过健全服务农民生产生活综合平台，有效整合村集体、合作社、乡土人才、农户等多方优势，开展农资服务、农技指导、收购贮藏、加工销售等农业全产业链经营服务，促进村集体和农民双增收。供销社主要经营农资农药、农副产品、日用百货、办公耗材等商品，通过送货上门方式降低生产成本、便利群众生活、增强干群关系。2022年1月营业至今，围绕本地油菜、蜂蜜等6大产业，带领广大群众入股，促进蜂蜜、粮油加工等村级集体经济稳步发展。供销社经营收入240万余元，实现村集体经济纯收入48万余元，实现户均增收3000元。

附件4：

"党支部+合作社+基地+群众"合作模式

镇安县罗坎镇党委政府把大庙村白茶种植项目列为"一把手"招商的重点项目，于2016年7月引进返乡人才在大庙村成立坤农白茶业种植农民专业合作社，注册资金500万元。合作社按照统一品种、统一培训、统一管理、统一加工、统一销售模式，打造白茶核心生产基地，建成投用加工厂房3000平方米和年产200吨茶叶的全自动生产线，完成绿色、有机认证和"坤农白茶商标"注册，白茶基地从最初种植的300亩发展到现在的9628亩。合作社2021年实现销售收入930万元，2022年实现销售收入1400万元，预计2023年实现销售收入1500万元。

在发展白茶产业过程中，大庙村党总支充分考虑合作社、群众、村集体三方利益，通过搭建"党支部+合作社+基地+群众"合作模式，探索多种利益分配机制和带农途径促进群众增收。一是土地流转收益逐年递增，建立土地流转收益与合作社收益协调增长机制，实行"活租"机制，根据产业收益逐年提高土地租金。大庙白茶基地每亩地租金收益已由第一年的100元增至300元，现在每年流转土地租金收入达198.8万元。二是带动周边群众就业增收。坤农白茶合作社优先安排有留守老人、留守儿童等外出就业困难家庭的劳动力进入合作社就业。2016年至2022年底，累计支付栽种茶苗工人工资232.5万元、田间管理人员工资1148.6万元、采茶环节工人工资376.375万元。2022年，通过基地管理、白茶采摘、茶叶加工，合作社实现吸纳60人就近就业、人均增收2万余元，吸纳1200人临时就业、人均增收3000余元。

附件5：

返乡人才创办龙头企业，多元主体参与共赢模式

镇雄县近年来依托自身资源优势和产业基础，大力发展辣椒产业，坚持以市场为导向，以规模化经营为途径，以龙头企业为支撑，在基地建设、主体培育、精深加工、联农带农等方面精准发力，完成"传统产业+新平台+新机制=新产业"的产业转型蜕变。2022年，全县共种植辣椒面积8万亩，建成辣椒高产示范基地5.66万亩，实现产量12万吨，产值3.6亿元，项目区覆盖3.86万户16.65万人，其中脱贫户0.76万户2.85万人，三类对象0.07万户0.28万人，实现户均增收7200元以上。

一、坚持基地建在订单上，实现农户利益最大化

立足当地群众多年种植辣椒的传统优势，大力建设辣椒高产高效示范基地。一是发展订单农业。通过经营主体与镇村两级签订合作协议建设辣椒种植基地，实行对农户采收辣椒进行保护价收购，最大限度地调动群众发展辣椒种植的积极性。在基地建设过程中，经营主体通过垫资为农户解决种苗、薄膜、化肥等农资问题，让农户除土地和劳动力外基本实现零成本投入，确保了农户利益最大化。二是适度规模经营。对于辣椒品质要求较高的产业，采取经营主体直接与农户签订协议的方式，流转土地开展辣椒规模种植，在此基础上，经营主体积极探索二次分红，通过产业反哺持续稳定辣椒种植面积。三是坚持良种良法。县级农业农村部门大力开展辣椒引试示范，与省内高校和科研院所合作，先后引进45个辣椒品种开展区域性试验，选育出十多个高产、广适、优质的辣椒品种，为经营主体在品种选择上把好关口。通过订单农业、规模经营和良种良法相融合，农户投身于辣椒产业发展的积极性得到有效激活，产业规模化程度得到提升。

二、坚持主体培在基地上，实现企业效益最大化

一是抓主体培育。围绕主导产业发展，深入开展市场主体倍增行动，先

后出台龙头企业认定与监测管理办法、经营主体联农带农奖补办法和经营主体银行贷款财政贴息办法等惠企政策，科学引导经营主体扩大生产规模、开展联农带农行动。截至目前，全县共有13个企业和17个合作社参与辣椒产业发展，累计提供就业岗位1500余个。二是抓精深加工。始终把精深加工作为产业发展的主攻方向，实现以原料销售向加工商品化转型，推动辣椒产业延链强链。截至2023年，全县已有6个经营主体从事辣椒初深加工，共有辣椒加工生产线10条，年加工能力提升至4万吨。三是抓品牌打造。利用"赤水源辣椒"公共品牌，大力开展辣椒产品"三品一标"认证，深挖辣椒产品附加值，先后创建"确佐辣椒""思农椒椒""乌蒙思农""腊糙媳妇""昭通镇雄高山辣椒"等辣椒商标。四是抓市场拓展。依托县内辣椒基地和品牌优势，组建了镇雄县高原特色农业协会，推动经营主体之间实行信息互通、资源共享，相继到成都、上海、湖南、广州等20多个省市开展以商招商活动，与30余家全国辣椒加工知名企业建立了稳定的供需合作关系。

附件6：

以县域特色主导产业引聚人才模式

正安县依托返乡入乡创业，靠着"无中生有"的激情实干，创造出年产销吉他600万把、带动上万人就业的吉他奇迹。2013年引进第一家吉他产业；2015年荣获"中国吉他制造之乡"称号；2020年获得国家级文化产业示范园区创建资格；2021年获"中国吉他之都"美誉，被评为"国家级外贸转型升级基地"；2022年得到国发2号文件重点支持，目前已成为全球集聚程度最高、产销规模最大的吉他生产基地。2023年更是获得了贵州省唯一的国家级文化产业示范园区称号。

正安县2013年引进第一家吉他制造企业并开始建设吉他产业园。当第一个敢吃螃蟹的正安人——在广州开办神曲吉他制造的郑传祥先生不惧风险，怀着对乡愁的憧憬，搬厂回家的那一刻，"无中生有"的吉他制造产业便由此开始在正安大地演绎着一种奇迹。县委、县政府自始至终盯准这一资源，毫不迟疑、及时跟进，因势利导，立足"乡情"重点突破，主动迎接"凤还巢""雁回归"，引进培育壮规模，精准招商成集群，"无中生有"的吉他制造由此形成，正所谓"神曲引来金凤凰，党政跟进成园区"。

一是创新发展模式，以"共同富裕"为导向，着力构建吉他工业、吉他文化、吉他旅游"三位一体"融合发展体系。大力发展吉他工业。持续聚焦聚力产业集群发展，不断提升园区承载能力，加大招商引资力度，补齐补强吉他全产业链条；加大科技研发投入力度，促进产业链与创新链融合。大力发展吉他文化。发挥文化价值引领与特色塑造功能，推动吉他文化与科技、教育、商业、城市建设等领域深度融合，开展吉他文化推广，编写民谣吉他考级教材，开发建设考级平台，大力举办赛事活动。大力发展吉他旅游。坚持以文塑旅、以旅彰文，创新"吉他+"休闲、研学、康养的体验场景和旅游产品，以国家AAAA级旅游景区为核心，辐射带动九道水、桃花源等景区与吉他艺术培训、研学旅行深度融合。

二是优化产业生态，提升园区环境。近3年内累计投入7.95亿元用于园区建设，扩建标准化厂房15万平方米，总面积达80万平方米；改造升级水电路讯网等设施，完善仓储物流、演艺展示等服务功能，提升园区承载力，园区已成为吉他文化企业发展的沃土。激发企业活力。出台《关于扶持奖励吉他贸易发展的优惠政策（试行）》，近3年内为企业免租约1.33亿元，园区企业享受各类税收优惠404万元，兑现外贸出口奖励778万元，帮助51家企业贷款2.54亿元。完善产业链条。坚持集聚发展、融合发展，全面推进强链补链延链。目前园区吉他企业涵盖吉他生产、原材料供应、包装销售、贸易物流、艺术培训、科技研发等领域，已形成闭合产业链，园区的自我修复能力、发展能力显著增强。

三是发挥市场作用，提升市场主体创新能力。建设大师工作室13间，加大专利研发和成果转化投入力度，围绕关键环节、关键领域、关键材料开展技术研究，制定正安吉他质量标准、工匠标准、考级标准，不断增强创新发展能力，全力打造"正安智造"的吉他。发挥市场主体带动效应。建设了吉他文化创业综合孵化中心，吉他文化+新型业态孵化基地、吉他跨境电商与直播孵化基地、吉他文化创新创意孵化基地等载体，有效拉动了全县文化类小微企业的发展。履行市场主体社会责任。企业坚守初心，反哺社会，先后参与"千企帮千村"和"万企兴万村"活动，如神曲公司向红岩村捐款100万元用于发展村级产业，疫情期间园区企业踊跃捐款捐物，定期开展文艺培训和文化演出等活动，努力让发展成果惠及全民。

乡村传统文化传承发展促进乡村治理对策研究调研报告

李　峰　彭延炼　于正东　刘　娟　仰玉婷①

文化作为人类长期创造形成的产物，体现着一个国家或民族的价值取向、道德规范、思维方式、行为规范和知识认知。通过文化的积累，人类不断推动自身的发展，也实现了对自然和社会的有效治理。"以人文而化成天下""文章经国之大业"记载了古人对文化治理作用的认知。党的十八大以来，习近平总书记在多个场合阐明了中国优秀传统文化和国家治理之间的关系，指出："中国优秀传统文化的丰富哲学思想、人文精神、教化思想、道德理念等，可以为人们认识和改造世界提供有益启迪，可以为治国理政提供有益启示，也可以为道德建设提供有益启发。""我国今天的国家治理体系，是在我国历史传承、文化传统、经济社会发展的基础上长期发展、渐进改进、内生性演化的结果。"乡村作为中华优秀传统文化的重要载体，其文化振兴直接关系到乡村振兴战略的成败，它不仅能为现代乡村治理提供所需的文化支持，也能为赋能乡村振兴战略提供所需的全部文明价值体系，"没有乡村文化的高度自信，没有乡村文化的繁荣发展，就难以实现乡村振兴的伟大使命"。

为考察现阶段乡村传统文化传承的现状，以及乡村传统文化在乡村治理体系建设中发挥的积极作用及存在问题，课题组承接了中国扶贫发展中心委托的"乡村传统文化传承发展促进乡村治理对策"专题调研项目，赴湖南省浏阳市、凤凰县开展了实地调研，以期为更好实现乡村传统文化传承发展，

---

① 作者：李峰，吉首大学商学院副教授，硕士生导师；刘娟，吉首大学商学院硕士生。课题组组长：李峰。课题调研团队成员：彭延炼、于正东、刘娟、仰玉婷。

促进乡村治理提供政策建议。

一、乡村传统文化传承发展，促进乡村治理的现状考察

（一）案例地选择

基于调研主题，课题组按照历史文化悠久、乡村传统文化丰富、乡村治理初具成效、具有典型区域差异的原则，在湖南省境内选择了浏阳市和凤凰县两个县市作为案例地。浏阳市地处湖南东部长株潭经济圈，经济发达，民族单一；凤凰县地处湖南西部武陵山区，地区经济落后，且为少数民族集聚地。两地的经济历史文化情况如下。

浏阳市，湖南省辖县级市，由长沙市代管，地处湘赣边界，湖南省东部偏北，长沙市的正东方，距长沙市70余公里。浏阳历史文化底蕴深厚，古属荆州，置县已有1800余年历史。2022年末，浏阳市总人口为147.7万人，民族单一，几乎全为汉族。2022年，浏阳市实现地区生产总值1722.5亿元，位列全国县域经济和社会综合发展百强县第7。

凤凰县，隶属于湖南省湘西土家族苗族自治州，地处湖南省西部边缘。凤凰县境内历史悠久，民族传统文化丰富，凤凰古城为国家历史文化名城，文化遗址众多，是西南地区现存文物古迹最多的县市之一。截至2022年末，凤凰县总人口41.9054万人，在总人口中，少数民族人口33.56万人，占总人口的80.01%；在少数民族人口中苗族25.01万人，占总人口的59.68%。2022年，凤凰县实现地区生产总值99.5亿元。

在实地调研中，课题组根据当地政府的推荐实地走访了浏阳市张坊镇田溪村、小河乡乌石村、官渡镇竹联村、古港镇梅田湖村、湘西州凤凰县麻冲乡竹山村、廖家桥镇菖蒲塘村、阿拉营镇新岩村、新场镇大坡村等8个乡村。

（二）考察方式及内容

1. 考察方式

（1）问卷调查

围绕乡村传统文化传承发展，促进村级组织良好运行和建设"三治融合"

的现代乡村治理体系的主题，课题组从乡村传统文化传承发展情况、乡村治理成效和传统文化在乡村治理中发挥的作用等几个方面设计了调查问卷，包括被调查人基本情况在内问卷共设计了 30 个问题。

（2）实地访谈

课题组在实地考察过程中，将与走访典型村的村支书和部分村民进行深度访谈，并邀请案例县市委组织部、文旅局、农业农村局、乡村振兴局等相关部门及典型村所在乡镇的部门负责同志进行座谈，了解案例县市乡村传统文化传承发展与乡村治理的相关情况。

2. 考察内容

考察内容主要包括浏阳市、凤凰县乡村传统文化传承发展与乡村治理的整体情况，以及乡村传统文化在促进乡村治理中一些好的做法、面临的困境等。

（三）调查结果分析

在实地调研过程中，课题组随机对当地村民发放了调查问卷，共发放问卷 240 份，有效回收问卷 240 份，问卷回收率 100%。其中，男性村民占比 65.9%，女性村民占比 34.1%；村干部占比 9.2%，非村干部占比 90.8%；40 岁以上的村民占比 76.9%，40 岁以下的占比 23.1%。问卷调查的结果显示：

1. 乡村治理成效显著

在被调查的村民中，98.9%的村民对现有的乡村治理成效感到满意。在具体的乡村治理方面，96.7%的村民认为村里的治安情况变得更好了；95.6%的村民表示乡村的村容村貌变得更美了；83.5%的村民表示收入和生活水平得到了大幅改善；78.0%的村民表示乡村文化生活变得更精彩了；76.1%的村民表示乡村纠纷和冲突大幅减少，可见图1。这表明，到目前为止，我国的乡村治理已基本形成了一个颇为完整的治理体系，在生态宜居、乡风文明、生活富裕、治理有效等方面已取得了很大的成效。

在具体的乡村事务处理中，被调查村民认为村支两委承担着非常重要的作用，占被调查村民的91.2%，其后依次为宗族组织（80.2%）、村规民约等规约文化（76.9%）、乡贤（70.3%）等。但在出现纠纷时，100%的被调查村民认为寻求村支两委干部是最佳的选择。这表明，基层党组织在乡村治理另外，在乡村治理中乡村传统文化运用所存在问题方面，59.3%的被调查村民认为经费投入不足；58.2%的被调查村民表示村民现有的传统文化传承意识不强；41.8%的被调查村民认为缺乏有效的传承机制；27.5%的被调查村民认为村传统文化传承和运用的制度还不完善（如图3）。

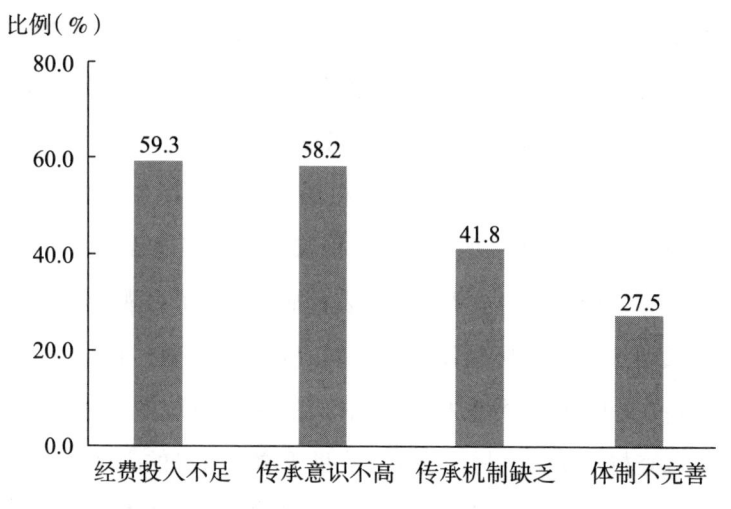

图 3 乡村治理中乡村传统文化运用所存在问题

以上调查结果表明，在全面推行文化自信、弘扬中华优秀文化、实施乡村文化振兴的背景下，地方政府已开始重视乡村优秀传统文化在乡村治理中的运用。但从目前来看，在具体实施和运用的过程中，地方政府还缺乏有效的手段实现乡村传统文化与乡村治理深层次有效融合，体制机制还有待进一步完善。

二、乡村传统文化传承发展，促进乡村治理的实践探索

通过实地考察和深入访谈，课题组发现浏阳市和凤凰县在践行习近平总书记关于中华优秀传统文化"两创"的重要指示下，在推动优秀传统文化赋能乡村治理过程中，探索了一些好的经验做法。

（一）坚持党建引领，提升乡村善治水平

基层党组织是团结带领党员干部群众贯彻党的理论路线和方针政策、落

实党的任务的战斗堡垒，担负着推动发展、服务群众、凝聚人心、促进和谐的重要责任，也是深挖乡土文化创新乡村治理、实现善治最基本、最直接、最有效的力量。浏阳市田溪村党支部坚持党建引领、党员带头，通过谋划、组织、宣传、推动，将乡村优势自然景观、文化遗产、民俗文化转化成带领村民共同致富的优势资源，真正发挥了"主心骨"作用，同时也增强了党组织的凝聚力和战斗力，提升了乡村治理能力；凤凰县菖蒲塘村不断加强基层组织建设，坚持党建引领，做实自治、法治、德治三足支撑，以良好的基层治理推动全村经济社会高质量发展，取得了良好效果。

典型案例1　菖蒲塘村：坚持党建引领，做实自治、法治、德治三足支撑

菖蒲塘村位于湖南省湘西土家族苗族自治州凤凰县廖家桥镇，距凤凰县城7公里、铜仁凤凰机场20公里、杭瑞高速下线2公里，是一个以土家族、苗族为主的少数民族聚居村。全村15个自然寨，23个村民小组，710户3035人，地域面积9.37平方公里。近年来，菖蒲塘村始终坚持以习近平新时代中国特色社会主义思想为指引，不断加强基层治理体系现代化建设，提升基层治理能力和水平，人民群众安全感、获得感、幸福感明显提高。

小村庄，大党建，党的领导覆盖全村每个角落。党的组织阵地建设是一切工作的纲，纲举方能目张。为了让全村106名党员真正成为社会治理、经济建设的核心力量，菖蒲塘村构建完善"1+4+4+4"的党组织层级，即一个菖蒲塘村党委；以片区为单位成立4个党支部；新成立了水果产业、旅游产业、女子嫁接队、周生堂公司4个功能型支部；成立旅游服务、产业技术服务、柚子产业、猕猴桃产业4个产业党小组。全村在村党委的领导下，通过16个党支部或党小组，将党的领导覆盖全村自治组织、经济组织、群团组织、社会组织、监督组织等方方面面，让党的声音响彻田间地头、传播街坊村里。

小网格，大自治，确保村民自治深入邻里乡亲。结合本村实际，全村23个村民小组、13个自然寨，配齐配强23个网格长、30个中心户长，充分发挥"雪亮工程"在村民自治中的作用，实现网格化管理和网络监控全覆盖。同时，建立健全村巡防队伍、村级调解委员会等基层组织。根据村主干居住地的实际情况,实行村主干分片包干负责制,构建"分片村主干—网格长—中心户长"基层治理骨架,实行"网格包干、片区落实"的社会治理体系,有效发挥基层治理优势,确保全村各项工作有序推进。

小民约,大德治,弘扬社会主义美德,凝心聚力。以遵守村规民约为村民基本公德评价,以推进"四爱五讲""互助五兴"为主要抓手,坚持开展"户帮户、亲帮亲"活动,让党员带起来、群众跟进来,奋进互助路,共奏大联欢。全村共成立学习互助、产业互助、乡风互助、邻里互助、绿色互助5大类互助小组102个,涉及612户、2754人。党员互助小组组长中党员有57人,产业大户有28人、致富能人有17人。推行党组织积分制和互助五兴积分制管理,将党员、群众带头作用发挥情况、参与公益事业情况、支持配合村"两委"工作开展等情况纳入民主评议党员、"致富能手、最美庭院、好公公、好媳妇"等群众性评先评优的活动中去。实行积分制考核,根据党员群众参与和支持工作情况进行打分,并根据积分免费到村里的爱心超市兑换生活用品,党员群众投身村里建设、投身公益事业的参与度和积极性得到全面激发,让社会主义核心价值观在群众心中生根发芽、茁壮成长。

小调解,大法治,让新时代文明乡风彰显法的精神。认真学习贯彻习近平法治思想,坚持普法教育常态化、法律调解苗头化,让群众在普法宣传教育中知法尊法,在矛盾纠纷调解中懂法守法。成立菖蒲塘村人民调解委员会,组织创建了菖蒲塘村"为村平台",并聘请村法律顾问1名,聘请10名乡贤为村级治理顾问,确保邻里纠纷、家庭矛盾及时发现、主动化解、依法化解。今年,全村共排查不稳定因素和各类矛盾纠纷6起,成功调解6起,调解成功率100%;为村平台共收到群众反映问题25件,解决25件,解决率100%,实现了"小事不出网格、大事不出组、难事不出村"。

(二)创新农耕文化,带动村民共治共富

农业是人类赖以生存的基础,具有鲜明的可操作性和实用性,拥有广泛的教育功能。农耕文化的学习体验,深受学校和学生的青睐。浏阳梅田湖村凭借资源和区位优势,率先推行"公司+村集体+农户"的运营模式,整合松

山屋场农田500多亩，将村民的闲置房改造成统一标准的接待用房，村民以房屋入股的形式成立了梅田湖农耕文化研学基地。乡村"美"则公司"兴"、公司"兴"则村民"富"，村民们积极投身到村里的各项治理工作中，实现了村民共管共治良好局面，随着梅田湖村"颜值"不断提高，村民的钱袋子也一天天鼓了，2021年底实现为入股村民分红312万元。

典型案例2　梅田湖村："做活"农耕文化，共同富裕激发村民乡村治理主体性

梅田湖村位于浏阳市古港镇北部，由梅田湖村与中坪村合并而成，有"湘东小明珠"之称。东接大围山国家森林公园，西距黄花国际机场50公里，距高速互通口仅3公里。全村辖24个村民小组、1024户4896人，村域面积52.6平方公里。近年来，梅田湖村以党建为引领，以美丽乡村建设为抓手，以乡村治理为契机，以梅田湖村绿色生态资源优势为依托，打造以农耕文化体验为载体的乡村研学产业发展模式，形成集"屋场+农耕文化+体验传承"于一体的研学产业链，逐步打造"德治、法治、自治"相融合的乡村治理村。

一是传承创新传统文化促发展。梅田湖村拥有丰富的自然资源和深厚的人文底蕴。世代传承的农耕传统为梅田湖村增添了独特的乡土风情。借助这些独特条件，梅田湖村打造了一个融合"春耕、夏耘、秋收、冬藏"的农耕文化和研学旅游的目的地，为研学者提供全方位的农耕实践和研学体验，感受深刻的文化记忆。作为融合农耕文化和研学旅游的目的地，梅田湖村吸引了大批学生参与农耕实践研学活动。在这里，学生们可以全方位地体验农耕的各个环节，感受到农业工作的乐趣和意义。插秧比赛是其中之一，学生们可以亲身参与，体验农活的过程。此外，他们还有机会学习传统农具和现代农具的使用，通过实际操作来识别和掌握农具的使用技巧。在"浑水摸鱼"的活动中，学生们能够感受到农田里丰富的生物多样性，加深对生态环境的认识。竹筏竞技活动培养了学生们的团队合作精神，夯土造屋让他们亲身感受到建筑的艺术和技巧。同时，学生们还有机会了解稻作文化，参与水稻诗文朗诵和农耕歌曲拉歌赛，深入领略农耕文化的艺术与魅力。

二是共同富裕激发村民主体性。梅田湖的农耕文化振兴对于重建村民主体性具有重要作用。首先，它带来了文化自信。通过将特色屋场与文化传承、旅游休闲相结合，吸引了学生等各方主体来到村庄，同时吸引了大量游客前来观赏。在外来主体和村民逐步融合的过程中，乡村农耕文化得以活态保护和展示，引导村民从文化自觉走向文化自信。其次，农耕文化振兴激发了村民的参与意识。村民将闲置的房屋统一标准改造为接待用房，并以房屋入股的方式形成了"公司+村级+农户"的运营模式。同时，村民担任着"农嫂子""农大哥"等职位，所有村民都参与其中。通过建立"梅田湖研学旅行基地"文化品牌，吸纳了大量村民参与村庄的发展和治理。最后，农耕文化振兴促使村民增强现代意识。在外来入驻者、游客与村民共同融合、共同建设和共同治理的过程中，深刻地影响着当地村民与外界的交流和交换意识，促使他们不断增长现代意识。

（三）用好乡贤文化，补益乡村多元共治

乡贤文化是连接故土、维系乡情的精神纽带，用好乡贤身上特有的才识、技能、资金、品德及影响力等"财富"，不仅能提高乡村组织化水平和"自组织"能力，也能有效提升乡村治理能力。浏阳田溪村采用"乡贤请回来，能人留下来"的模式推选出一支由11位党员、乡贤、能人组成的乡村发展创业团队，众筹资金成立了旅游管理公司，将村里优良的自然资源，以及百年榨坊、古山贡纸手工作坊等文化遗产和桃坪客家人旧聚落群等民俗传承转化成旅游资源，带领村民共同致富。凤凰县大坡村采用"三请"模式，请在外能人、请在职公职人员、请退休公职人员，为本村发展出谋划策，共画蓝图，共谋未来。凤凰县菖蒲塘村实施乡贤引领工程，建立乡贤队伍储备库，10名乡贤被选为菖蒲塘村发展顾问，为全村发展把脉问诊，出方健体，67名乡贤无职认岗，在各自岗位上引领带动群众脱贫致富。

典型案例3　秧田村："博士村"背后的新乡贤

浏阳市沙市镇秧田村，一面"博士墙"格外醒目：墙上挂着村里考出去

的博士生照片和简介。30年来，村里1288户人家出了20多位博士、数百位硕士。秧田村成为闻名遐迩的"博士村"，不仅得益于"奖优生、聚优师"的激励政策，也和当地的"新乡贤文化"密不可分。

秧田村自古就有乡贤助教的优良传统。据当地人介绍，为了筹款修建村里的文光书院，清朝举人彭子铨把自己的祖宅和100多亩田地都变卖捐赠。在他的带领下，当地开明乡绅、各姓祠堂、名人踊跃捐资，募得兴建书院的资金。

如今，新乡贤正为这里带来新气象。乡贤李昌开成立教育教学奖励基金，为学校师生伙食费买单；黄蔚德捐出100万元成立敬老爱亲个人奖励基金。2017年，乡贤们组织成立了村教育基金会，对考取大学、获得硕士、博士学位的村民家庭进行奖励并张榜表扬。

（四）倡导规约文化，规范村民行为准则

村规民约集纳了传统文化有关教化思想和规范性要求，是传统文化制度的"规范版本"，在约定俗成的传统习惯基础上，结合乡村具体实际形成的约束规范村民行为的一种规章制度，是实现乡村治理的重要载体和有效依据。凤凰县大坡村在制定村规民约的基础上健全"一约六会一章程"村民自治制度，推动社会主义核心价值观、优秀传统文化融入村规民约，形成"乡土准则"，并从公民"个体"、家庭"群体"及党员干部等不同方面，开展"五好家庭""平安家庭""致富能手""最美庭院""好公公""好媳妇"等评选活动，推动民风、家风、社风、党风和政风进一步好转。

典型案例4　竹山村：完善"一约六会"，加强村民自治

竹山村用群众喜闻乐见的方式，以通俗易懂的语言，进行政策法规、道德文化、卫生保健等知识宣传，教育引导村民抵制各种封建迷信活动，让村民在潜移默化中受到教育，提高自身道德修养，激发人民群众的自豪感和投身乡村振兴的主动性。

同时，全力推行"道德红黑榜"乡风治理模式，健全完善"一约六会"

(村规民约和红白理事会、道德评议会、村民议事会、乡贤理事会、禁毒禁赌会、扶贫理事会)制度,促进群众更好地自我管理、自我服务、自我教育、自我监督,有效提升群众参与基层自治的主动性、规范性和实效性。开展"好婆婆""好媳妇""文明家庭""美丽庭院""最美家庭"等评选活动,用身边人讲身边事、身边事教身边人,在全村引导形成见贤思齐、崇德向善的良好社会风尚,推动社会主义精神文明建设。

三、乡村传统文化传承发展促进乡村治理面临的主要问题

结合调查问卷和实地走访、座谈情况,目前,乡村传统文化传承发展在促进乡村治理方面面临的主要问题包括:

(一)乡村传统文化在乡村治理运用上存在着区域差异性

浏阳市和凤凰县分属湖南的东、西两个区域,浏阳市处于东部长株潭经济发达地区,凤凰县处于经济落后的偏远湘西地区。通过问卷调查发现,凤凰县在传统文化传承中面临的最主要问题是经费投入不足,占被调查村民的73.8%,而浏阳市在传统文化传承中面临的最主要问题则是村民文化传承意识不够高,占被调查村民的59.2%。另外,宗族文化在乡村治理中的作用也存在差异,凤凰县的被调查村民中有66.67%的人认为宗族文化在乡村治理中有着比较大的影响,但在浏阳市只有26.5%的村民认为宗族文化在乡村治理中存在着影响。这些差异的存在主要是由地区经济发展差异、文化意识和开放程度不同所导致的。

(二)乡村传统文化参与乡村治理缺乏系统性有效机制

问卷调查显示,仅有12.1%的被调查村民认为乡村传统文化在乡村治理中有着重要作用。虽然95.6%的被调查村民表示政府非常重视(或重视)运用乡村传统文化特色进行乡村治理,但从县市及乡镇座谈的情况来看,乡村传统文化参与乡村治理目前还缺乏有效的方法。在所有的调研访谈中,一位村支部书记在座谈中直言道:"……我们村以发展创意文化产业作为本村的主

导发展产业,在平时工作中也非常重视文化建设,但是在乡村传统文化参与乡村治理这一块还没有进行过深入思考和总结……"这一方面可能是基层干部还忙碌于"产业振兴、人才振兴、文化振兴、生态振兴、组织振兴"的具体事务中,很少有时间去思考优秀传统文化在乡村治理中的作用,很少去考虑乡村振兴中"形"和"魂"的关系;另一方面在某种程度上也说明基层运用乡村传统文化参与乡村治理的方式方法还非常匮乏。

(三)乡村传统文化治理中村民的主体参与度不高

乡村传统文化治理的最大主体是村民,只有唤起每个村民的主体自觉性,最大限度地调动每个村民的积极性,才能有效推进乡村文化治理能力建设。但长期以来,农村基层实际大多是政府反客为主、包办代替,采取自上而下的资源输入策略,没有很好地激发村民的主体活力,创造属于村民自己的文化生活,难以满足村民日益个性化的文化需求,造成供需不匹配局面,农家书屋闲置、电影下乡不受欢迎的尴尬局面就是有力证明。另外,问卷调查也显示,58.2%的被调查村民认为目前乡村传统文化治理中存在的主要问题是村民参与意识不强,居存在问题的首位。这一方面是村民在乡村文化建设中的主体性地位没有得到明确,文化建设还是"自上而下"以项目的方式实施建设,以"上位规划"来完全替代村民主体意愿,并没有考虑到村民自身的实际需求,这也导致了文化服务站使用率不高、农家书屋门庭冷清的尴尬局面;另一方面是部分村民自身的道德水平、思想意识、文化素质不高,文化参与意识不强所导致的。

四、乡村传统文化传承发展促进乡村治理的对策建议

(一)要因地制宜实施符合乡情村情的乡村传统文化治理

乡村文化与地域文化密切相连,"十里不同音,百里不同俗",这在中国的农村是十分普遍的现象。乡村传统文化治理一定要扎根于本乡本土的文化特色和传统习俗,契合本地实际形成一套行之有效的乡村传统文化治理模式。

1. 摸清乡村传统文化家底

乡村是地域文化的缔造者,同时也被地域文化深刻塑造。不同的乡村由

于所处地域的不同，有着自身独特的文化习俗，具有明显的地域性和乡域性。因此，在实施乡村传统文化治理时，必须全面了解乡村所拥有的传统文化和民风习俗，了解乡村居民的生活方式、思维方式以及精神价值取向，辨识内蕴其中"善"的程度，这是将传统文化有效融入乡村治理的不可或缺的环节。

2. 精准制定乡村传统文化治理方案

"一方水土养一方人，一方人治一方水土"，乡村治理理念和治理方法的选择，必须由生活在同一乡土空间上人的认知来决定，由乡村所在地域文化构成的社会形态及其结构来决定。因此，要从乡村的实际情况出发，制定符合乡村实际的、村民能接受的乡村文化治理的模式和方案。这也是习近平总书记指出的："新农村建设一定要走符合农村实际的路子，遵循乡村自身发展规律，充分体现农村特点，注意乡土味道，保留乡村风貌，留得住青山绿水，记得住乡愁。"

（二）系统性建立乡村传统文化参与乡村治理的有效机制

乡村传统文化参与乡村治理，是指将乡村传统文化作为一种治理工具，借助文化的治理功能，发挥其在乡村治理中的文化认同、价值引领、精神滋养、促进主题参与等多重作用，解决乡村治理中的难题。必须以系统性思维构建文化治理的有效机制，为乡村治理提供全新思路。

1. 深入挖掘保护优秀传统文化，促进文化认同

文化的核心功能是塑造认同，文化认同是最深层次的认同，是政治认同的坚实基础。优秀的乡村传统文化不仅包含增进情感认同、增强民族自信的思想元素，还蕴含着凝聚人心、整合社会的磅礴力量。深入挖掘和保护中华优秀传统文化，汲取认同的力量，对有效推进乡村治理，实现乡村振兴有着十分重要的意义。一是强化优秀传统文化保护的政策保障，制定有效促进传统文化保护的政策，为乡村优秀传统文化保护提供政策保障；二是加大优秀传统文化传承和人才培养力度，积极申报非遗物质文化遗产项目，大力推进优秀传统文化进校园、进机关、进街道、进社区、进乡村，用优秀传统文化涵养广大群众。

2. 积极开展乡村文化活动，淳朴文明乡风

乡风文明是乡村振兴战略的重要组成部分，是乡村振兴之"魂"。随着我国经济的快速发展，农村的物质生活水平得到了极大的提高，但农村文化建设相对滞后，还存在各种落后和糟粕的习俗。加强农村文化建设，尤其着眼于开展丰富多彩的农村文化活动，是发展社会主义先进文化、提高乡村治理能力、构筑农村和谐社会的重要手段。一是创新乡村文化形式，采取群众喜闻乐见的传统艺术形式，创作推出一批宣扬传统美德、核心价值、先进理论的优秀文艺作品，运用群众听得懂、听得进的语言开展群众文化教育，浸润心田，提振乡村精气神；二是以"节庆节日"为契机，积极开展系列群众性文化活动，在元宵节、端午节、中秋节、春节等传统节假日期间组织开展传统节庆活动，在传承历史文化的同时，弘扬中华文化，淳朴乡风民心。

3. 创新发展乡村文化产业，促进共同富裕

文化兴则国运兴，文化强则民族强。创新发展本地文化产业，带动当地村民致富，对推动当地丰富的文化资源实现创造性转化和创新性发展、更好地满足人民的美好生活需要、推动乡村物质文明建设有着十分重要的意义。一是积极搭建文化产业发展平台，修建乡村文化产业园，规划、组织、整合乡村文化资源，大力构建"传统文化+文化产业园区（村庄）+企业+农户"的发展模式，鼓励非物质文化遗产传承人、设计师、艺术家等积极参与，推动乡村文化产业成规模；二是推动产业融合，通过以文塑旅、以旅彰文，利用传统民居村落、工农业遗址、"非遗"项目等发展文化旅游项目，积极探索"非遗+""文旅+"等模式，创新开发乡村文化遗产、修学研习、民俗文化等旅游资源，打造一条由"政府主导、社会力量参与、民众受益"的文旅融合发展、实现乡村振兴的新路子，带动村民共同富裕。

4. 加强乡村文化队伍建设，强化人才支撑

基层文化人才队伍是繁荣发展乡村文化的重要基础力量，是推进乡村优秀文化有效参与乡村治理的关键队伍，要不断加强乡村文化队伍建设。一是强化基层党组织，特别是镇村两级干部的文化培育力度，常态化举办乡村文化振兴专题培训班，定期组织开展乡文化站长和村文化专干的轮训，全面提

升镇村两级乡村文化传承和文化治理的能力水平；二是鼓励支持民间成立诗联协会、书画协会、龙舟竞渡协会、玩龙舞狮协会、花鼓戏协会等，培养带动一批基层文化工作者、民间文化能手，同时吸纳企事业单位退休人员、返乡大中专学生等进入乡村文化队伍，增强乡村文化自我发展能力。为乡村优秀传统文化传承发展，有效促进乡村治理提供人才支持。

（三）要充分发挥群众在乡村传统文化治理中的主体性和积极性

基层社会治理是国家治理的基础，与群众利益休戚相关。党的十九届四中全会提出，完善群众参与基层社会治理的制度化渠道。同样在乡村传统文化治理中，要调动广大群众的积极性、主动性、创造性，推动建设人人有责、人人尽责、人人享有的社会治理共同体。

1. 强化乡村传统文化治理中群众的主体性

按照为民、利民、便民的要求，加强资源整合，综合用好文化科技卫生"三下乡"等平台载体，精准"送"的内容，优化"送"的形式，下放"送"的权力，实行"订单式""菜单式""预约式"服务，引入购买服务和竞争机制，激发各类文艺团体、演出机构、演出场所积极性，把更多群众需求的优秀电影、戏曲、图书、期刊、科普活动、文艺演出、全民健身活动送到农民中间，让群众拥有更多发言权、选择权、决定权。

2. 激发群众参与乡村文化治理的积极性

常态化举办书法、合唱、器乐、广场舞、篮球、棋类、龙舟等群众性文化赛事，依托演出企业、演出团体、艺术院校等机构，帮助和指导乡村开发演出项目，培育乡村文艺演出队伍，推动乡村传统文艺节目上戏台，鼓励群众开展自编自导自演的自娱自乐活动；开展乡村村晚、乡村春晚、村BA、村超等文体活动，激发群众参与乡村文体活动的积极性，使之成为乡村文化振兴的"主力军"。

和美乡村建设典型案例研究调研报告

侯满平 戴红英 高红梅 刘亚莉 郭 茜 贾宁凤 侯秀芳①

党的二十大报告提出"建设宜居宜业和美乡村",这是以习近平同志为核心的党中央作出的重大战略部署。从"美丽乡村"建设到"和美乡村"建设,虽一字之变,但其内涵却极丰极深。宜居宜业,"塑形"当先;和美乡村,"铸魂"为要。这个目标任务既包括"物"的现代化,也包括"人"的现代化,还包括乡村治理体系和治理能力的现代化。

调研组一行历时七天,通过农户访谈及座谈会形式,分别对浙江安吉及江西婺源的和美乡村建设情况作了深入调研。在安吉调研了余村、横山坞村、大竹园村、双一村等自然村、社区及春林山庄、鲁家村、宋茗白茶、深蓝计划X、美维湖羊等多个乡村田园项目。在婺源调研了西冲村、严田村、汪口村及栗木坑等自然村及社区,还调研了篁岭古村与得山望水等多个乡村项目点,与婺源县乡村振兴局、农业农村局、自然资源局、文广旅游局等进行了座谈交流,获得了有益的一手调研资料。

本次调研地浙江安吉与江西婺源和美乡村建设均具有典型性。其典型做法主要围绕"和美"做文章,如乡村人居环境治理、和美文化建设、基层治理及发展美丽乡村经济等方面。营造人与自然和谐共生的良好氛围,实现了乡村由表及里、形神兼备的全面提升。

---

① 作者:侯满平,博士,河北东方学院教授,北京第二外国语学院中国文化和旅游产业研究院特聘研究员、博士生导师;高红梅,天津农学院教授;刘亚莉,天津农学院研究生。课题组组长:侯满平。课题调研团队成员:戴红英、高红梅、刘亚莉、郭茜、贾宁凤、侯秀芳。

一、安吉与婺源和美乡村建设的基本情况

（一）和美乡村建设的基本概况

和美乡村建设以浙江安吉和江西婺源为典型案例，在全国深入学习"千万工程"经验，从防疫、养老、教育、医疗等方面进行公共服务设施建设，提高乡村基础设施完备度、公共服务便利度、人居环境舒适度；从生活垃圾清理到生活污水排放，从厕所革命到美丽河湖建设，为宜居宜业和美乡村建设提供有力支撑；坚持物质文明和精神文明一起抓，不仅要建设好和现代生活相配套的基础设施，还要深层次挖掘耕读传家、家文化、人与人和睦相处、人与自然和谐共生等优秀传统文化的智慧，培育文明乡风、良好家风、淳朴民风，增强村民对村庄的认同感和归属感；坚持党建引领、支部带村，发挥党建引领作用，不断加强基层党组织建设，不断完善自治法治德治乡村治理体系，通过制定规范、强化村规民约、党员干部带头示范等方式，注重发挥基层党组织战斗堡垒和党员先锋示范作用；立足农业农村特色资源优势，在保护好传统村落和农耕文化的基础上因地制宜发展乡村富民产业，加快构建现代乡村产业体系，有效开发农业多种功能、深入发掘乡村多元价值，促进三产融合，拓宽农民增收致富渠道；坚持建设美丽乡村与发展美丽经济齐头并进，打通绿水青山向金山银山的转换通道；业兴村强、民富人和、美丽宜居、稳定繁荣的现代版"富春山居图"正在中华大地上逐渐铺展开来。

（二）和美乡村建设的特质

"和美乡村"系脱贫攻坚、乡村振兴背景下美丽乡村建设的升级，是城乡一体发展的持续推进，也是未来百年大计的重要战略；和美乡村是具有良好人居环境，能满足农民物质消费需求和精神生活追求，产业、人才、文化、生态、组织全面协调发展的农村；"和"体现了乡村文化及精神风貌、乡村人与自然的大和谐；"美"体现于乡村生态、乡村风貌及乡村生活、乡村生产的和谐之美。"宜居宜业和美乡村"是乡民"共富"+邻里"和谐"+村容"美丽"+就业"乡里"+生活"甜美"的综合。

(三)安吉县和美乡村建设的基本情况

安吉是"绿水青山就是金山银山"理念的诞生地,是中国美丽乡村发源地和全国生态文明建设试点县,全县植被覆盖率75%,森林覆盖率71%。2008年起,安吉县以"村村优美、家家创业、处处和谐、人人幸福"为目标,创新开展了中国美丽乡村创建。安吉注重改善人居环境,在农村基础设施建设、农村生活污水处理、生活垃圾处置、乡村面貌整治等方面成效显著,积累了大量宝贵的实践经验。

安吉县以"和美"要义深化"千万工程",全力开创"千村示范、万村共富、全域和美"新格局;全县从村庄环境整治,全面改善农村人居环境做起。采用数字化技术、家庭积分制管理及"五个好"评比等办法,使每个老百姓都成为村庄的主人。如余村、红旗双一村、鲁家村等多年坚持以绿水青山大环境的维护与建设为基础,打通向金山银山的转化通道;在经营项目的建设方面,全县大力扶持创新创业,支持引导发展了大量的新好项目,如宋茗白茶、美维湖羊、余村文创阁、春林山庄、田园加勒比、小瘾半日村、大竹园乡旅梦工厂、深蓝计划×等多个知名品牌项目。全县整体上打造了宜居、宜业、宜游的安吉和美乡村。

(四)婺源县和美乡村建设的基本情况

婺源县以"徽文化"为名片,以"乡乡有景区,处处有景点"著称,系第一批国家旅游示范区,县内有传统村落30多个。全县主打"油菜花海、晒秋赏枫、梦里老家、古宅民宿"四张名片。在推进城乡基层治理中,借力以朱子文化为代表的优秀传统文化,紧密融合社会主义核心价值观,规范引导传统文化习俗、村规民约,切实发挥德治春风化雨作用,形成了具有强大特色的"和美"乡村。全县有较多典型,如思口镇西冲村以"俞氏宗祠"发展研学旅游;漳村深入实施厕所革命,改善人居环境,以"谁家砍树就杀一头猪"作为全村封山禁令的处罚措施,该村多年没发生砍一棵树的现象;江湾镇汪口村以千年古樟带动全镇乡村旅游业,以乡村旅游带动当地茶叶、黄菊、干货、砚台等特产及传统木雕、砖雕特色手工艺发展,并开设老年人幸福食堂；赋村镇严田村发展生态工业、贸易与乡村高端民宿，"以田为本、以严治家"，向村民征集和推广"微家训"，村干部带头的踏实工作作风 2022 年 4 月被焦点访谈作为专题报道过；巡检司村践行"望山生活"理念，引进全国名人名企投资并驻地经营，保留乡土遗产的同时发展研学实践、文创艺术等。全县不断提升山水资源的保护及转化效益，提高城乡基层治理质效，建设最美乡村、发展美丽乡村经济，在全国独树一帜。

二、安吉与婺源和美乡村建设的典型做法、特色模式、发展成效和经验启示

（一）典型做法

1. 维护和谐"三生"关系，构建和美乡村环境

婺源以特有措施实施封山育林，围绕房屋徽派化，全力打造"徽派建筑的大观园"；安吉以村村景区式建设乡村村落，以"竹林碳汇"保护山林环境，创建人地关系和谐、环境优越的富美乡村。两县乡村产业均注重生态效益，并兼顾生态与生产平衡，维护及构建和美乡村环境，提高了村民的生活品质和经济收入。美丽宜居乡村建设不断转型升级，均得到了社会一致好评，形成了和美乡村建设的国家级样板。

2003 年起浙江启动"千村示范、万村整治"工程，安吉在响应浙江省的号召下决心变"靠山吃山"为"养山富山"，通过实施村庄绿化、沿线亮化、道路硬化、庭院美化的绿色环境提升工程，建设五彩稻田、向阳花海、荷花池塘等生态景观，率先探索农村"三块地"改革、竹林碳汇改革等强村富民集成改革，不断推动传统产业向农文旅融合转变。安吉不断把风景变成产业，将生态优势转化为经济优势，使得安吉真正成为全国美丽乡村建设的示范基地。

婺源多年坚持封山育林及乡村环卫整治，聚焦生活垃圾焚烧发电、"四好农村路"等项目建设。全县坚持"将徽派进行到底"，在保留原有历史徽派韵味的基础上进行了初步的公共基础设施和人居环境的整治；以"油菜花、皇

菊、高山油茶""一棵千年古樟树""小火车"等乡村生态产业美化乡村，始终坚持以绿色作为发展"底色"，通过示范带动，精致建设，全县建成了一批"望得见山、看得见水、记得住乡愁"的生态村、文化村、艺术村，打造了一批"可阅读"的建筑、"有记忆"的里弄和"能漫步"的街区。

2. 建设乡村联合治理机制，创建和谐文明乡村社区

安吉以"一老一小"需求为出发点，建立幸福食堂、儿童成长中心等，注重邻里和文化建设，建立幸福邻里中心、"两山"共享法庭矛盾调解室；婺源以"基层+村民+新乡村组织"共同民主议事的形式治理乡村，形成和谐氛围，提升村民幸福感。

3. 传承传统家训文化，塑造有品质的和美乡村庭院

婺源立足乡贤文化、村规民约等，以"朱子家训"创建乡村家庭文化，开展"徽家训"促进乡风文明建设；安吉以"乡景+文化"建设村落，塑造"和美"乡村品质。

4. 因地制宜发展乡村特有的"美丽经济"，带动村民共同致富

安吉通过发展三片"叶子"——"竹叶""茶叶""绿叶"的美丽经济进入村强民富新阶段。典型代表有余村、宋茗白茶、双一村竹林碳汇等；婺源依托生态特色、古村落文化等发展乡村美丽经济，打造"一村一品"产业村，做优"一叶两花"区域品牌，发展田园经济。

（二）特色模式

1. 余村——片区带动、共建共富新模式

安吉天荒坪镇以"余村"为核心，四个村抱团发展，形成大景区，3个乡镇，17个村，整合片区旅游资源，合力打造"高能级、现代化、国际范"大余村。2022年累计接待游客70万人次，村集体经济收入从2005年的90万元到2022年的1305万元，人均可支配收入由2005年的0.87万元到2022年的6.4万元，村集体收入拿出一部分给村民分红，实施"家庭积分制"管理，乡村文明与村集体分红挂钩。村党支部带领全村上下坚定不移走高质量可持续发展之路，努力把生态效益更好地转化为经济效益和社会效益，奋力推动乡村经济、乡村法治、乡村文化、乡村治理、乡村生态、乡村党建全面强起

来。同时，通过建立乡村集体资产资源量化入股机制，实现生态资源、资产向租金、薪金、股金的高效转化，形成了共建共享共富的发展新格局。

余村坚持为群众办实事、解难事，为群众提供劳动就业、养老保险等 13 项普惠服务，创新数字乡村智慧平台，让老百姓足不出村就能办理 150 多个民生事项。近年来，余村积极打造乡村新社区，乡村服务设施全面升级，人的全生命周期公共服务优质共享基本实现，余村人过上了城里人一样的美好生活。余村通过共同富裕现代化基本单元试点建设，打造了一批叫得响、有影响力的标志性成果，探索形成了以"支部带村、发展强村、民主管村、依法治村、道德润村、生态美村、平安护村、清廉正村"为主要特点的新时代乡村治理"余村经验"。余村自治、法治、德治相结合的治村之道，为推进新时代乡村治理提供了示范样本。

余村立足创新实践，打造"余村"品牌，建立国内首个乡村品牌实验室，通过品牌规划制定、活动策划、课题研究、成果发布等多种路径，打造中国乡村品牌标杆，让乡村品牌成为赋能乡村产业的无形资产。全面打响"农耕品牌+"，通过文创化、精品化、品牌化、故事化，在提高农产品文化调性的同时，实现农产品品牌溢价，创新"研学文创+"，打造单体民宿、户外露营俱乐部等不同特色的乡村休闲旅游产品，带动村民增收致富。2022 年 7 月，余村面向全球英才发起了名为"全球合伙人"的招募计划，包括研学教育、乡村旅游、文化创意、农林产业、数字经济、绿色金融、零碳科技、健康医疗 8 大类型，向世界寻求创新创业人才，共谋乡村事业，共同打造宜居宜业、共创共建的未来乡村样本。余村建立余村合伙人梦想发射基地，合伙人享受房租、水电、网络全免，以及贴息贷款、租房和安家等各类创业补贴，村里配套泡面博物馆、PS5 游戏区等新鲜业态，发起青年共创行动，吸引青年更好地融入乡村建设。已有 41 个合伙人项目入驻余村并落地合伙人项目，比如数字游民公社、浙大机器人两山智游、山系森活"户外+"等，吸引 1500 名大学生、21 名博士教授来此创业。

余村模式特点：

（1）立足生态资源，发展村集体经济；

（2）以人为本，打造现代化人居环境；

（3）党建统领，健全乡村治理体系；

（4）打造"余村"品牌，赋能乡村产业；

（5）发展新兴业态，吸引人才返乡创业。

适用范围：乡村资源及环境较好且整体连片，有一个能力强的村集体组织。

2. 鲁家村——"公司+村+家庭农场"模式

2011年鲁家村启动美丽乡村建设工程。鲁家村以"三规合一"为引领，将村庄规划、产业规划、旅游规划融为一体，坚持差异化定位、特色化布局、市场化导向，专项设计以花卉、蔬菜、水果、中草药、木艺等为主题的18个家庭农场，全力打造全国家庭农场集聚区和示范区，观光小火车串联起18个家庭农场，成为鲁家村一道独特的风景。

经过几年的发展建设，鲁家村探索了一条美丽乡村建设和经营创新之路，即以18家差异化的主题农场为载体，以"公司+村+家庭农场"（简称1+1+1）为经营模式（"公司"是鲁家村"安吉乡土农业发展有限公司"，负责村庄景区的日常运营、接待、景区业态提升及大型活动的举办等；"村"是鲁家村村委，村委发挥积极作用；"农场"是指鲁家村18个产业不重复的家庭农场，为游客提供多样的体验休闲旅游服务），启动了全国首个家庭农场集聚区和示范区建设，还通过市场化运作引进工商资本20亿元，引进了红山楂农场、盈元农场、喜禾道甜农场、百合花农场等项目，实现公司、村、家庭农场三方共同体共营共利，打造出特有的"鲁家田园综合休闲旅游系列产品"。

近年来，鲁家村始终坚持"未来农场·农业之花"的发展定位，即以家庭农场为核心、积极提升基础设施、开拓村庄经营新模式，真正实现田园变景区，资源变资产，村民变股民，美了村子风貌，富了村民口袋，不仅荣获了多项荣誉，还多次被搬上央视等多家媒体作为乡村振兴的典型，真正地将美丽乡村转化为美丽经济，争创"绿水青山就是金山银山"理念的实践地和模范村。

鲁家村模式特点：

（1）新机制："三统三共、三农联动"即统一品牌、统一平台、统一规划，共同建设、共同运营、利益共享，实现"村强、民富、景美、人和"。

（2）新主体：鲁家家庭农场主，打造全国首个家庭农场集聚区，实现产业集聚，规模化运营。

（3）新业态：18个差异化发展的特色家庭农场，农业产业各具优势不重复，一二三产业融合发展，避免恶性竞争。

适用范围：有一定的乡村资源环境条件，有一位能力超强的乡村发展领头人。

3. 整村搬迁的"篁岭模式"

婺源篁岭村在政府的引导扶持下，由投资商整村搬迁村民，集中安置在新村，旧村由投资商重新策划、规划、建设，打造成了高品位的乡村旅游度假区。目前篁岭景区的异地扶贫搬迁最具代表性。通过异地建新村，篁岭景区与村民古民居进行产权置换，有力保证了篁岭保持原有村落建筑和古村文化的"原真性"，并在此基础上对村落建筑和风貌进行规划、保护，提升古村历史文化内涵，让古建筑、古村落的生命得以延续，焕发新的活力。同时发展特色富民产业，推动农业的供给侧结构性改革，通过重点扶持带动乡村经济发展。

婺源县还创新性地探索出了古建筑异地搬迁保护模式。针对全县30个中国传统村落以外的其他村落中的零散传统民居，在缺乏有效保护前提下，充分利用民间资金，通过在文物、住建部门备案，对古建筑进行收购，实施境内异地搬迁集中保护。例如，许村"怡心堂"，就是异地搬迁保护的成功典范。"怡心楼"原是一栋古民居客馆，门楼雕刻精美，具有独特的资源价值，后来婺源乡村文化发展有限公司和许村镇政府达成协议，由篁岭景区全额出资，将许村镇政府"怡心堂"，整体异地搬迁至篁岭进行修缮保护，但政府资产权属不变，认养人拥有经营使用权。截至目前，篁岭景区通过县内异地搬迁模式，已集中保护十几幢传统民居，成功打造了传统民居异地搬迁集中保护开发景区的新模式。

篁岭典型模式特点：

（1）异地建新村，保持原有村落建筑和古村文化，集中保护开发景区，发展富民产业带动乡村经济。

（2）引进民营企业，以产权置换、寄养搬迁、返迁就业为途径，实现乡村旅游扶贫。

适用范围：古村落资源较好且有投资开发价值，需要有条件引入外部商业资本。

4. 前期整体保护后期统一开发的"汪口模式"

婺源县江湾镇汪口村全村做了全域旅游规划，通过乡村旅游资源的全面整合，推进所有古村落和乡村旅游景点实现差异化发展、高品位建设的目标。古村整体保护开发旅游，既保护参观点古建筑，又保护非参观点古建筑；除了古村得到保护外，村落的河流、古码头、水口山林等也安排了护水员、护林员24小时看护，村落的历史环境要素得到全面保护；采取"疏堵结合"的办法既保护了古建筑免遭拆除，又解决了古村村民建房难问题，"疏"的办法是将古村部分村民迁到河东新区建房，"堵"的办法是对村落各年代的传统建筑全部挂牌保护。在婺源县，对类似汪口这样古建筑达到三分之一以上的村落实行古村落、古建筑整体保护开发。通过多元化的保护利用模式，传统村落不仅得到保护，也极大地增加了农民收入。

其主要产业有1977年建设的水力发电站，经营效益一直较好，村民轮流上班获得工资性收入，并全村分红；乡村旅游发展也较有成效，目前有30家农家乐和民宿；土特产有四大特色产品：茶叶、黄菊、干货、砚台；传统手工艺产业也具有较好的市场影响力，如木雕、砖雕；未来产业发展：恢复千亩茶山，发展乡村美食产业及预制菜项目。

在提升村民幸福感方面，开设了老年人幸福食堂，生态系统化、设施化处理污水，切实保障了乡村环境卫生。

汪口村模式特点：

（1）乡村资源整体保护，不仅包括古村落物质及文化的保护，还包括对乡村山水自然资源的保护；

（2）在整体保护的基础上作了乡村资源的统一开发利用，实现了共同富裕。

适用范围：村落资源保护较好且有乡村特色产业开发前景，乡村投入资本资金灵活，适合多样化发展。

（三）发展成效

安吉县在建设和美乡村的过程中，获全国首个生态县、联合国人居奖等称号。该县余村被联合国世界旅游组织评为"最佳旅游乡村"，2022年村集体经济收入达1305万元，村民人均收入达6.4万元，实施"家庭积分制"管理，村民乡村文明与村集体分红挂钩。截至2023年5月，安吉已引进13381名大学生及各类人才。全县15个乡镇（街道）都打造了青年创业平台，推出贷款贴息、房租减免等措施。全县大力扶持创新创业并支持引导了多个知名品牌项目，其中，宋茗白茶有限公司以"基地+农户"的经营方式，每年捐赠1500亿茶苗给贫困山区，带动农民增收致富，美维湖羊生态化种养结合发展循环经济。

婺源县获全国"绿水青山就是金山银山"实践创新基地、全国森林旅游示范县等称号。建成国家AAAAA级景区1个、AAAA级景区13个，AAA级以上乡村旅游点65个，同时打造了100多个景观村。直接从事旅游人员突破8万人，人均年收入超过3万元；间接受益者突破25万人，占全县总人口的70%。村集体实现了"村村过15万"，村均年收入35.54万元，全县3300多户年均经营净收入近20万元。2022年全县年接待游客突破1467.7万人次，旅游综合收入143.8亿元。其中30个传统村落接待游客数量562.13万人次，旅游综合收入5.28亿元。婺源坚持发展乡村美丽经济产业，全县茶园面积20.4万亩，"婺源绿茶"品牌价值已达29.13亿元，茶产业年综合产值45.01亿元，带动近22万涉茶人员就业创业。皇菊、油菜花种植成为婺源新老品牌产业。

综上所述，安吉与婺源两县走出了一条"生态美、产业兴、百姓富"的和美乡村建设新路径，村民的获得感、幸福感及安全感更加充实有保障。

（四）经验启示

定点观测工作组调查发现，要建设好和美乡村且保证其可持续发展需有一整套乡村建设及治理的管理机制。首先，要有和美乡村建设及发展的宏观政策保障。近期各相关部门及省市县都下发了多项关于乡村建设的政策、法规与条例。其次，基层组织要有强大的决策创新能力及执行力。安吉余村自20世纪90年代以开采矿业为主到现在蜕变发展乡村美丽经济，婺源漳村一直坚守封山育林到实施乡村生态厕所的建设，都离不开基层组织持续创新的管理。再次，当地村民要有和谐一致的共谋发展意识。安吉大竹园自然村及婺源篁岭村的整体搬迁，腾出乡村空间转型发展乡村旅游业，极大地带动了乡村发展。最后，还要有一套配套和美乡村建设的招商引资政策。安吉正在走创新式乡村建设之路，招商引资政策推动该县小瘾半日村、宋茗白茶园等项目得到发展。婺源严田巡检司村引入国有资金12000万元发展乡村旅游，并引进知名企业投入8000万元建设了望山生活馆。

三、和美乡村建设中存在的问题

（一）"硬件"短板亟须补齐，公共服务有待完善

乡村基础设施建设没有得到应有的重视，特别是乡村医疗及乡村教育。和美乡村建设要求"宜居"，基础设施建设是需要不断落实和持续完善的，包括乡村垃圾、污水的处理技术，完善公共设施及其配套服务，改善村容村貌、人居环境等。同时，耕地、水利等农业产业基础还存在薄弱环节。此外，对于古村落保护的专项资金不足，古村落维护需要的资金量较大，目前难以满足。

（二）产业融合不显著，主导产业带动效应不强

对于地方特色资源的挖掘不明显，乡村一二三产业融合程度不够，没有形成完整的产业链条，如婺源乡村特色资源较多，但目前还是粗放式经营较多，没有深入挖掘，特别是其乡村非遗文化资源开发更显不足。乡村要依托特色生态资源因地制宜发展特色产业，壮大主导产业，大力发展以农产品加工业为主的第二产业和以休闲农业、乡村旅游为龙头的第三产业，以三产为龙头，牵引培育发展新产业、新业态，聚焦"兴业、人旺、宜居"，在保护基

础上做好生态资源价值挖掘，积极发展特色农业、农产品深加工、乡村旅游、农村电商等产业，实现村民在家门口创业、就业，拓宽农民增收致富渠道。将乡村生态优势更好地转化为经济优势，将田园风光、湖光山色、秀美乡村变成金山银山，促进农业高质高效、乡村宜居宜业、农民富裕富足。

（三）缺乏懂知识、有技能的创新型专业人才

高技能人才队伍建设不完善，安吉与婺源都在努力引进高技能人才，但成效不太明显。原因系乡村留人政策、制度及生活环境等方面还有许多不足，其次政策落实不到位、不深入，各种相关政策较多，具体到村里较难执行，更难深入执行。乡村要大力发展新兴业态，比如康养旅游、休闲农业、农村电商等，吸引年轻人回乡创业，增强农村发展后劲。把乡村人才队伍建设摆在突出位置，加大科技、教育、医疗、文化等专业人才引进力度，培养造就一支懂农业、爱农村、爱农民的"三农"工作队伍。

（四）新型农村集体经济薄弱，农民收入较单一

目前乡村外出务工人员较多，形成"空壳村"，此外村民集体意识薄弱，受到多种因素影响，特别是对比乡村与城市收入差异及传统意识观念的影响。村集体与农户衔接不紧密，原因系农户不再紧密依赖于村集体发展而生存，如安吉一些农户及婺源少数农户本身系个体经营户，自身发展较好；多数农户以外出务工为主，村集体难以为大多数农户提供发展所需要的服务。

（五）特色文化资源挖掘不足，农村文化建设重视程度不高

调研发现，当地的历史古迹、传统习俗、非遗文化、朱子文化、名人文化等历史资源博大精深，但并未得到应有的重视。农民群众的精神文化生活不丰富，农民精神层面需求没有得到满足，农民整体的文明素质有待进一步提升。

（六）治理模式凸显局限性，乡村治理水平有待加强

随着村庄治理结构、规则与秩序的进一步演化与变迁，乡村治理面临新情况、新形势、新要求。传统乡村治理采取的是村民自治和乡村德治的模式，而当前这样的治理模式凸显出其局限性，乡村治理问题面临从单一到多元的

转换，乡村社会人员流动性加大，旧模式已经无法满足新时代的要求。必须健全乡村治理体系，通过制度创新来解决原有制度失灵、农村社会失范问题。

（七）和美乡村建设面临新要求，规划建设尚不健全

建设宜居宜业和美乡村是全面建设社会主义现代化国家的重要内容。当前，与快速推进的工业化、城镇化相比，农业农村发展步伐还跟不上，城乡发展不平衡、乡村发展不充分仍是社会主要矛盾的集中体现。

四、和美乡村建设的对策建议

基于以上分析与研究，调研组提出以下对策建议：

（一）强化乡村基础设施建设

不断改造提升农村基础设施，完善乡村道路、厕所、供水、网络、停车场等配套设施，建设公共服务体系，满足农民对现代生活的需求，提升人居环境舒适度，促进城乡统筹发展；同时，对耕地、水利等农业产业基础薄弱环节进行升级改造，进一步提高农业发展能力和防灾减灾能力；另外，重视乡村医疗及教育设施建设，应视乡村地区的具体情况分片区进行建设并完善管理服务，为乡村居民提供无差别化的基本保障。

（二）制定针对性的乡村资源创新利用政策

鼓励深挖乡村废弃资源再利用，引导植入精髓文化以恢复并利用乡村沉睡资源与闲置资产，支持数字化融媒体创新乡村经营方式，深化农村一二三产业融合发展，培育一批乡村打卡点，提升和美乡村发展水平。探索创新多元化的传统村落资源的保护利用模式，发挥传统村落的最大价值。

（三）鼓励青年人才及乡贤人物到乡村创业发展

发动鼓励有技能的青年人、有实力有情怀的乡贤人物到乡村创业或服务，出台专门的乡村人才引进的优惠政策，成立创业园、搭建创业平台，回应返乡创业人员具体诉求，出台各类支持政策；从发展种植养殖业、开办农家乐，到成为非遗传承人，发展农村电商再到开发乡村旅游，大力发展乡村富民产业。在项目落地、资金筹措、精细服务、技术护航等方面提供保障，完善人

才服务乡村激励机制，让农村的机会吸引人、让农村的环境留住人，地方要配套乡村人才的生活及创业的基础条件，保障乡村人才的生存及发展空间。

（四）多措并举赋能村集体经济，拓宽农民收入渠道

和美乡村建设需大量资金投入，要国家、社会、企业及个人等多方共同投入，利用优惠政策鼓励引进商业资本、民间资本，或多种资本按比例入股，共同为和美乡村建设提供资金来源；不断壮大村级集体经济，通过开发集体建设用地、发展集体物业等方式，有效盘活农村集体资源，整体提升村级经济实力，形成乡村经济的"造血"功能；开展多种形式的合作与联合，促进小农户和现代农业发展有效衔接，实现集体成员共同发展，村集体经济成果人人共享。

（五）充分挖掘利用当地的民俗文化资源

一些乡村地区历史文化古迹、传统习俗、风土人情等资源较丰富，要充分利用好，为和美乡村建设注入更多人文内涵。要打造非遗文化、朱子文化、名人文化等传承载体，重视农村文化建设，丰富农民群众的精神文化生活，注重乡风文明的培养，满足农民精神层面的需求，提升农民的整体文明素质，增强他们的自信心、自豪感和幸福感，形成良好的道德风尚，促进农村社会的文明和谐。

（六）建立多元共治的新型乡村治理体系

聚焦改善农村人居环境短板，提升乡风文明，统筹推进农村基层治理，发挥人民群众在乡村治理中的主体作用，不断拓宽群众参与乡村治理的制度化渠道。有条件的乡村地区推行"基层+村民+新乡村组织"的治理模式，多利益方参与民主议事式共同治理乡村，并兼顾乡村传统优秀文化，广泛建设和谐文明的乡村社区。强化科技赋能，广泛运用大数据、云计算、区块链等先进科技手段，将技术优势与制度优势结合起来，加强现代科技在乡村治理各个领域中的深度应用。不断提高基层社会数据建设、利用和保护水平，加快推进乡村治理体系和治理能力现代化。发挥信息的支撑作用，更好地提升乡村治理效能，助力乡村振兴。

（七）和美乡村建设要规划先行，加强乡村空间、经济及社会重构

要有科学合理的乡村规划，包括乡村空间、乡村经济、乡村社会等方面的重构与建设。乡村空间重构与建设，即通过优化村镇空间体系，重构乡村生产、生活、生态空间格局；乡村经济重构与建设即以产业培育为核心，重塑乡村经济发展新动力，是乡村发展的根本问题；乡村社会重构与建设即建设适合新时代的乡村社区及乡村基层的管理方式，构建和美乡村的社会细胞。要建立健全自下而上、村民自治、农民参与的实施机制，充分发挥农民主体作用、更好地发挥政府的作用，政府要切实提供好基本公共服务，做好规划引导、政策支持、公共设施建设等，健全农民参与规划建设和运行管护的机制。

发展农村职业教育 促进乡村人才振兴案例研究调研报告

朱 朋 张乐为 周晶晶 蔡丽娜 王启军 田 婧①

2019年8月20日，习近平总书记在甘肃省张掖市山丹县山丹培黎学校考察时指出："职业教育前景广阔、大有可为。"职业教育在乡村人才振兴中发挥着不可替代的作用。本报告通过实地调研，总结农村职业教育促进乡村人才振兴的典型案例，发现问题不足，提出政策建议。

乡村振兴的核心领域在县域，中共中央办公厅、国务院办公厅《关于推进以县城为重要载体的城镇化建设的意见》指出："县城是我国城镇体系的重要组成部分，是城乡融合发展的关键支撑，对促进新型城镇化建设、构建新型工农城乡关系具有重要意义。"因此，本报告重点研究县域或类似区域（以下统称县域）职业教育赋能乡村振兴人才培养的典型案例。

一、相关政策分析

在开展实地调研走访之前，项目组围绕前沿热点问题，梳理习近平总书记关于"三农"工作、巩固拓展脱贫攻坚成果同乡村振兴有效衔接的重要论述，归纳整理了乡村振兴、职业教育、县城城镇化建设等相关政策，同时收集了主流媒体报道、专题研究报告等材料，对本次课题内容进行了系统深入研究，为案例选取、判定调研框架等提供了事实支撑（见表1）。

---

① 作者：朱朋，天津市职业大学合作教育办公室助理研究员；张乐为，天津市职业大学图书馆副馆长，讲师。课题组组长：朱朋。课题调研团队成员：朱朋、张乐为、周晶晶、蔡丽娜、王启军、田婧。

表1 2010—2023年相关政策梳理

年份	类别	政策文件	相关内容解读
2010	职业教育	《国家中长期教育改革和发展规划纲要（2010—2020年)》	大力发展职业教育。发展职业教育是推动经济发展、促进就业、改善民生、解决"三农"问题的重要途径，是缓解劳动力供求结构矛盾的关键环节，必须摆在更加突出的位置。
2014	职业教育	《国务院关于加快发展现代职业教育的决定》《现代职业教育体系建设规划（2014—2020年)》	积极发展现代农业职业教育，建立公益性农民培养培训制度，大力培养新型职业农民。
2018	乡村振兴	《中共中央 国务院关于实施乡村振兴战略的意见》《乡村振兴战略规划（2018—2022年)》	职业教育要赋能乡村振兴，要建立职业农民制度。
2019	职业教育	《国家职业教育改革实施方案》《职业技能提升行动方案（2019—2021年)》	明确职业教育要为乡村振兴服务，培养新型职业农民。对新生代农民工开展职业技能提升和创业培训。
2020	职业教育	《职业教育提质培优行动计划（2020—2023年)》	进一步完善职业教育，促进乡村振兴的路径，要求建设100所乡村振兴人才培养优质校。
2020	乡村振兴	《中共中央 国务院关于实现巩固拓展脱贫攻坚成果同乡村振兴有效衔接的意见》	要求在脱贫地区进行职业院校基础能力建设，通过职业教育的形式巩固脱贫攻坚成果和实现乡村振兴。
2021	乡村振兴	《中共中央 国务院关于全面推进乡村振兴加快农业农村现代化的意见》	要求在农村扩建一批中职院校，提高农村教育质量。
2021	乡村人才振兴	《关于加快推进乡村人才振兴的意见》	要求加快发展面向农村的职业教育，支持职业院校培养基层所需的专业技术人才。对加快培养农业生产经营、农村二三产业发展、乡村公共服务、乡村治理、农业农村科技等人才进行针对性部署。

续表

年份	类别	政策文件	相关内容解读
2021	乡村振兴	《中华人民共和国乡村振兴促进法》	为职业教育赋能乡村振兴提供了法律保障。
	职业教育	《关于推动现代职业教育高质量发展的意见》	在顶层设计上为推动我国职业教育纵深发展指明了方向。
2022	职业教育	《中华人民共和国职业教育法》	国家采取措施支持农村职业教育，通过返乡就业创业、职业技能培训等方式培养高素质乡村振兴人才，要求各级人民政府加大农村职业教育经费支持力度。
	职业教育	《关于深化现代职业教育体系建设改革的意见》	明确重点工作，提升职业学校关键办学能力，加强"双师型"教师队伍建设，建设开放型区域产教融合实践中心，拓宽学生成长成才通道，创新国际交流与合作机制。
	县城城镇化建设	《关于推进以县城为重要载体的城镇化建设的意见》	强化职业技能培训。大规模开展面向农民工特别是困难农民工的职业技能培训，提高其技能素质和稳定就业能力。统筹发挥企业、职业学校、技工学校作用，聚焦新职业、新工种和紧缺岗位加强职业技能培训，提高与市场需求的契合度。推动公共实训基地共建共享，建设职业技能培训线上平台。落实好培训补贴政策，畅通培训补贴直达企业和培训者渠道。
2023	乡村振兴	《中共中央 国务院关于做好二〇二三年全面推进乡村振兴重点工作的意见》	加强乡村人才队伍建设……大力发展面向乡村振兴的职业教育，深化产教融合和校企合作。

资料来源：调研组整理。

通过政策梳理可知，"培养乡村发展需要的人"是职业教育赋能乡村振兴的主线，是职业教育能够服务乡村振兴的根本缘由，体现出职业教育在人的因素上发挥出的独特价值。

职业教育在乡村人才振兴中发挥着重要作用：职业教育介入乡村建设之初便关注乡村发展所需，通过在乡村地区创办职业院校，促进产教融合，助推生态农业、观光农业、休闲农业的发展；职业教育通过培养人，赋予人改造乡村地区社会经济基础的工具，激活人们的社会实践能动性，从而通过人的振兴实现乡村振兴。

明确了乡村振兴所需要的人才类型：乡村振兴是农业农村实现现代化的过程，需要为新产业、新业态及新模式的发展培育人才；与此同时，乡村振兴的"产业兴旺、生态宜居、乡风文明、治理有效、生活富裕"等任务与目标也决定了乡村振兴需要更具"多元性、高素质"等特质的乡村人才。《关于加快推进乡村人才振兴的意见》对加快培养农业生产经营、农村二三产业发展、乡村公共服务、乡村治理、农业农村科技等人才进行针对性部署。

充分发挥各类主体在乡村人才培养中的作用：加强农村职业院校基础能力建设，优先支持高水平农业高职院校开展本科层次职业教育，采取校企合作、政府划拨、整合资源等方式建设一批实习实训基地。支持职业院校加强涉农专业建设、开发技术研发平台、开设特色工艺班，培养基层急需的专业技术人才。采取学制教育和专业培训相结合的模式对农村"两后生"进行技能培训。鼓励退役军人、下岗职工、农民工、高素质农民、留守妇女等报考高职院校，可适当降低文化素质测试录取分数线。

二、县域职业教育情况概述

我国基本实现一县一中职。根据教育部统计[①]，截至2022年9月，全国中职学校有9786所（其中技工学校2492所），高职学校1518所，基本实现了每个县至少有一所中职学校、每个地市至少有一所高职学校，职业教育服务区域经济社会发展的作用更加凸显。一体化设计了中职—高职专科—职教

---

① 教育部. 中国这十年｜教育部：职业教育进入提质培优、增值赋能的新阶段［EB/OL］. (2022-9-9)［2023-11-13］. https://edu.gmw.cn/2022-09/09/content_36015550.htm.

本科的专业体系，已经开设了1349种专业和12万个专业点，基本覆盖了国民经济的各个领域。

农民受教育程度普遍不高。农业农村部抽样调查发现①，农民平均受教育年限不足8年，在务农的农民中，小学、初中文化程度占到70%以上，每年参加实用技术培训的比例不到10%，参加过一年以上技能培训的农民仅占3.7%。第11次中国公民科学素质调查也发现②，农村居民科学素质水平与城镇居民的差距达7.3个百分点。与此同时，调研发现75%的农民有接受农业职业教育的意愿，尤其是新生代农民期待通过高水平、针对性的职业教育与培训成为新型职业农民。

近年来的许多政策都提到了县域职业教育要助推乡村人才振兴。2018年，《关于实施乡村振兴战略的意见》提出，优先发展农村教育事业，加强职业教育，逐步分类推进中等职业教育免除学杂费，以市县为单位，推动优质学校辐射农村薄弱学校常态化。2019年，《国家职业教育改革实施方案》提出，要建好、办好一批县域职教中心，加大对民族地区、贫困地区和残疾人职业教育的政策、金融支持力度，服务乡村振兴战略，发挥中等职业学校作用，帮助部分学业困难学生按规定在职业学校完成义务教育，并接受部分职业技能学习。2021年，《关于推动现代职业教育高质量发展的意见》提出，支持办好面向农村的职业教育，强化校地合作、育训结合，加快培养乡村振兴人才，鼓励更多农民、返乡农民工接受职业教育。2022年4月20日新修订的《中华人民共和国职业教育法》中提到，县级人民政府可以根据县域经济社会发展的需要，设立职业教育中心学校，开展多种形式的职业教育，实施实用技术培训。国家采取措施，支持开展面向农村的职业教育，培养高素质乡村振兴人才，扶持革命老区、民族地区、边远地区、欠发达地区职业教育的发展。

---

① 唐智彬，单莹. 以县域职业教育创新发展助力乡村振兴［N］.中国社会科学报，2023-04-07（4）.
② 新华网. 跨越10%！我国公民科学素质达到"十三五"目标［EB/OL］.（2021-1-27）［2023-11-13］. http：//www. xinhuanet. com/politics/2021/01/27/c_1127028912. htm.

乡村振兴亟待县域职业教育高质量发展。通过发展高质量的县域职业教育，既可以为农民开展现代产业技能、创业能力以及服务技能的培训，又有助于优化农民科学思维与农民现代思想观念，培养一支高度认同乡村文化、积极参与国家重大战略、努力服务乡村发展大局的基层人才队伍，以优质职业教育资源赋能乡村振兴，解决好"谁来振兴乡村"的问题。

三、案例研究分析

经过案头研究，项目组选取了天津职业大学援建新疆和田职业技术学院、河北省邢台市宁晋县与河北省邢台市威县三个案例。其中，援建和田职业技术学院是由天津市教委统一部署安排，天津职业大学承担牵头组团帮扶和田职业技术学院建设的任务，具有职业教育校际帮扶代表性；宁晋县是中国民营经济最具潜力县、全国农业科技现代化先行县，入选第五批《国家级农村职业教育和成人教育示范县创建合格名单》，是经济发达地区的代表；威县曾经被确定为国家级贫困县，因此，原国务院扶贫办将威县指定为教育部定点帮扶县，在教育部定点扶贫工作下，开展产业、企业、职业教育、就业帮扶"四业扶贫"，是经济薄弱地区的代表。

案例选定后，项目组赴天津、河北省威县、宁晋县进行调研，共走访 5 所职业院校、3 家企业，并开展座谈会，与当地政府、企业、职业教育的代表以及毕业生们进行了深入的沟通交流，对当地产业发展情况、职业教育发展情况、企业对人才的诉求、企业对职业教育的期望、对乡村振兴的理解等内容进行深入调查，总结提炼经验与做法，分析原因，形成可推广、可复制的模式，并提出意见和建议，供决策参考。

（一）高职办学背景：县域产业升级，人才需求增加

1. 和田职业技术学院

和田地处"丝绸之路经济带""中巴经济走廊"发展战略核心区范围内，面临着前所未有的发展机遇和巨大挑战，对推进区域经济发展的人才交流、人口素质、技能水平的提升提出了更高的要求。

和田地区一共12所中职院校（每县市各1所，地直4所），然而中等职业教育始终处于初等技术培训层次，专业设置层次较低、技术技能型人才培养效果有限，无法适应和田经济社会发展以及加快开放开发的需要，无法支撑区域社会经济的跨越式发展，大批高中和中职毕业生进入社会后，就业形势和致富能力不乐观。和田地区具有大专以上学历人员的比例远低于全疆乃至南疆四地州的平均水平，其中能在技术技能生产岗位就业的人数少之又少，随着本地区经济迅速发展，急需大批高素质技能人才。

在此背景下，2018年自治区人民政府批准成立和田职业技术学院（以下简称"和田职院"），由天津市教委统一部署安排，天津职业大学承担牵头组团帮扶和田职院建设任务，有效拉动和田地区整体职业教育水平的提升，填补了高职院校在和田地区的空白。

2. 邢台新能源职业学院（宁晋县）

宁晋县产业活跃，用工量大。以行业龙头晶澳科技为例，其一个工厂一般配备400名左右操作工，考虑到设备的高度信息化、智能化，要求四分之三的一线操作工要有大专及以上学历背景，且逐步提升对行业知识、管理知识的要求；内部岗前培训约10个月，培训周期较长。综合考虑企业快速发展的专业化人才需求，晶澳科技决定开展职业教育。此外，明达线缆、精晶药业等企业出于自身对一线技术工人的需求，持续保持与宁晋职业教育中心（中职）的校企合作，希望通过职业教育加大对学生专业知识、个人素养等方面的培养。

宁晋县90%职业教育毕业生选择直接就业，人才供需基本处于供不应求的状态。宁晋县职业教育中心每年为县域企业输送近千名专业技能型毕业生，邢台新能源职业学院（高职）建成后，将填补宁晋县高等职业教育的空白。

邢台新能源职业学院由晶澳科技投资建设，是宁晋县第一所大学、河北省首家新能源领域高等职业学院，已成功列入河北省"十四五"高等学校设置规划。学院规划投资16.5亿元，分专科、本科两个阶段建设，计划2025年完成专科阶段全部基础设施建设。学院建成投用后，将源源不断地培养输送高素质技术技能人才，打造新能源行业人才智库，更好地助力宁晋县乃至全市、全省教育资源的优化配置。

3. 邢台应用技术职业学院（威县）

在产业结构调整初期，威县当地企业所需要的大部分人力，不需要专业职业教育培养。例如，根力多集团生产工人岗前培训只需2个月，而以梨园为代表的农业，当地农民即可满足生产需要。根据威县"十四五"规划，随着威县本地各类产业逐渐发展壮大，并持续引进邢钢等用工大户企业，对人才的技术水平、文化素质提出了更高的要求。

据调研，威县职业教育的毕业生大多没有进入当地企业的生产一线，90%选择升学。威县本地人口有约20万人选择在外地打工。在当地人的思想观念中仍存在职业院校不如本科院校的观点，也存在本地收入不及外地打工高的客观事实。

威县作为教育部定点帮扶县，其职业教育在教育部的大力支持下蓬勃发展。邢台应用技术职业学院由四川希望教育产业集团有限公司投资兴建，是教育部重点关注的区域振兴教育帮扶项目，教育部挂职威县副县长大力推进，2020年首次对外招生，有在校生约3000人。

（二）专业设置：依产业建专业

1. 和田职业技术学院

和田职业技术学院建院伊始，天津职业大学的援疆干部围绕和田地区的5大产业集群规划设置建成旅游管理系、经济管理系、农业科技系、工艺美术系、社会管理系、工程技术系等6个教学系。同时专业设置配合地区产业发展规划需要动态调整，按照地委的"十四五"规划，确定新引进的绿色矿业、新能源、新材料等产业后，2023年新增3个配套专业。

专业建设方面，天津职业大学协调最优化、最精准的资源去帮扶。根据和田职院专业建设规划，选取天津对应专业优势职业院校，建立"院包系"组团帮扶关系，一所学校承担一个院系和专业建设任务，发挥各个学校的优质专业经验，合力完成和田职院的院系和专业建设工作，使和田职院实现了高起点、跨越式发展。

2. 宁晋县职业教育中心

邢台新能源职业学院还在施工建设阶段，计划打造新能源材料与动力、新能源智能制造、新能源信息技术、新能源应用技术、新能源管理与商贸等重点专业群。调研中了解到，校方急需专业建设等治校方面的专家提供专业建议与支持。

宁晋县的中职院校（宁晋县职业教育中心），瞄准县域主导产业选办专业，全方位助力产业发展。对接光伏、机电加工、电线电缆产业，开办了机电技术应用专业；根据企业、商超财务人才需求量大的状况，开办了会计实务和电子商务专业；面向学前教育，开设幼儿保育专业，满足了县域大部分幼儿园的用人需求。2023年4月采纳县人大代表提议，围绕"服装大县"规划开办了服装设计与工艺专业；面向未来的社会需求，申办了社会公共事务管理和建筑装饰技术专业。丰富了专业设置，对接了市场需求，迎合了企业发展，更彰显了县域职业教育的办学职能，真正实现了专业办在产业上。

3. 邢台应用技术职业学院（威县）

围绕人才需求设置专业。结合邢台和威县汽车及零部件、农副产品深加工及乳业、中高装备制造及战略性新材料、特钢、大健康"五大集群"发展要求，调整建立了交通工程系、信息技术系、数字经贸系和健康管理系，设置了新能源汽车检测与维修技术、健康管理、健康大数据管理与服务、大数据技术和农村电子商务等13个专业。

同时围绕产业结构调整专业。邢台铂数科技需要工业机器人组装、配件制造和工业大数据采集等方面技术技能人才，信息技术系先后成功申报了工业软件开发技术、人工智能技术和应用电子技术等专业。2023年3月，新设置数字经贸系，与百度智能云开展专业共建和校企合作，依托百度智能云建设数字产业学院，培育数字营销行业人才。

（三）课程设置

1. 和田职业技术学院

复制"天职"办学模式，将教学管理模式、课程和教学资源融入和田职院的建设中。除了专业课程，和田职院还开展了管理课程、思政课程、职业素养课程等；通过开设风险控制、质量控制等管理课程，提前为打通技术人才职业发展通道做准备，也准备了创业相关课程，设置了如何进行市场调查、如何融资、如何寻求政府的政策支持等创业策划课程。

2. 宁晋县职业教育中心

除了教育部规定的课程，当地还通过"校企合作"，引入企业参与到专业课程设置，例如，宁晋职教中心的光伏产业学院，光伏龙头企业晶澳科技深度参与学院建设，晶澳人力资源部协调相关部门，为其提供先进设施、实训基地、实验室和技术资源。

3. 邢台应用技术职业学院（威县）

企业深度参与到专业课程设置，围绕行企需求做好培训。学院与北京中航铁服控股集团股份有限公司开展城市轨道交通运营管理专业共建，共同编写人才培养方案，校企联合互派师资，植入专业核心课、实训实操课，强化行业标准化管理，实现上学即上岗和毕业即就业的目标；和邢台铂数科技签订协议，共同培育机器人操作使用和维修保养方面的高素质技术技能人才。

（四）师资队伍

1. 和田职业技术学院

师资帮扶：援疆干部参与核心管理工作、援疆教师担任系主任。到 2023 年 6 月，天津市一共选派了 44 人到和田职院任教，天津职业大学选派旅游学院院长诸杰、图书馆馆长张小文等 10 名援疆干部到和田职院担任常务副院长、院长、教学系主任及骨干教师，主抓学院教学管理、专业建设、实训基地建设、师资队伍建设等核心工作。

师资培训：和田职院领导带队先后 6 批共 6400 人到津学习和交流，形成了和田职院师资"输血"和"造血"建设机制。实施专业领军人才培养项目，由天津高职院校教师担任系主任，和田职院骨干教师作为专业协助教师跟岗学习一年。开展管理干部培训班，培训师资 280 人次。

2. 宁晋县职业教育中心

企业提供专业师资。例如，宁晋职教中心与晶澳科技创办河北省首家"光伏产业学院"，实行"两类师资教育人，两个场地培养人，两种文化孕育人"的"现代学徒制"特色办学模式,建立了"教师、师傅合一,学生、学徒合一"的新型师生关系,实现了专业培养与产业需求零距离对接。

3. 邢台应用技术职业学院(威县)

近几年,威县通过大力实施"百校入威"工程,先后与60余所高校签订产学研合作协议。邢台应用技术职业学院先后与河北工程大学、河北师范大学等10余所院校联系招聘专业带头人和骨干师资。

调研过程中了解到学校缺乏职业师资,教师无论在年龄、学历、专业等方面,都无法满足学院发展的需求。

(五)产教融合:多样化校企合作模式

1. 和田职业技术学院

和田职院以派出的援疆干部和教师为载体,助力和田职院深化产教融合、校企合作。学院有校内实训室49个,校外实训基地45个;与鸿星尔克、新疆能源集团合作开设订单班,成立了"溢丰盛针织服饰订单班",订单班学生数量占在校生数量的20%,企业提供顶岗实习,通过考核后实现就业;与何胖子酒店、和田西湖国际酒店等7家企业在建设人才培养基地、创新培养模式、成立大师工作室、聘请能工巧匠等方面深化产教融合、校企合作,提升人才培养质量,服务区域经济社会发展。

积极推进"企业进校园""教师下企业考察""学生入企业参观"等系列活动,促进校企文化交流;校企合作单位有148家;组织20余家和田商会和和田地区企业成立和田职教联盟,发挥地区"政校行企"优势,促进专业建设、实训基地建设、学生就业、技术服务、研发与培训,实现共同发展。

2. 宁晋县职业教育中心

经省教育厅批准,宁晋县职业教育中心开展"2+2+2""中职+企业+高职"职业教育培养体系,中间嵌入了企业,强化学生的企业实践经验。

校企合作模式包括订单培养、学徒制等。先后与晶澳科技、精晶药业、长城汽车等13家企业建立校企合作关系,两年来,为合作企业输送1500多名合格的岗位技术工人,县域内幼儿园教师95%以上出自职教中心。

在工笔画等传统文化产业方面,推行了"研、学、产、销"一体化培养新模式，以订单为项目，边学习、边实践、边生产，涌现出了一大批优秀的工笔画师，为工笔画行业的发展提供了坚强的中坚力量；开展汽车维修、Web 前端、业财一体化等 6 个项目的"1+X"证书培训考核，职业教育的办学质量显著提升。

3. 威县职业教育

威县通过实施"百校入威"工程，持续深化校企（地）无缝、常态、高效对接，与有合作意向的 88 家企业，逐一建立台账、定期帮扶。

校企合作模式包括建立实训基地、推荐就业实习等。威县职教中心（中职）在根力多生物科技股份有限公司建立威县职教中心现代农艺实训基地。邢台应用技术职业学院（高职）提出"三进三出"产教融合机制，即"校企合作实训基地进学校、企业实训项目进学校、企业技术团队进学校和教师出学校进企业、学生出学校进企业、科技成果出学校进企业"。利用"威县乡贤"品牌，与东呈酒店集团、中安实业集团有限公司等 10 余家威县在外企业，达成共建实习实训基地和推荐就业实习等框架协议。

根力多生物科技股份有限公司是威县农广校开展农民教育的田间学校，也是中央农广校认定的"全国共享田间学校"，包括农业生产示范基地、农用物资制造与供应基地、农产品销售网络、农民创新创业协作、农民就业、新农人见习等多个产业链环节。学校已累计接纳威县及全国各地各类农业人才实践、实训、实习10000余人次，协作培育创新创业涉农企业、合作社、种植大户、经销农户500余家。

（六）生源与就业情况

1. 和田职业技术学院

学院 2018 年 9 月迎来首批学生，就业率基本达到全疆平均水平以上。毕业生平均薪资 2500 元左右，高于和田地区的产业工人平均收入水平。

表 2　2018—2022 年和田职业技术学院招生及毕业生统计表

年份	招生人数	招生实际报到人数	扩招生人数	毕业人数	农业户口占比
2018	708	576	0	0	91.84%

续表

年份	招生人数	招生实际报到人数	扩招生人数	毕业人数	农业户口占比
2019	953	857	528	0	87.63%
2020	1486	1275	210	0	89.88%
2021	1127	942	48	76	88.32%
2022	1998	1677	0	664	83.36%
2023	-	-	-	1517	-

资料来源：和田职业技术学院提供。

2. 宁晋县职业教育中心

邢台新能源职业学院（高职）还在施工建设阶段，预计2024年底投入使用；宁晋职教中心建于1983年，在校学生有6183人，其中全日制在校生2910人，生源主要来自本县，毕业生就业率98.2%，80%在县域就业，平均薪资3600元左右。

表3　近三年宁晋职教中心招生及毕业生统计表

年份	招生人数	毕业人数	农业户口占比
2020年	2031	1671	-
2021年	1944	1156	-
2022年	2208	2043	91.5%

资料来源：宁晋县乡村振兴局提供。

3. 邢台应用技术职业学院（威县）

邢台应用技术职业学院（高职）2020年首次对外招生，在校生约3000人，规划为万人高校；威县职教中心（中职）有在校学生4100人，毕业生90%选择升学。

（七）社会培训

1. 宁晋县职业教育中心

宁晋职教中心全面挖掘职业教育潜力，创办了全省首家职教中心老年大学，开展老年人教育和社区教育。走乡镇、入农村、进社区，举办时政教育、传统文化、卫生健康等大讲堂，让老年人老有所学、老有所得、老有所为，促进和谐乡村建设，2020年被评为"全国社区教育示范基地"。开展精准扶贫，对536名建档立卡贫困人员进行农业种植、特色养殖、产品加工等技能培训，残疾学生李娜"母女变同学"传为佳话，河北电视台等媒体以"小画笔绘就大未来"为主题进行了宣传报道，学校被评为"河北省残疾人职业技能培训示范基地"。

2. 威县农民职称评定

威县在全省率先推进实施新型职业农民激励计划，推进农民技术职称评定，就地培养一批"土专家""田秀才"，为全县农业产业发展和乡村振兴提供强劲动力。具体做法：

一是利用好省人社厅、农业农村厅的政策，制定本地实施措施。威县成立了威县农民技术职称评审工作领导小组，组建"威县农民技术职称评审委员会"。

二是制定硬性与弹性相结合的申报评审标准，全县范围内的农民技术人员，不受年龄、户口所在地限制，均可申请。就农业主导产业方面的人才职称（中级）评审放宽条件，实施以来先后破格申报评定农民技师职称人员23名。

三是针对农民技术人员存在学历低、正规集中培训学习少、没有相关奖励等参评的实际情况，对培训学时予以放开，将田间地头的培训时间纳入学时数，以适应农民职称评审中的具体情况。

四是实现证书价值。在招聘农业干部时，优先从拥有职称的农民技术人员中遴选，优先推荐与生产单位或农户签订有偿技术承包、技术指导服务等。比如，威县章台镇诚信果树专业技术服务队队长张品秋，通过职称评定，成立40余人的专业化队伍，被推荐到5个果园从事有偿技术服务，每人每天服务费用180元，年人均收入增长14000元。

四、案例研究总结

（一）和田地区：组团式、整建制帮扶人才培养模式

1. "整建制"开展帮扶工作

天津职业大学援建和田职院形成了"规划引领、模式复制、资源支持、就业援助"的整建制帮扶模式：一是制定《和田职教园区规划方案》，助力和田地区现代职教体系构建；二是将学校办学模式整体复制到和田职院，促进和田地区职业院校高质量发展；三是派师资、共享资源，助力和田地区师资水平与人才培养质量提升。

2. "院包系"进行组团帮扶

拿最优化、最精准的资源去帮扶。根据和田职院专业建设规划，选取天津对应专业优势职业院校，建立"院包系"组团帮扶关系，一所学校承担一个院系和专业建设任务，发挥各个学校的优质专业经验，合力完成和田职院的院系和专业建设工作，使和田职院实现了高起点、跨越式发展。

3. 援疆干部有情怀、任实职、干实事

援疆干部参与核心管理工作、援疆教师担任系主任。到2023年6月天津市一共选派了44人到和田职院任教。援疆期间，天津职业大学旅游学院院长诸杰、图书馆馆长张小文经历了和田职院从起步到运行规范化的过程。说起援疆期间的感悟，诸杰说道："印象最深的是他们（当地人）的眼神，看他们的眼神太需要我们了，老师和学生对我们有很高的期待。"张小文说："把规范做健全、做完善，把一批人领上路、领上道，让他们能在岗位上独当一面是我们必须要做的事情。"张小文还提到他的一个学生："一个月生活费150元，有时候不吃饭就喝点蜂蜜水，听完我眼泪就下来了，然后就变着法地给钱，过生日带他去外面吃顿饭，过节了、取得好成绩了发个红包。孩子说'能不能叫您院长爸爸。'"张小文总结说："你不做他们的朋友，怎么开展工作？"

（二）宁晋县：产业促进人才培养模式

晶澳科技举办高职教育的"产业促进人才培养模式"，具体做法如下：

1. 依托龙头企业办学，填补高技能人才培养空白

根据中共中央办公厅、国务院办公厅印发的《关于推动现代职业教育高质量发展的意见》，"鼓励上市公司、行业龙头企业举办职业教育，鼓励各类企业依法参与举办职业教育"。一所高职院校的占地面积普遍在千亩以上，校舍办公及实训基地等综合初建成本约为10亿元+。晶澳科技财力雄厚，兴办职业教育减轻了政府财政投入。宁晋县委县政府对此高度重视，县四大班子带头靠前服务、解决问题，为学院建设创造了良好的条件。

邢台新能源职业学院建成后，将填补宁晋县高等职业教育的空白。晶澳科技可以提供与光伏等新能源领域相关的先进设施、实训基地、实验室和技术资源，使学生能够接触到行业内最新的技术和设备；除此之外，企业内部现成的"师傅"，也是重要的师资资源。

2. 政府对完善职业教育体系提供了充足的政策保障

2020年，宁晋县人民政府制定出台了《宁晋县人民政府关于深化职业教育产教融合校企合作的实施意见》，对深化产教融合、完善职业教育体系提供了充足的政策保障。

一是统筹现代职业教育发展资金，用于校企合作的实训运作费补贴、教师进企业实践补贴、聘用专业技术人才任教的费用、县校级信息服务平台建设及维护等方面。二是鼓励企业与职业院校开展多种形式的合作办学，参与校企合作的企业和职业院校，依法享有税法规定的税收优惠。三是落实土地人事政策，企业投资或与政府合作建设职业学校、高等学校的建设用地，按科教用地管理。四是建立校企人员交流机制，完善企业经营管理和技术人员与学校领导、骨干教师相互兼职兼薪制度。

3. 从企业人才需求的角度出发，办学目标明确

行业龙头企业参与办学，依据行业特点有较大的针对性，能够将办学、就业有机地结合起来，达到适用培养、学以致用的效果，不断促进和带动行业的人力、技术更新换代。

（三）威县：政府主导人才培养模式

威县开展"政府主导人才培养模式"，政府的主导作用主要体现在以下几

个方面：

1. 资金和相关政策的落实

政府要保障职业教育的资金投入，同时由于职业教育的发展涉及政府职能的方方面面，政府主导可以帮助落实相关税收、土地、人事等优惠政策，加快职业教育的发展。

2. 保障职业教育与产业发展的一致性

政府需要参与到职业教育的全过程，要以当地产业经济规划为锚规划职业教育，把握职业教育的发展方向，提升职业教育发展的连续性、稳定性和一致性。

3. 调动社会力量参与职业教育的积极性

威县利用教育部引进项目和教育部安排挂职威县干部的平台机会，引进四川希望集团，投资建设邢台应用技术职业学院。教育部和河北省领导高度关注学院建设，2022年12月，教育部孙尧副部长视察学院，专题听取学院建设发展情况汇报，强调学院建设万人高校，服务区域经济社会高质量发展。

五、案例研究中发现的问题

（一）对乡村振兴相关政策表述的理解有偏差

调研过程中发现，大多数调研对象对乡村振兴的产业覆盖范围界定不清晰，存在疑问：什么样的产业算是乡村振兴产业？什么样的人才算是乡村振兴人才？是不是仅有涉农人才才能算是乡村振兴人才？在具体工作中，一边仍以进一步解决好涉农问题为目标，另一边将有助于县域内所有产业发展的工作均纳入乡村振兴产业范围。

（二）县域对人才的需求呈现两极化

调研过程中还发现，农业对人才的技术需求呈现两极化，需要的一线技术人员层次较低，临时培训或短时培训后即可上岗，急缺的研发人员，则需要高等教育学历，农业产业经营者更看重人力成本。因此相较农业，第二、第三产业对职业技能人才的需求缺口更大。相应地，职业教育人才培养主要以服务现代产业发展为导向，集中在为工业、服务业输送人才，对以农产品种植、农副产品加工为主的狭义农业的人才培养针对性不强。

案例中，和田地区产业以农副产品精深加工、纺织服装等劳动密集型产业为主，新引进的产业包括绿色矿业、新能源、新材料等，和田职院在不断调整专业设置；威县的职业教育毕业生90%选择升学，而非直接就业或本地就业，以梨园为代表的农业生产看重的是较低的人力成本，以根力多集团为代表的企业需要的生产工人，岗前内部培训2个月即可。

（三）刚脱贫县域实现乡村人才振兴的产业条件不足

职业教育的发展与地方经济密切相关。

经济发达地区，如案例中的宁晋县，企业规模大、经济实力强、技术要求高，对技术人才需求量大，有比较好的就业平台，与之配套的职业教育发展程度较高。例如，晶澳科技所在的新能源行业，属于依托科技的劳动密集型业态，企业根据行业需求，主动打通中职、高职与就业的职业教育链条，提供较为完备的实训基地与设备，培养出符合行业标准的专业人才。

经济基础相对较弱、但发展潜力大的地区，如案例中的和田地区和威县，技术人才面临就业机会不足和发展空间有限的问题，导致大多数人才更倾向于流向一线城市或发达地区寻求更好的发展机会。同时由于缺乏职业教育所需的人力、物力和财力资源，一定程度上制约了职业教育的发展，就需要依靠政府政策倾斜和资源支持，或经济发达地区援助帮扶，为未来产业升级，配套培养高素质技术技能人才，带动县域的人力发展。

（四）新建高职院校基础弱，相关资源不足

案例中的高职院校普遍投入运营时间短，存在办学治校方面的困难：一是实训基地较少、教学设施相对比较简陋，导致学生毕业后很难满足市场需求。二是专业师资匮乏。教师普遍缺乏企业实战经验和教育教学方式方法的培训，教育水平相对偏低，目前的教师在年龄、学历、专业等方面，都无法满足职业教育发展的需求。三是跨省联合办学遇政策瓶颈。跨省市异地培养和"五年一贯制"学生异地资助等政策遇瓶颈，需要政府部门协调后才能落实。

六、开展职业教育促进乡村人才振兴的相关建议

（一）广泛宣传乡村振兴政策中对产业范围的界定

中共中央办公厅、国务院办公厅印发的《关于加快推进乡村人才振兴的意见》提出"加快培养农业生产经营人才、农村二三产业发展人才、乡村公共服务人才、乡村治理人才、农业农村科技人才等各类人才的鼓励机制和实施计划，力图将城市体系中的人才类型搬到乡村中，从各方面全方位促进乡村发展，补齐乡村发展短板。"建议广泛宣传乡村振兴相关政策中对于产业的界定，对于乡村振兴人才的界定，有助于政策思想向下有效传达，有利于乡村振兴相关工作更有针对性、更有力度地开展。

（二）提高职业教育规划层次，做产业规划的同时做职业教育规划

调研发现，职业教育的院系与专业设置需要以当地产业规划为基础，在地区政府做产业规划的同时，同步做职业教育规划，即职业教育的规划需要提高到政府规划的层次。调研中发现和田、威县、宁晋的专业设置依据是学校调研、专家建议、政府完成的产业规划文件和领导意见，如果期望职业教育发挥留住人才，甚至促进地区产业发展的作用，职业教育的规划需要提前站位、提高规划层次。

同时建议在经济强县、经济潜力县推广高等职业教育。支持经济强县开展高等职业教育建设，聚焦县域经济发展战略需求，面向县域内产业集群需求的紧缺技术岗位，明确办学目标，育训研用结合，不断提升职业教育的供给能力与水平，打造出有辨识度和认可度的县域职业教育学校品牌、区域品牌，为县域经济社会精准发展提供有力的技术、文化和人才支撑。对于刚刚打赢脱贫攻坚战，且具有一定经济发展潜力的县域，发展高等职业教育可以有效防止农村地区返贫现象的发生。职业教育是乡村振兴战略中的重要扶贫力量，由于刚刚"摘帽"，产业基础尚不稳固，支柱产业带动性尚未得到充分发挥，新产业发展的成熟度和稳定性不足，通过职业教育，可以以教育促产业，产教互补、良性循环。

（三）学历教育与职业培训并重，提升人力资源水平

2022 年 5 月 1 日发布的新《中华人民共和国职业教育法》已经实施，赋予职业教育学历教育与职业培训并举并重的法定职责。农村职业教育促进乡村振兴，应学历教育和职业培训并重，相辅相成。

造成县域人才需求两极化的一个原因是县城职业中学的单一化与狭隘化，导致既难以满足县域产业的多样化需求，也降低了接受职业教育人群的心理获得水平。面向县域不同基础、不同需求、不同特征的人群，应建立多种形式、多类产出的职业教育体系。

学历教育是指在正规教育体系下进行的职业教育，目标是为学生提供系统的学科知识和职业技能培训，培养高素质的技能人才。而职业培训则着重于为就业人员提供职业技能和岗位培训，帮助他们提高职业技能水平，适应不断变化的市场需求，例如，调研中威县的农民职称评定，更适应现阶段农业发展的需要。

（四）发挥国内一流职业院校的专业功能

充分发挥国内一流职业院校在办职业教育方面的专业素质与办学经验，帮助县域职业教育实现高质量办学。

有关建校规划、师资队伍建设、专业群建设、学校规范化运营、建章立制等办学治校相关内容，可采取顾问指导、对口培训、岗位挂职、短期聘用、课题承包、"整建制"帮扶等方式，与天津职业大学等国内一流职业学院进行合作。

同时通过职业教育联盟，构建信息共享平台，加强信息共享和交流，促进合作机会的对接，有利于县域职业学院实现高质量办学。

（五）支持行业龙头企业在县域兴办职业教育

鼓励企业举办高质量职业教育是贯彻落实"职业教育基本完成由政府举办为主向政府统筹管理、社会多元办学的格局转变"工作思路的最直接方式。根据中共中央办公厅、国务院办公厅印发的《关于推动现代职业教育高质量发展的意见》，未来职教领域的办学将呈现越来越多元化的趋势，"政府统筹

管理、行业企业积极举办、社会力量深度参与"成为三大关键词。

龙头企业办职业教育是有效发挥社会资源，实现社会财富充分共享的最有效途径。龙头企业财力雄厚，兴办职业教育，资源上会有充分的保障，同时减轻国家财政投入。也是推广职业教育最快速、最有效的方式。

脱贫地区预制菜产业拓展农民增收渠道案例研究调研报告

宋聚国　龚　冰　韩　啸　赵　政　齐皓天　李朝柱①

习近平总书记在党的二十大报告中强调，要全面推进乡村振兴。"十三五"期间脱贫攻坚的目标是解决绝对贫困，脱贫地区如何不返贫、持续发展从而解决相对贫困是未来的重点。实施乡村振兴战略是新时代做好"三农"工作的总抓手，产业兴旺是乡村振兴的关键和前提。

预制菜产业上游连着农业发展和乡村振兴，下游连着餐饮业转型和消费变革，是实现农产品价值增值、农民"接二连三"增收致富的有效抓手，是推进"菜篮子"工程提质增资、促消费、促转型升级的新产业、新模式，是促进乡村振兴与培育新兴产业及经济增长的重要产业。

近年来，预制菜产业发展势头迅猛，在充分利用当地农业原料资源、促进发展农产品加工业、培育农产品品牌、增加农民收入等方面呈现明显综合效果。2023年中央一号文件更是首次将预制菜写入其中。实践表明，推进预制菜产业高质量发展，已成为各地促进农村第一、第二、第三产业融合发展的重要发力点和乡村产业振兴的重要抓手，为农民"接二连三"增收致富拓展新渠道，对促进创业就业、消费升级和乡村振兴具有重要意义，为脱贫地区共同富裕提供坚实基础。

---

① 作者：宋聚国，时任农业农村部农业贸易促进中心副主任（现任中央农业广播电视学校副校长）；龚冰，农业农村部农业贸易促进中心副处长，高级经济师；韩啸，农业农村部农业贸易促进中心副研究员；赵政，农业农村部农业贸易促进中心助理研究员；齐皓天，西南大学经济管理学院副教授；李朝柱，湖州学院经济管理学院副教授。课题组组长：宋聚国。课题调研团队成员：龚冰、韩啸、赵政、齐皓天、李朝柱。

为深入研究脱贫地区预制菜产业拓展农民增收渠道的经验做法、问题不足，并提出政策建议，按照课题任务要求，务实推进调查研究。2023年6月12—19日，我中心牵头组织西南大学、清华大学有关专家，先后赴重庆梁平、万州等区县和江西省赣州市石城县，走访了梁平预制菜展览馆、梁平奇爽食品有限公司、梁平上口佳食品有限公司、舜士家禽饲养专业合作社、川西渔村、云龙蔬菜基地、数谷农场、万城一面食品有限公司、鱼泉榨菜有限公司、江来好（重庆）食品有限公司、龙沙镇鱼泉榨菜种植基地、重庆满谷春农产品公司、江西大由大有限公司和江西德西有限公司等企业，开展了"脱贫地区预制菜产业拓展农民增收渠道"专题调研，并在重庆市召开了市级部门调研座谈会。调研发现，重庆、江西多地政府都高度重视预制菜产业发展，对脱贫地区联农带农、拓宽农民增收新渠道方面进行了积极探索，其做法具有一定经验价值。聚焦调研的脱贫地区来看，预制菜产业发展仍不成熟，助农增收仍存在诸多不足与困难，其问题具有典型性。

因此，本报告基于对重庆市和江西省的调研思考，在分析预制菜产业主要做法和成效的基础上，总结在脱贫地区预制菜产业联农带农、拓宽农民增收新渠道的经验做法，发掘典型案例，分析其存在的不足与问题，探究该产业在乡村振兴过程中的发展前景和可推广路径，并针对问题研究提出政策建议。

一、预制菜产业发展现状

（一）"预制菜"的定义与分类

1. "预制菜"定义

预制菜这一概念由净菜逐步发展、本土化而来，是指以农、畜、禽、水产品等各种食材配以辅料，加工制作为成品或半成品，经简易处理即可食用的便捷风味菜品。预制菜具备便捷、新鲜、健康等特点，丰富的选择能够符合不同地区人群的口味，逐渐成为家庭及餐饮业所喜爱的产品。预制菜产品相对于传统餐饮的核心优势在于出餐速度快、产品标准化、人工成本低。

2. "预制菜"分类

根据预期加工方式和食用方便性,市场上的预制菜大致分为即食食品、即热食品、即烹食品、即配食品四类。即食食品,开封即可食用,如八宝粥、罐头等;即热食品,只需经过加热即可食用的食品,如便利店快餐、方便面等;即烹食品,按份分装冷藏或常温保存的原食材料及必需的调味品,可立即入锅经过调理的半成品,如冷藏牛排等;即配食品,经过筛选、清洗、分切、按份封装的净菜,需要自行烹饪和调味。TCN FIA 115-2019《预制包装菜肴》按照加工方式将预制菜简单分为生制预制菜和熟制预制菜。生制预制菜,即食用时不需要烹饪即可食用的预制菜;熟制预制菜,即食用时解冻或需经过加热烹饪处理即可食用的预制菜。根据储存条件可以分为速冻预制菜、冷藏预制菜和常温预制菜。

(二)中国预制菜产业发展总体态势

1. 预制菜消费进入需求放量新阶段

预制菜20世纪60年代兴起于美国,80年代成熟于日本,90年代我国出现了净菜加工业态,在一线城市相继开始发展。2000年前后,深加工的半成品菜企业开始出现,但因相关配套条件不成熟,市场接受度不高,行业整体发展比较缓慢。2014年起,伴随外卖经济的发展,我国预制菜行业在B端步入放量期,2020年疫情发生后,预制菜C端迎来消费加速期。NCBD(餐宝典)发布的《2021—2022中国预制菜行业发展报告》显示,2021年中国预制菜市场规模超过3000亿元,预计到2025年将会突破8300亿元。随着消费升级以及冷链物流布局,预制菜市场将向B、C端同时加速发展。目前,预制菜消费市场主要集中在一、二线城市。其中一线城市占比45%、二线城市占比20%、三线城市占比16%。《2021年中国预制菜行业市场前景及投资研究报告》显示,如果按照每年20%的复合增长速度估算,未来6—7年预制菜有望突破万亿元规模,长期来看有望实现3万亿元以上规模。

2. 预制菜产业掀起企业投资新浪潮

2011—2020年,预制菜相关企业注册数量呈上升趋势,自2015年起行业进入快速发展期,行业企业首次突破4000家,2018年首次突破8000家。

2020 年新注册 12983 家企业，天眼查显示，2021 年底我国已有 7.2 万家预制菜企业。从预制菜产业区域分布来看，2021 年华东地区市场占比最大为 32%，其次是华南、华北、西南和华中地区，占比均达 10% 以上。近两年，国内知名企业也迅速入局预制菜产业，如农夫山泉推出拌面、拌饭、自加热米饭等套餐；全聚德推出"单人份"手工片制烤鸭；华润五丰、中粮等一批央企也正积极谋划布局发展预制菜。2022 年 4 月 16 日首个全国公益性预制菜行业自律组织"中国预制菜产业联盟"在北京成立，目前 1500 余家预制菜行业企业正在积极对接中。

3. 各地政府抢占预制菜产业新赛道

作为一个万亿元级市场规模的行业，国家层面从食品加工、冷链物流等多方面出台相应政策支持预制菜产业发展。各地政府为抢占预制菜发展风口，纷纷发布相关支持政策，支持预制菜产业高质量发展。2022 年初以来，上海、浙江、山东、广东、广西、云南、重庆多地政府出台支持预制菜产业政策举措，布局落地不断。省级层面如，上海提出"着力打造以农业深加工为特色的都市中央厨房产业园区"；山东省政府公布 2022 年"稳中求进"高质量发展政策清单（第三批）涉及多项支持预制菜发展政策措施；广东省发布《关于加快推进广东预制菜产业高质量发展十条措施》，部署加快建设在全国乃至全球有影响力的预制菜产业高地。市级层面如，浙江温州市出台《关于加快推动预制菜产业高质量发展的若干政策意见》；青岛、莱阳、潍坊等市出台支持预制菜产业高质量发展的政策措施；佛山顺德区发布《加快推进顺德区预制菜产业高质量发展"六个一"工程实施方案》建立全国性的中央厨房预制菜产业示范区；江门市出台《江门预制菜十二条政策措施》；汕头出台《汕头市加快推进潮汕菜预制菜产业发展工作措施》；肇庆高要正在建设 7000 亩粤港澳大湾区（肇庆高要）预制菜产业园、茂名各区（县级市）都对预制菜产业发展做了布局，另外潮州、梅州、惠州、韶关都在谋划预制菜产业的发展事宜；重庆梁平出台《梁平区支持预制菜产业高质量发展激励措施（试行）》《中国（西部）预制菜之都建设规划》和《支持加快预制菜产业高质量发展十条措施》等文件。

4. 政策规范利好预制菜行业发展

为推动我国食品工业高质量发展，近年来，国家陆续出台一系列法律法规，包括《中华人民共和国食品安全法》《关于食品生产企业建立食品安全追溯体系的若干规定》等，对食品生产、加工、流通环节进行规范，多次提出健全冷链物流基础设施，建立了食品安全追溯机制。2016年12月，《关于进一步促进农产品加工业发展的意见》明确提出发展预制菜肴，2023年中央一号文件首次提出"培育发展预制菜产业"，并将其作为培育乡村新产业、新业态的重要实现路径。2023年7月，《食品经营许可和备案管理办法》进一步规范食品许可和备案管理工作，简化食品经营许可程序，压缩食品经营许可办理时限。同时，国家也通过立法加强消费者权益保护，对企业商业特许经营活动进行规范。法律法规的出台维护了市场秩序，有利于促进行业健康良性发展，有利于促进预制菜行业发展。

（三）调研地区预制菜产业发展现状

按照课题任务要求，课题组前往重庆梁平、万州等区县和江西省石城县开展了实地调研，并在重庆市召开了市级部门调研座谈会。通过实地调研与资料分析发现，重庆市以梁平区为首的多个区县2022年就开始抢抓预制菜产业赛道，相对江西而言，重庆市推动预制菜产业发展的行动更早，发展势头更迅猛，顶层设计与政策体系初步形成，其做法经验更具参考价值。本报告重点介绍重庆促进预制菜产业发展的主要做法与成效。

1. 主要做法

强化顶层设计，加大政策扶持。顶层设计和政策的推动和引导是预制菜产业发展的前提。一是成立工作专班。成立以市领导为召集人的食品及农产品加工产业高质量发展工作专班，下设预制菜产业发展工作组，统筹全市预制菜产业发展。二是制定发展规划。印发《重庆市消费品工业高质量发展"十四五"规划》，为预制菜产业发展提供路径指引。梁平区率先编制了《中国西部预制菜之都产业发展规划》。三是强化政策引领。制定《千亿级优势特色产业培育行动实施方案》，提出推进预制菜全产业链标准化、数字化、融合化建设路径。印发《加快推进农产品加工业高质量发展政策措施》，出台20

条支持政策。加快农产品产地冷藏保鲜设施建设，将符合条件的预制菜市场主体纳入支持范围。四是加大资金支持力度。2022年市级工业和信息化专项资金支持乡村振兴市级重点帮扶的渝东北三峡库区城镇群、渝东南武陵山区城镇群等17个区县，实施特色绿色产业项目28个共计7630万元。梁平区制定《支持预制菜产业高质量发展激励措施》，设立总规模10亿元的预制菜产业发展引导基金。例如，对新认定的预制菜产业市级、国家级企业技术中心等给予50万—200万元奖励。

发展壮大预制菜产业集群，推动品牌建设。产业集聚和品牌建设是预制菜产业发展的关键和支撑。一是建立预制菜产业园区。梁平区依托现有农产品加工园区建设基础，打造30平方公里的预制菜产业园，涵盖预制菜生产加工区、物流枢纽综合区、综合服务区等。二是积极培育预制菜企业。引导支持预制菜加工企业、配套企业入驻示范园区，引导资金、技术、人才向园区集聚，积极吸引行业全产业链头部企业、技术型企业、优秀创业团队入渝布局。梁平区实施了预制菜企业3年梯度培育工程，2022年新增食品类市场主体2000家，新培育预制菜类"四上"企业35家。三是持续开展预制菜品牌培育行动。开展"重庆小面重庆造"区域公用品牌集中宣传，积极支持梁平区等有关区县建设"商标品牌指导站"，出台《梁平预制菜品牌专利培育计划》。强化注册商标保护，严厉打击假冒注册商标行为。四是注重营销推介。鼓励企业积极"走出去"，支持预制菜品牌企业参加中国商标品牌节、西洽会、智博会、中国美食工业博览会等国内外专业性展示展销活动。

完善标准建设，引领预制菜产业规范发展。标准引领是预制菜产业发展的保证。一是加大标准化规程的制定和实施。重庆市先后启动制定并批准发布《预制菜产业园区建设指南》《预制菜生产加工行为规范》地方标准；出台全国首个工作指导性文件《预制菜生产经营安全监管标准体系》，该体系涵盖基础通用、食品及相关产品、生产加工、流通经营、检验检测5个子体系，共1607项标准；制定全国首个《重庆小面生产技术规范》地方标准，推动制定发布《重庆小面》食品安全地方标准；指导发布《重庆小面》团体标准和《重庆小面门店经营服务规范》地方标准；初步研究形成《预制菜生产经营标准体系》。搭建了包括基础通用、食品及相关产品、种植养殖、生产加工、流通经营、检验检测6个子体系的标准体系结构图，拟纳入相关标准8000条，为预制菜产业园区以及生产经营者提供从"农田"到"餐桌"的全链条标准体系。二是强化食品安全监管。以提升食品安全监管效能、加速推动产业升级为目标，全面推进食品生产许可事项"全程网办"和电子证书管理，开展食品生产许可"一证多址"改革试点，推动重点食品品种质量安全追溯试点，指导督促主体责任、属事责任落实到位，切实加强食品安全监管工作。制定出台了《食品集中配送服务规范》地方标准，从食品集中配送服务企业的基本要求、场所和设施设备、食品采购、贮存、组配等方面提出了规范意见；制定《关于支持餐饮服务经营者经营预制菜的工作方案》，从许可要点、日常监管重点和突发事件处置等方面，梳理支持中央厨房经营者经营预制菜的工作规范；发布预制菜生产经营《落实食品安全主体责任20条》，从生产、销售、餐饮各环节、全链条规范预制菜生产经营活动。

2. 取得的成效

形成预制菜产业发展的基础优势。预制菜产业发展已基本形成较好的菜系、区位、食品加工以及消费优势。一是菜系优势。民以食为天，中国人向来注重饮食，更是按照地理位置、气候物产、历史文化等原因先后延伸出八大菜系。川菜是中国八大菜系之一，川菜馆遍布全国。重庆地区饮食以川菜为主，川菜预制菜更受消费者喜爱，约占所有菜系的58.4%。二是物流枢纽优势。重庆作为我国中西部第一大城市，是重要的航空、水路、铁路、公路枢纽城市。2019—2021年，相继获批港口型、陆港型、空港型国家物流枢纽，成为目前全国唯一一个"三位一体"的物流枢纽城市，形成了一条凝聚西南、辐射全国、联动世界的物流产业链。三是食品加工产业优势。食品工业一直是重庆市传统优势产业，2022年规模以上食品工业企业有776家，累计实现工业产值达到1922.2亿元，同比增长5.3%，占全市工业产值的7%。全行业有50亿级企业1家，10亿级企业22家，主板上市企业3家，市级专精特新企业114家，数字化车间57个，智能工厂12个。四是消费规模优势。成渝地区人口多、经济发展快、市场需求大、消费能力强。2021年国务院批准重庆等 5 个城市率先开展国际消费中心城市培育建设，重庆市通过加强规划引领、示范带动、项目支撑、政策保障等措施和手段，国际消费中心城市培育建设起步稳健、成效初显。2022 年，社会消费品零售总额约保持在 1.4 万亿元，排名西部第二，人均社会消费品零售总额、第三产业增加值绝对量均列中西部第一。

形成预制菜产业加速发展的格局。重庆市高度重视预制菜产业的发展，加快推动各区县加快布局预制菜产业。2022 年规模以上预制菜生产企业实现工业产值 240.6 亿元，同比增长 4.5%。一是着力推进梁平建设中国（西部）预制菜之都。目前已将梁平区预制菜产业纳入《成渝地区双城经济圈特色消费品产业高质量协同发展实施方案》，梁平区也于 2022 年 5 月印发了《关于推动梁平区预制菜产业高质量发展的实施意见》，2022 年梁平区预制菜产业产值达到 220 亿元，对全区规上工业产值贡献率为 26.5%。2023 年，梁平区以排名第一的成绩入围赛迪顾问消费经济研究中心评选发布的"2023 十大预制菜产业基地"，是西部地区唯一入选城市。二是围绕重庆小面和重庆火锅的金字招牌，打造重庆小面和重庆火锅食材产业园区。大渡口区联动云阳、忠县共同培育重庆小面工业化产业，逐步实现重庆小面产业标准化、规模化和工业化，形成一条完整的现代化食品产业链条。目前，重庆小面产业园已经引进小面企业 40 个，完成 15 万平方小面加工基地建设，落地 100 万吨小麦加工项目。以大渡口区为例，在以重庆小面为主导的快消品产业领域，大渡口区现有规模以上企业 14 家，2022 年全产业实现营收 24.3 亿元，同比增长 47.3%。以重庆小面为主导的"麦制品产业集群"被列入农业农村部、财政部 2023 年农业产业融合发展优势特色产业集群。合川区率先在重庆打造火锅食材产业园区，集聚火锅食材加工企业 101 家，是全国第二大罐头生产基地，毛肚产量占西南地区三分之一。2022 年合川区火锅食材规上企业产值达到 54 亿元，辐射带动龙市、隆兴、云门等 11 个镇街发展火锅食材产业。三是以科技赋能建设新型平台化预制菜产业园区。中国西南（重庆）食品科技城于 2022 年 7 月正式开园，该项目是重庆中心城区唯一一个建设规模达到 10 万平方米以上的食品科技城。按照相关计划，未来，这里将打造成为集食品安全技术研发，绿色预制菜和特色预制菜研发、生产、销售及教学等于一体的新型平台化预制菜产业园区。其中，将重点聚焦重庆的火锅、特色菜、江湖菜、烧烤等地方美食，开发、生产、销售预制菜品，形成预制菜产业集群。

二、脱贫地区预制菜产业拓展农民增收渠道的案例

从重庆、江西的调研来看，脱贫地区发展预制菜产业，主要通过带动农户参与原料生产、吸纳农民就业、盘活土地资源三种方法拓展农民增收渠道。

（一）组织农户生产原料，带动农民经营性收入增加

坚持企业和合作社带动，促进农业生产由自发"分散型"向有计划、有组织的"订单型"转变。农户按照公司提供的农业生产资料和生产方案进行农业生产，公司按照合同约定的农产品价格收购。

案例一：鲁渝农牧科技重庆有限公司以"公司+农户"模式带动农户养鸡增收

鲁渝农牧科技重庆有限公司，成立于2017年11月，是一家集芦花鸡繁育、养殖、加工、销售于一体的市级农业产业化龙头企业，截至目前，已建成占地52亩的国家级保种场芦花鸡西南繁育中心，拥有1万平方米的生产厂房，配有种鸡、蛋鸡、孵化、育雏车间，形成了年产3000万枚鸡蛋、500万只出壳苗、70万只脱温苗的产能规模。同时，配建了占地1500亩山地原生态散养基地、650平方米屠宰冷链仓储中心和1000平方米芦花鸡精深加工车间，以及4家直营门店、1家餐饮店和京东特产馆。可年出栏16万只山地芦花鸡、年加工36万只山地芦花鸡。公司通过分户散养和托管代养的方式，有效地带动了西南地区和周边区县2000余户发展芦花鸡的养殖，户均增收10000元以上。

案例二：重庆市鱼泉榨菜（集团）有限公司实行"公司+基地（合作社）+农户"模式带动农户种菜增收

重庆市鱼泉榨菜（集团）有限公司，成立于1999年7月，是农业产业化国家重点龙头企业、国家高新技术企业。2022年年产值2.83亿元，年产量2.87万吨，均价1万元/吨。公司目前经营榨菜、魔芋等预制菜产品。产品主

要销往全国各地，出口美国、新加坡、中国香港等 36 个国家和地区，2022 年出口额 716 万美元。其依托本地资源，建立了 17 个榨菜种植基地，引导农民按照规模化和标准化方式进行种植，通过同合作社签订购销合同，实现订单式生产，公司按不低于市场价进行收购。提高农民的生产效率，增加了农民收入。鱼泉榨菜每年订单收购约 1.8 万户农户种植的榨菜，共计 3 万余吨，价值 2000 余万元，户均收入增加超过 1000 元。

案例三：赣州市石城县中力种养专业合作社构建"政府+社会力量+合作社+农户"带动农户种植白莲增收

中力种养专业合作社针对莲农种植规模小、经营分散、产业链条短和销售渠道单一的现状，在中国扶贫基金会和石城县人民政府的支持下，科学谋定"规范基础、拓展服务、创新发展"三个阶段，构建"政府+社会力量+合作社+农户"的多元合作机制，创新合作社管理制度，立足新"三品一标"深做文章，发挥产业主体示范作用，协同推进县域白莲产业高质量发展。经过两年发展，合作社实现了从无到有、从有到强的转变，现有社员 137 户，白莲种植面积 1500 亩，2021 年实现销售收入 156 万元，户均增收 7000 元。

案例四：赣州市瑞金市（县）江西三德食品有限公司以"公司+农户"形式，带动农户养殖鳜鱼增收

瑞金市深入贯彻赣州市打造预制菜产业"一区一圈"战略，引进预制菜生产加工企业江西三德食品有限公司，在瑞金投资约 1.8 亿元建设水产品深加工全产业链项目，致力于打造集科学养殖、深加工、冷链仓储、产品研发、营销网络为一体的水产品深加工全产业链体系。目前，主要产品为徽派名菜臭鳜鱼，一期加工能力实现日产 2.5 万公斤，年产 750 万公斤。二期将拓展鱼块、鱼片、鱼丸等深加工产品生产线。项目全面竣工投产后能积极融入鳜鱼规模化养殖及"臭鳜鱼"产品双百亿级市场。公司计划依托现有鳜鱼养殖技术，在瑞金泽覃乡水科所建立鳜鱼示范养殖基地，采取"公司+农户"的形式，让产业联结千家万户，带动群众增收致富，助力乡村振兴。该公司相关负责人介绍说，鳜鱼示范养殖基地计划发展鳜鱼养殖 3000 亩，可联结养殖户 1000 户，带动户均增收 3 万元以上。

（二）吸纳农民本地就业，带动农民工资性收入增加

产业是就业的保障，产业发展壮大了，就业岗位就增多了。预制菜产业链的原料生产、初加工、深加工等环节，都对劳动力有更多需求，能够为农民提供就业机会，带动农民工资性收入增加。

案例五：重庆满谷春农产品有限公司吸纳当地农民从事蛋制品初加工，带动农民通过劳动增收

重庆满谷春农产品有限公司位于重庆万州，公司成立于2013年，总占地面积130余亩，是一家以专业生产、销售蛋制品为主的食品加工企业，年生产蛋制品700万枚，2020年获得重庆市万州区非物质文化遗产代表性项目。满谷春自建厂以来，主动吸纳当地的劳动力就地就业，从事皮蛋的分拣、清洗、腌制、晾干等初加工环节，带动了当地剩余劳动力110余人，其中贫困人口50余人，每户年均增收2万元以上。

案例六：江来好（重庆）食品有限公司聘用和培训农民从事烤鱼预制菜深加工，带动农民提高技能增收

预制菜的深加工环节主要包括切割加工、烫煮和冷却、包装和存储等。江来好（重庆）食品有限公司成立于2020年，注册资本1000万元，是一家致力于万州烤鱼的传承和创新，专注万州烤鱼预包装产品的研发、生产和销售的现代化食品企业。公司生产厂址占地10余亩，拥有年产5000吨的标准化生产基地，年产值可达10亿元，同时也是鲁渝协作微山湖四鼻鲤鱼的加工基地。公司研发能力强，产品结构丰富，目前已有礼品烤鱼、休闲烤鱼、烤鱼预制菜、烤鱼调料、烤鱼方便食品等多个系列产品。公司目前雇佣数百名当地劳动力从事烤鱼生产加工，其中贫困人口数十人，每户年均增收上万元。

案例七：梁平预制菜展览馆吸纳农民从事预制菜餐饮服务工作，带动农民通过服务增收

梁平，打响"中国西部预制菜之都"的品牌影响力后，吸引了全国各地政府和企业的参观考察，从而带动对预制菜消费体验和乡村旅游的需求增长，给本地农户带来更多从事餐饮、保洁等服务业就业的机会。梁平区政府在西部预制菜之都展览馆建设预制菜美食街，提供餐饮服务摊位，直接和间接解

决了本地农民就业问题。

案例八：石城县湖下村赣南脐橙基地雇佣本地农民务工，带动农民通过务工增收

湖下村赣南脐橙基地（原石城县萝湖种养合作社）建于 2016 年，占地面积 150 亩，种植赣南脐橙约 6000 株，为湖下村村集体经济产业。2021 年在县委组织部门的大力支持下，湖下村通过"四议两公开"的工作流程，采取"村集体+合作社+股份+农户"的模式，由湖下村村集体股份经济合作社注入资金 50 万元，扩大石城县萝湖种养合作社赣南脐橙种植规模，由湖下村村集体股份经济合作社与石城县萝湖种养合作社共同经营管理，预计每年可为湖下村村级集体带来 3 万余元经济效益。同时通过脐橙基地雇工务工的联农带农机制，带动了 10 余名周边群众致富增收，其中脱贫人口和监测对象 6 人，实现人均收入 3500 元/月。

（三）盘活农村土地资源，带动农民财产性收入增加

财产性收入是农民收入的重要组成部分，农村土地流转是促进资源优化配置，增加农民财产性收入的关键环节。由农业龙头企业或专业合作社，在不改变土地用途的基础上，将农民闲置的土地流转集中，建立预制菜原材料保供基地，集中连片进行标准化、规模化经营。农户通过流转土地获得租金，增加了家庭财产性收入。同时，土地流转不仅让闲置的土地高效利用起来，农户还可以选择在当地就近工作或外出务工，获取非农收入。

案例九：梁平区云龙镇流转农户土地建立预制菜原料保供基地，带动农民土地流转收入增加

《梁平区预制菜产业原材料供应基地建设工作方案》提出，到 2025 年底，示范带动建成 300 个原材料供应基地，培育预制菜产业原材料供应新型农业经营主体，规范发展农业龙头企业 100 家、合作社与家庭农场 1000 家。每年精选生产能力强、规模效益好、与预制菜生产联系紧密的原材料生产主体，按照水产、果蔬、畜禽、粮油、调料为主要类别，每年精选培育 10—20 个预制菜原材料供应示范基地，其中鼓励支持预制菜企业通过流转土地自建基地，提升原材料供应组织化、规模化、专业化水平。目前梁平区云龙镇已通过土

地流转，建立了 11592 亩预制菜原料保供基地，亩均流转费用 321 元/年，每年为 5621 户农户提供土地流转收入共 372.4 万元。

三、脱贫地区预制菜产业拓展农民增收渠道面临的问题

虽然脱贫地区大力推动预制菜产业发展，并积极探索预制菜产业拓展农民增收渠道，但预制菜产业尚处于起步阶段，预制菜产业体系尚不完善，助农增收仍存在诸多困难与不足。

（一）企业规模较小，产品结构不优

一是预制菜企业总体规模较小。虽然当前许多企业加入预制菜赛道，但还没有出现在全国有较大影响力的预制菜生产企业或具有较高市场占有率的大单品。FoodTalks 发布的"2022 预制菜企业 50 强"榜单中，仅有重庆恒都食品开发有限公司一家企业上榜。而上海商情信息中心发布的"2022 年预制菜上市企业营收 50 强榜单"中尚无重庆预制菜企业。在细分领域中与全国其他地区比较竞争力不强，以重庆小面为例，目前预包装食品产量最大的集中在河南等地区。二是产品结构有待优化。从产品结构来看，重庆市预制菜产品主要集中在火锅、小面等领域；产品品类单一，低端产品多，高端产品少。比如火锅预制菜主要是底料，其他火锅产品相对较少。从品牌看，品牌企业各自为战，缺乏抱团发展的合作意识，有知识产权的区域品牌在全国缺乏知名度，而重庆火锅等没有知识产权但知名度高的区域品牌却难以带动本地企业品牌发展。许多中小企业缺乏品牌培育意识，品牌推广能力差，甚至放弃自有品牌建设，沦为大品牌企业代加工，在产业竞争中处于价值链最底层。艾媒金榜发布的《2022 年中国预制菜品牌百强榜》中，重庆仅有恒都一家预制菜企业上榜，与上海（17 家品牌上榜）、广东（14 家品牌上榜）、北京（13 家品牌上榜）、山东（11 家品牌上榜）相比，还有较大的提升空间。赛迪顾问消费经济研究中心发布的《2023 年中国预制菜企业竞争力百强研究》榜单中，重庆市虽然有 6 家企业上榜，但排名均较为靠后，排名最高的涪陵榨菜仅位于榜单的第 43 名。

（二）产业链条不完善，上下游融合度不高

预制菜产业链条涵盖种植、生产、加工、研发、装备制造、质量监管、物流及销售多个环节，产业供应链较长。由于预制菜企业规模小，缺乏龙头企业规模化带动，大部分预制菜企业是以来料加工或自采加工为主，处于产业链的中低端。一是产业链上下游融合度不高。从调研地预制菜产业发展现状来看，多数预制菜企业不具备自建供应生产基地的条件，预制菜产业链条主要涵盖中后段，前端原材料多采取市场化、农户订单式或农民合作社等采购方式。从生产环境、条件、技术等方面无法实现统一的标准，造成原材料品质难以把控。二是供应链稳定性不强。企业原料供应渠道分散，稳定的供应链尚未形成。企业缺少议价权，原料成本较高。企业附加值高，特别是掌握核心技术、有定价权的产品较少，产业效益提升缺乏保障。

（三）产业配套体系不完善，产业生态不健全

一是创新主体与企业协同合作转化机制尚不完善。企业未能与高校、科研院所形成较好的产学研长效协同创新发展生态，科技创新服务缺乏针对性，企业需求与高校院所技术供给之间存在服务链不完整、不衔接等问题，企业习惯以直接采购成套设备的方式引进成熟技术，而不是共同创新研发；二是园区配套服务业态不完善。园区和产业配套的产品设计、检验检测、市场营销等公共技术平台和公共服务严重不足，缺乏研发、设计、营销等平台载体。冷链物流体系不完善，预制菜"最后一公里"保鲜存在困难。

（四）农户生产水平不高，农产品难以满足原料要求

脱贫地区农业经营主体以小农户为主，公司、企业、合作社和家庭农场等农业新型经营主体仍较少，农业生产规模小、散、乱，组织化、规模化、标准化程度低，出产的绝大多数农产品在规模、品质和价格等方面与其他农业大省相比有一定差距，难以满足预制菜加工的要求。以辣椒为例，重庆虽盛产辣椒，但千家万户生产的辣椒，品种、品质差异大，品质稳定的单品规模小，成本价格与新疆、山东等农业大省相比无优势，更不能和进口的印度辣椒竞争。调研发现，重庆预制菜加工原料主要依靠外购，对本地农产品使

用少，带动农民增收的潜力尚未有效发挥。

（五）农产品初加工薄弱，小农户很难融入产业链条

农产品初加工是连接初级农产品生产者和预制菜企业的关键一环。许多预制菜企业还停留在初级加工阶段，机械化程度较低，生产技术较为落后，产品质量和安全控制能力较弱。同时由于冷链仓储、农产品初加工等短板尚未补齐，农户生产的初级农产品不便于被预制菜加工企业使用。例如，做重庆小面的预制菜企业主要采购经过初加工、品质稳定的辣椒段和辣椒粉，而农户生产的鲜辣椒缺乏冷链仓储和初加工，不能满足加工企业的原料供应要求，制约了种植户融入预制菜产业链条。

（六）联农机制尚不完善，产业助农增收成效不明显

脱贫地区预制菜产业发展尚处于起步阶段，探索预制菜产业助力农民增收新渠道的做法尚未广泛推开，预制菜产业联农助农机制尚不完善，在"公司+农户""公司+基地+农户""公司+合作社+农户"等生产组织模式中，企业与农户利益的连接不紧密，农户以产品、资源、劳务的买卖、租赁收益为主，入股分红较少；农户以初级产品销售为主，享受农产品加工增值收益较少。

四、政策建议

针对上述问题，通过座谈研讨，研究提出如下政策建议：

（一）加强规划引领，进一步推动预制菜产业集群发展

1. 强调预制菜产业规划引领作用

围绕自身的资源禀赋和全市布局，高标准编制预制菜产业的发展规划，找准产业发展的目标、方向、产品发展的品类，将其纳入乡村振兴的整体规划中。推进预制菜特色产业集群示范园建设。建立市、区县两级预制菜产业示范园区重点配套设施项目储备库，加快策划推动建设一批预制菜产业关键性重大投资项目。引导支持预制菜加工企业、配套企业入驻示范园区，引导资金、技术、人才向园区集聚。

2. 培育领军型企业和拳头产品

重点扶持和引育第一、第二、第三产业融合的预制菜企业的发展壮大，吸引行业龙头企业、核心技术企业、品牌商和创新团队入渝布局，开展品牌孵化，建设生产基地。引导本地食品企业、餐饮品牌企业，探索"厨师+食品工程师"的模式。鼓励品牌连锁餐饮企业进入工业化预制菜加工赛道，以销定产，以商促工。支持大型连锁商超、优质电商、品牌物流企业利用渠道资源培育自由预制菜品牌，在脱贫地区设立品牌运营总部或与相关区县共建特色产业园区，采取与当地加工企业或新引进的优势企业联名生产的方式，快速成长为预制菜产业新兴力量。支持预制菜中小企业转型升级，成为预制菜领域制造业单项冠军、专精特新"小巨人"企业。

（二）健全预制菜产业链条，促进上下游产业融合

1. 加强预制菜产业链建设

预制菜生产与菜品产地密切关联，只有大力发展现代农业，推动农业规模化、标准化和绿色化生产与发展，才能确保原材料的安全全程可追溯。鼓励企业采用先进数字技术、设备和系统，建设智能车间、智能工厂。不断提升精深加工能力，提高产品附加值。

2. 打造产销协同一体化供应链

充分发挥餐饮、烹饪等行业协会的引领作用，加强产销对接。支持举办各类预制菜产销对接活动，引导企业积极参展。利用"互联网+短视频+直播"等方式，推动线上线下市场拓展。大力发展电子商务、跨境电商、对外贸易，多渠道开拓国内国际市场。

（三）完善产业园区配套服务，健全产业生态体系

1. 大力支持产品创新开发

在政府相关部门牵头下，联合高校、科研院所、预制菜相关企业、行业协会等，搭建联合平台，开展预制菜发展战略、特色美食工业化转化技术路线、营养配比及功能开发、预制菜加工风味保留、储运保鲜关键核心技术工艺、食品安全、自动化、智能化加工装备、检验检测及质量追溯体系平台技

术联合攻关，孵化创新预制菜新食材、新技术、新工艺、新产品。

2. 加强园区的配套服务建设

高标准谋划和推动预制菜产业园区的配套服务建设，围绕预制菜加工、冷链物流、公共服务、市场营销等方面加强和完善专业化配套体系。支持园区科技平台、进出口平台、电商平台建设。鼓励企业、行业在园区建设预制菜全产业链各个环节的检验检测平台。推动预制菜研发重点实验室、工程技术研发中心建设落户园区。

（四）升级小农户种养水平，对标预制菜原料需求

1. 提升农户原料生产的组织化水平

充分发挥集体经济组织作用，把分散的农民组织起来，提高农民组织化程度，参与预制菜原料的生产，实现抱团发展。

2. 提升原料生产供应的规模化水平

推动土地流转集中，统一品种，发展适度规模经营，引导农民走规模化、集约化的生产道路，集中生产优势农产品，降低生产成本，提升品质和价格竞争优势。

3. 提升原料生产加工的标准化水平

对标预制菜加工企业对本地原材料的需求和要求，建设标准化的预制菜原材料供应基地，引导农户统一种植、统一标准、统一管理等。

（五）补齐冷藏和初加工短板，促进农户融入产业链条

1. 补齐农产品产地冷链物流短板

加快实施农产品产地仓储保鲜冷链物流设施建设工程，在重要物流枢纽节点和鲜活农产品生产基地周边布局一批生鲜农产品低温配送和处理中心，构建起预制菜"原材料—车间—餐桌"全程闭环冷链物流模式，完善从田头到餐桌的冷链物流体系。

2. 培育农产品初加工企业

鼓励和支持家庭农场、农民专业合作社等发展农产品产地初加工，推进预制菜直供基地、田头小站初加工等基础设施建设。

（六）创新利益联结模式，完善联农助农机制

1. 大力发展订单农业

大力推行"订单+龙头企业+农业合作社联社+专业合作社+农户"等形式，发挥农业合作社联社的桥梁纽带作用，推动预制菜原料生产向订单化方向发展，带动农户转型升级。

2. 加强股份合作

引导预制菜生产企业与村级集体经济组织、农民专业合作社、家庭农场、种养殖大户合作，采用现金入股、技术参股、销路作价入股、土地入股、产量达标分红、产品达标分利等混合股份合作模式；鼓励预制菜生产企业与村级集体经济组织合作，与集体经济组织共建生产基地，参与农村"三变"改革、财政资金股权化改革等。带动小农户参与产业链拓展和价值链延伸，更多分享产业增值收益，让农民更多分享预制菜产业发展红利。

金融资本服务乡村振兴带动农户增收研究调研报告

陈 涛 杨佳怡 金宇琴[①]

一、研究背景

2021年中央一号文件提出全面推进乡村振兴，产业兴旺则是乡村振兴的基础。2023年中国人民银行、金融监管总局、中国证监会、财政部、农业农村部联合发布《关于金融支持全面推进乡村振兴 加快建设农业强国的指导意见》，对做好粮食和重要农产品稳产保供金融服务、强化巩固拓展脱贫攻坚成果金融支持、加强农业强国金融供给等9个方面提出具体要求。下一步，5部门将继续以习近平新时代中国特色社会主义思想为指导，推动健全多层次、广覆盖、可持续的现代农村金融服务体系，引导更多金融资源配置到乡村振兴重点领域和薄弱环节，为全面推进乡村振兴、加快建设农业强国提供更强有力的金融支撑。云南省各地把大力发展高原特色农产品作为打造世界一流"绿色食品牌"的切入点和有力抓手，以更高站位、更大决心、更实举措，谋划推动农业产业转型升级，加快推进农业发展方式革命性转变。发展县域富民产业，是促进农民稳定增收、激发县域经济活力、全面促进乡村振兴的重要举措。金融是立足新发展阶段，全面推进乡村振兴的活水之源，在延长乡村特色产业链中，通过完善利益链条，发挥一二三产业融合的乘数效应。当

---

① 作者：陈涛，长江大学副教授、硕士生导师；杨佳怡，长江大学硕士研究生；金宇琴，长江大学硕士研究生。课题组组长：陈涛。课题调研团队成员：杨佳怡、金宇琴。

前，云南省政府加大对重点帮扶县特色产业的金融服务力度，全力支持地方经济发展。

（一）金融资本服务乡村振兴的相关研究

从不同角度研究金融发展与农村经济的关系，王修华（2019）阐述金融体系通过个体行为效应、产业带动效应、环境改善效应、社会规范效应的发挥，为乡村振兴提供强有力的支撑。优化农村金融供给体系，健全差异化监管与风险分担补偿机制，加强农村金融对乡村振兴核心领域的支持力度，构建政府、金融机构、农村融资主体"三方联动"的催化型制度保障体系，有助于金融支撑乡村振兴战略的顺利推进①。李咏杰（2023）首先肯定了金融发展对于乡村振兴的积极作用，而后运用计量方法对影响供给的因素进行了定量分析，探究出农村经济发展、财政支农程度、固定资产投资是影响金融供给的主要因素，在此基础上提出充分发挥财政资金作用，引入社会资本等建议扩大供给，支持乡村振兴战略实施②。孙继国（2020）基于农业信贷供给、金融精准扶贫、农业保险、固定资产投资等角度分析金融发展影响乡村振兴的内在机制，构建金融服务乡村振兴的系统动力学仿真模型，并应用Vensim软件进行仿真模拟和政策检验，研究发现金融发展对乡村振兴有着积极的促进作用，增加对农村企业、农户的信贷资金投放和扩大农村固定资产投资规模会显著促进乡村振兴③。郭国峰等（2021）系统阐述了普惠金融作为扶贫扶弱的金融体系，是实现农村高质量发展的重要保障，通过分析普惠金融推动乡村发展的内在机理，基于VAR模型进行实证研究，得出普惠金融对农村发展存在长期正向效应的结论④。

与以上学者的侧重点不同，一些学者研究在乡村振兴的背景下银行机构

---

① 王修华．乡村振兴战略的金融支撑研究［J］．中国高校社会科学，2019（3）：35-43，157．
② 李咏杰．金融支持安徽省乡村振兴战略发展的关联度研究［J］．江苏商论，2023（1）：83-85，90．
③ 孙继国，孙茂林．金融服务乡村振兴的系统动力学仿真研究［J］．经济与管理评论，2020，36（2）：104-112．
④ 郭国峰，张颖颖．乡村振兴视角下普惠金融支持农村发展效应研究［J］．征信，2021，39（2）：88-92．

如何改革发展助力战略实施。姜松等（2019）研究发现，村镇银行、农村商业银行以及互联网金融机构是农业价值链金融创新"主力军"，在宏观、中观和微观三个维度通过农村经济高质量发展、要素配置效率提升、一二三产业融合发展、组织选择及风险管理、新型职业农民培训和主体协同路径促进乡村振兴①。段洪阳等（2018）通过研究发现新型农村金融机构服务乡村振兴战略的另一种模式，基于机构内部视角挖掘涉农金融偏离服务"三农"的内因，有针对性地借鉴国内外成功的小额信贷模式，立足新型农村金融机构的实际情况，在精准信贷定位、强化信贷风险管理、优化贷后管理延伸贷后服务、打造"双专业"信贷队伍等方面进行内部信贷模式重塑，建立一套具有经营持续性、操作可复制性的涉农信贷模式。② 张伟（2021）以中原银行惠农网点为例，系统论证需要在金融服务意识、金融服务环境、金融服务形式及金融服务手段等方面创新，以此助推乡村振兴战略的实施。几位学者站在金融机构的角度，建议金融机构深化改革，进一步支持乡村振兴，从而维护自身地位和利益③。

（二）金融资本服务乡村振兴的实践机理

1. 政府政策引导下的机会选择

从当前的实际情况看，推动地方政府积极引进金融资本的因素是多方面的，一方面金融资本的进入能促进乡村产业转型升级，推动农业农村向现代化方向发展，从而增加地方税收。另一方面能够减少政策在执行过程中的阻碍，加快乡村生产经营方式的转变④。主要表现在以下几个方面：一是金融资本的进入形成以企业为主导的农业合作组织新治理模式；二是乡村资源市场化程度不断提高，具备现代化组织管理模式的乡村治理体系逐步形成。金融

---

① 姜松，喻卓. 农业价值链金融支持乡村振兴路径研究 [J]. 农业经济与管理，2019（3）：19-32.
② 段洪阳，王培霞，陈月. 乡村振兴背景下深化新型农村金融机构服务"三农"的信贷模式研究——基于村镇银行内部控制视角 [J]. 世界农业，2019（1）：104-110.
③ 张伟. 基于乡村振兴背景下的农村金融服务研究——以中原银行惠农网点为例 [J]. 农业与技术，2021，41（15）：160-162.
④ 刘锐. 资本下乡的制度环境与路径研究 [J]. 四川大学学报（哲学社会科学版），2021（3）：133-142.

资本裹挟的各类资源推动企业、农户和政府形成一个利益共同体。对于政府部门而言，金融资本进农村为地方带来利益的同时也会打破原本的治理结构，在一定程度上会弱化基层管理的政治功能和社会功能，带来过度以利益为导向的农村治理机制①。

2. 资本逐利驱动下的投资行为

金融资本在做出下乡决策时会受到投资利润、市场风险及政策变动等因素的影响，这需要金融资本主体进农村投资前做好充分研究论证，全面衡量利弊得失，做出最为合理的投资决策。通常采取的策略主要包括两个方面：一是积极寻找进入乡村的代理人或者介绍者，通常会极力争取到当地政府部门或村组织的帮助来降低交易成本②。同时，资本主体在利用乡村资源如土地等要素时，通常会在当地政府的允许下，以合法化身份参与农村资源的分配，而村委的说服及劝导能够打消村民与资本主体合作的疑虑。二是资本主体通过签订长期合作协议的方式降低投资风险和交易成本，直接跟农民进行谈判会降低效率且成本过高，通过村委跟农民谈判，将相关利益者的协商结果以协议的形式确定下来，避免在合作过程中出现违约，损害相关利益者的行为③。

3. 村集体经济发展的内在需求

国家已经连续18年将"三农"建设作为社会经济发展的重要内容，但根据发展的实际情况看，政府多年的持续投入并没有彻底改变根深蒂固的城乡二元结构，依然存在农村劳动力大量流出、农业逐渐凋零、农村基层治理弱化等问题④。因此，乡村振兴战略的落实不能仅依靠政府的政策号召力，更重要的是要寻找农业农村发展的内生动力，发挥农村集体经济的作用。而农村集体经济的发展主要体现在3个方面：一是运用土地资源，为村民争取利益。

---

① 唐惠敏，范和生．资本下乡背景下乡村振兴模式选择［J］．安徽大学学报（哲学社会科学版），2021，45（3）：117-125.

② 石敏，李大胜，吴圣金．资本下乡中农户的合作行为、合作意愿及契约选择意愿研究［J］．贵州财经大学学报，2021（2）：100-110.

③ 冯娟．基于资本下乡的乡村振兴战略发展研究［J］．农业经济，2021（2）：114-115.

④ 赵桃敏．工商资本下乡的税收支持研究［J］．农业经济，2021（1）：106-108.

根据土地管理法，村集体拥有土地经营流转权利，充分利用其权利与金融资本进行合作谈判，争取更多的利益；二是借助金融资本下乡，改革农村发展模式，在双方共同需求下探究建立以土地利用为基础的利益合作机制是必然选择；三是整合内外部资源，集中力量壮大村集体经济。村集体经济组织要紧抓国家政策、拥抱金融资本和发挥农地资源优势，将各方资源进行整合是推进乡村振兴战略取得良好成效的关键。

二、基本情况及典型案例分析

（一）金融服务普惠农户，助力农户增收

长期以来，党中央、国务院高度重视"三农"工作。2023年中央一号文件再次明确强化乡村振兴金融服务，通过物质资本的积累和社会资金的有效配置（Goldsmith，1969）促进经济发展（Levine，2997），于经济增长理论而言有利于提高农民收入（纵玉英等）。截至2022年末，中国银行业金融机构用于小微企业的贷款（包括小微企业贷款、个体工商户贷款和小微企业主贷款）余额达到59.70万亿元，其中单户授信总额1000万元及以下的普惠型小微企业贷款余额为23.60万亿元，同比增速23.60%；本外币绿色贷款余额22.03万亿元，同比增长38.50%；本外币涉农贷款余额49.25万亿元，同比增长14%；全国脱贫人口贷款余额1.03万亿元，同比增长13.10%。

云南省金融系统围绕重点领域提升金融服务乡村振兴效能，加大支农再贷款、再贴现使用力度，保持"三农"领域流动性合理充裕。调研发现，武定县与东川区运用多样化金融渠道普惠农户。

一是创新金融产品，为农户提供多样化贷款方式。为持续巩固脱贫攻坚成果夯实脱贫基础，武定县与东川区均加大对农户的金融扶持力度。武定县通过以贷帮扶支持脱贫户及边缘易致贫人口发展生产，创新推出"安居贷""乐业贷"等信贷产品，累计发放3.40亿元。农业银行、农村信用社累计发放"乐业贷"1480万元、"金牛贷"1231.3万元，金融产品惠及1590户。据统计，2015年至2022年末，武定县发放扶贫小额贴息信贷5.75亿元，受益

建档立卡脱贫户1.08万户。东川区针对全区农户，通过"惠农e贷""富民贷"等产品，深入挖掘并满足农户消费创业、经营等各方面的信贷需求，积极支持各类农户，为东川区农户提供全面、可行的金融服务。"富民贷"自2022年开始投放，截至今年5月共投放287笔，金额3094.47万元。"惠农e贷"自2019年开始投放，截至今年5月已投放9346笔，金额65118万元。截至2022年12月末东川区联社涉农贷款余额23.92亿元，占各项贷款的45.68%。为全区54744户农户建立了经济档案，授信25.97亿元，其中已用信建档农户26401户，建档农户贷款户数渗透率48.23%。调研地具体情况具体分析，通过了解农户需求，如购买农业设备、种植作物等，有针对性地设计创新金融产品；并以此为据，推出农业设备贷款、生产所需资金等；提供灵活还款方式，根据农户收入情况制订灵活还款计划，如利用季度还款、年度还款等方式以适应农户经营特点。

二是多渠道、多场景打造消费帮扶。通过移动银行办理借记卡开卡、金融社保卡激活、客户信息维护、农户经济档案建立、代扣水电费签约等业务，把金融服务送进乡村、送进农户身边，为广大农户提供优质的上门服务。东川区为做好惠民惠农财政补贴"一卡通"发卡工作，为全区24.7万人制发了金融社保卡，激活社保卡24.69万张，有效激活率99.97%。同时，通过"一分钱乘公交""优惠满减""营业执照自助打印"等工作举措，将发展成果惠及更多民众。

三是金融知识普及宣传，提高了农户消费者权益保护意识。围绕农户金融消费的需求，通过送金融知识下乡，组织"惠农政策宣传""征信宣传月""金融知识普及月"等活动。2022年东川区开展各类消费者宣传活动7次，宣传知识惠及近2万名金融消费者，增强了农村金融消费者的信用风险意识和规避违法违规行为的能力，逐步构建农村市场良好的金融生态环境。

（二）沪滇协作、整合资源，金融财政强力促进高原农业产业振兴

沪滇两省认真落实《国家乡村振兴局关于进一步健全完善帮扶项目联农带农机制的指导意见》，优化沪滇协作机制，健全联农带农措施，发挥沪滇协作资金、项目、人才等帮扶资源带动作用，不断增强自我发展能力，持续稳定增加收入，巩固拓展脱贫攻坚成果，全面推进乡村振兴。

一是政策保障。出台《关于建立"双绑"利益联结机制推进产业帮扶全覆盖的指导意见》《关于建立股份合作机制实现村级集体经济全覆盖的指导意见》《关于进一步健全完善帮扶项目联农带农机制的实施细则》，构建全方位贯通、全要素保障、全产业链支持、全领域覆盖的产业帮扶政策体系，推动建立合作社绑定农户、龙头企业绑定合作社的"双绑"利益联结机制，提高产业帮扶组织化程度，使农户、合作社、龙头企业形成稳定利益联结并分工合作，将小农户带入大市场。

二是加大资金投入，云南注重发挥沪滇协作资金的杠杆撬动作用，将沪滇协作资金与各级财政衔接资金、财政涉农资金、中央单位定点帮扶无偿援助资金、社会捐赠资金等整合使用，重点支持产业发展基础设施建设和全产业链开发，带动企业发展、农户受益，不断放大帮扶项目资金使用效益。

三是发挥沪滇协作机制作用，强化产业合作，加大产业基础设施投入力度，支持培育壮大特色主导产业，促进茶叶、花卉、蔬菜、水果、坚果、咖啡、中药材、牛羊等重点产业规模化、标准化、品牌化建设，推动沪滇协作的88个脱贫县均形成了2—3个特色鲜明、带动面广的帮扶主导产业，助力我省培育4440户省级农业龙头企业、4141个县级以上农民合作社示范社，促进全省2.83万个新型经营主体与164.68万户脱贫户建立了利益联结关系。支持龙头企业、农民专业合作社、家庭农场、专业大户等农业经营主体创新发展、做大做强，鼓励农业经营主体在具备条件的村建设生产基地，加强产业基础设施建设，将适合就地承接的采购订单和劳务等提供给农民专业合作社、村集体经济组织和农户。通过"龙头企业+基地+合作社+农户"的模式，以"投资收益、入股分红、资产租赁"的产业帮扶方式，与农户建立稳定的"双绑"利益联结关系，建立完善农户和新型经营主体利益联结机制，将帮扶产业收益金纳入村集体经济管理，并强化激励保障机制，鼓励和引导群众、经营主体参与产业发展。沪滇协作作为地方合作的典范，为各地区间的交流与合作提供了范例。整合金融及财政资源，为高原产业提供强力支持；创新金融服务模式，提高抗风险能力，建立稳定联系关系；政策支持激发农户积极主动性，推动生产效率提升及产业发展。

（三）金融资源为农业企业注入"活水"，辐射带动农户增收

金融机构通过助力农业龙头企业、中小微企业发展，践行精准扶贫的责任与义务，保持与贫困村的结对帮扶关系，构建县乡村与企业联业、联责、联利、联心的长效发展机制，武定县、东川区将产业提质增效、企业全面发展、农民持续增收有机结合，逐步建立形成多种形式的利益联合体，通过订单、土地流转、合作等模式与周边农户建立利益联结机制，推动小农户与大产业有效衔接，实现农民增收。截至2023年4月末，乡村振兴金牛贷余额2亿元，较年初增长56.91%；支持农业龙头企业贷款余额3380万元，支持家庭农场贷款余额761万元。2023年5月东川农行对"云南善粮商贸有限公司""昆明金地农业开发有限公司"等27户小微企业发放贷款，金额1635.90万元。如云南武定永银农产品开发有限公司推动当地特色养种植业的发展，带动11个乡镇4000户1.4万人从事壮鸡、生猪养殖，户均每年增收2125元。

武定臻骥农业科技开发有限公司积极探索"龙头企业+合作社+农户"养殖模式，因地制宜发展"武定壮鸡"产业，巩固拓展脱贫攻坚成果，有效衔接乡村振兴。公司基地每年为村民提供务工就业500多人次，务工收入40多万元，村集体每年有3.5万元收入。

东川区2021年以来累计投放900万元信贷资金，保障当地2户新型农业经营主体、农民专业合作社健康持续发展，为东川区小微企业走出困境，持续发展"添柴加火"。其中300万元用于支持东川区坪子养殖专业合作社发展和壮大生猪养殖产业，

同时，该合作社的持续发展也使周边脱贫户实现增收。另600万元用于支持东川区德箐畜牧养殖专业合作社用于大蒜、花卉、水果等经济作物的种植，合作社通过招聘脱贫人口种养殖等方式，带动当地脱贫户实现增收，为周边居民创造了增收就业的机会，充分发挥了地方传统产业优势。同时联合云南卓越林业有限公司建设花椒种植示范基地，带动乌龙镇7个村（社区）2279户8886人增收致富，其中，已脱贫户1552户5675人、监测户466户1569人、人均收入一万元以下58户207人。示范、辐射带动东川其他8个乡

镇（街道）的花椒产业发展，带动区内老百姓致富增收。一方面通过招聘脱贫人口种养殖等方式，为农户创造了就业机会，带动农户实现增收；另一方面通过流转周边村民手中的闲置土地，盘活农村闲置土地，农民每亩土地可得到800—1200元租金，增加农户财产性收入。

（四）自然环境优劣并存，金融助力蔬菜、瓜果等高原特色农业发展

云南省气候干热，山地面积大，农业发展条件不好，但同时昼夜温差大、阳光充足、生态环境好。巩固拓展脱贫攻坚成果，接续乡村振兴，当地变劣势为优势，因地制宜发展高原特色果蔬产业。两地金融机构均创新推出支持高山蔬菜、精品水果等绿色食品产业发展的信贷产品，并获得沪滇扶贫协作资金大力支持云南绿色食品产业发展，联农带农，以现代农业产业助推乡村振兴。如云南昊盟农业科技有限公司主要种植菜心、芥蓝、豆苗等高原特色蔬菜，该示范园项目以云南高原特色蔬菜、花卉、瓜果种植产业，联农带农，以现代农业产业助推乡村振兴，着力打造"绿色食品、乡村文旅、低碳养生、休闲度假、亲近自然、融合发展"的现代化智慧农业产业园。整个园区将逐步形成集研发、示范、教学、推广、精深加工、冷链物流、销售一体化的智慧农业循环产业链示范区。

武定县相关负责人介绍，在上海入驻企业的带动下，武定县的产业发展迈上新台阶，仅高山绿色蔬菜种植一项就实现总产值4700多万元，带动了全县6679户建档立卡户均增收1900元以上，实现扶贫产业"产量"和"销量"双提升。云南昊盟农业科技有限公司现可实现经济效益1.2亿元，每年利润为村集体分红4个百分点，辐射带动周边农户36549人。每年缴纳农户5000亩地的土地租金480万元，缴纳村集体经济资产租赁费用200万元；产业工人需求超过400人，完成劳动技能培训200人次，已实现村民就地务工150人，月均发放村民务工工资100万元左右，带动当地农村居民可支配收入达11596元。

而东川区突出地域特点，根据独特的立体气候、干热河谷等特色资源，发挥"昆明唯一河谷热区"优势，大力发展具有"上市早、口感佳、种类多"特色优势的东川农特产品，全区建成100亩以上优质农特产品基地25

个，美国红提葡萄、东川大蒜、冬早马铃薯、三月桃等农产品比全国各地上市时间早1个月左右，实现差异竞争、错位发展。东川区坚持以群众为主体，建立常态长效联农带农机制，发展特色产业，推动强村富民，实现增收渠道多元化。通过大力发展花椒、甜杏、稻米、肉牛、水产、辣椒、大蒜、西瓜、无花果、早春桃等"土特产"，引导群众参与种植、加工、销售、服务等环节，增加收入，促进群众"家门口"就业。

云南省通过科学规划土地利用，合理划分农田、林地、草地等，最大限度地提高了土地利用效率，实现农业可持续发展；农户通过选择适应高原气候条件的作物，并采取相应栽培技术，提升农作物适应能力，实现错峰销售；提供农业技术培训与咨询服务，帮助解决技术问题。

***专栏

金融服务有成效，农户增收有保障

"贵公司发展规模很大，平时资金能否流转得过来？感觉员工很多，本地员工多一些还是外地多一些？"伴随着话音，调研人员随高桥镇镇长一起走进云南昊盟农业科技有限公司的智慧平台工作室。在企业生产基地的巨大监控屏上，呈现出蔬菜种植基地各区域的实时监控画面。监控画面中，一车广东菜心完成装车驶出种植基地。二十几个小时后，这车蔬菜将抵达广东，进入当地大型超市。这些蔬菜都有专属"身份证"，扫描即可查看从种苗到销售的全过程。这张蔬菜"身份证"，不过是武定县农业智能化发展中一个很小的缩影。高桥镇镇长向调研人员介绍道："至2023年上半年，我们争取到沪滇扶贫协作资金5240万元，公司入驻高桥镇以来，每年向银行兑付农户4000亩土地的租金480万元，支付村集体资产租赁费用200万元；产业工人需求超过500人，月均发放村民务工工资100万元左右；可实现年生产生态蔬菜10800吨、实现经济效益13200万元。"完成3个乡村振兴示范乡镇和37个乡村振兴精品示范村选点布局，获得"一村一品"省级认证行政村26个、州级认证5个，采取"党组织+公司+企业+合作社+脱贫户"等模式，全县136个村（社区）集体经济收入达到2225.67万元，平均收入16.37万元，蔬菜产业收入成为农民收入的"半壁江山"。

云南昊盟农业科技有限公司的产业工人高兴地说道:"公司不仅帮我解决了就业的问题,实现了家门口就业,让我们照顾小孩老人更加方便了。还让我们的土地得到了更高水平的利用,为我们的生活增添了另一份收入。"云南昊盟农业科技有限公司就近提供就业岗位,高效带动农业发展,促进农民增收,助力乡村振兴。而通过走访武定其他农户,他们则提到不仅依靠当地的企业,通过金融资本服务也让他们找到了新思路,武定臻骥农业科技开发有限公司员工在学会养殖技术之后,利用银行贷款等政策补贴,自行创业。一个建档立卡贫困户表示道:"我们放弃了原来的烤烟种植,来到公司打工,一年收入可以达到四五万元,将来我也在考虑自己创业,把日子越过越好。"据悉,截至2023年4月末,乡村振兴金牛贷余额2亿元,较年初增长56.91%;支持农业龙头企业贷款余额3380万元,支持家庭农场贷款余额761万元。金融资本服务带动农户走向了"致富"新方向。在新时代的背景之下,在党和政府的支持帮助之下,农村将焕发出崭新的生机,农民的收入也将迎来更为可喜的增长。

三、存在问题及原因

(一)贷款农户、中小微企业对金融服务的需求存在信息不对称,金融覆盖不全面的问题

一是农村基础设施薄弱,信息整合不足。农村经济信息技术与产业融合还处于起步阶段,缺乏整合利用信息的生态,信息散落在各个政府机构,分布在商业平台上的消费数据共享程度弱,缺乏交叉验证机制,无法进行有效整合,数据源相互割裂为"信息孤岛",不足以支撑信息的整合。政务数据多以农业农村统计数据为主,与金融机构授信所需信息不够匹配。金融机构普遍采用信用村、信用镇建设和"整村授信"模式,多基于供给方的角度,通过村组评议打分,对信贷需求主体的判断不够精准。

二是信息分散、庞杂，缺乏标准。"三农"客户群财务不透明、记录不规范或无记录、抵质押品少，没有健全的数据信息，相关主体生产经营获得的收入主要分给家庭和个人，银行很难了解其真实状态。基于金融排斥理论，即金融主体缺乏足够的方式或途径接触到主流金融产品或服务以满足金融需求的现象，部分个人或群体被主流金融机构排斥在金融体系之外。且贷款农户对政府性、帮助性措施了解少，绝大部分群众缺乏金融知识和经验，很难理解各种融资产品的风险和效益，更难评估自身的还款能力。另外，贷款农户信息获取途径相对有限，很难了解各种融资渠道的优缺点，以及对应的利率、期限等细节。而对于现阶段农产品加工小微企业，普遍存在内部管理不规范、财务制度不健全等共性问题，对企业在银行的授用信影响较大。如东川区内中大型企业90%以上都为涉矿企业，基本都是以铜矿采选及铜冶炼为主，许多客户难以达到银行支持类客户条件。且重点企业主营业务不突出，营业收入及净利润较低，影响其在银行的信用等级。

三是农业受自然灾害、气候、经济形势等影响较大，抗风险能力较弱，农民收入不稳定。农业面临着自然风险、市场风险、政策风险，这些特质决定了农民不是金融机构天然追逐的对象。在信贷服务农业主体中，一些有"三农"贷款需求的主体有贷款需求，却没有抵押物或抵押物价值难以衡量。农村土地一直被认为是沉睡的资产。盘活这些沉睡的资产，可以大大提高农村金融的效率。但土地性质为集体所有，特别是种植业、养殖业等设施大多建筑在集体土地上，因此很难落实抵押担保。种、养殖业经营风险较高，一般没有担保公司愿意担保。吉林推出"肉牛活体贷"以破解肉牛养殖主体融资难题。该贷款以活体畜禽的保险价值确定贷款金额，以畜禽生长情况、出栏时间、风险状况等确定贷款期限，集中推进"禽畜活体登记+农户自愿保险+银行跟进授信+政府或第三方监管"的活体抵押贷款业务。

四是金融服务覆盖面仍需不断扩大，需求多样难以满足。农业合作形式种类较多，农业产品的交易方式也层出不穷，传统的金融贷款方式不适应小额度、多类型的贷款，产业发展的模式也被局限，只有突破现有单一的金融贷款方式才能够满足企业的发展，改善农业的产业链。

另外很多农户缺乏金融知识认知，对农业保险的认识不够明确，农业政策的保险也十分欠缺。从农村金融发展视角而言，农业生产本身具有周期性长、风险高及收益低等特征，故而农业生产过程中难以获得社会资本的投入。如禽类生命波动性相较于肉牛等大型养殖动物较大，价值不足以覆盖其保险费用，因此尚未有相关保险公司和产品提供支持，贷款农户需自行承担损失，调研发现有部分群众的收入受到一定的损失。

（二）金融支持农业产业链面临挑战，农业企业辐射带动能力有限

产业是根线，一头连接农民的钱袋子，另一头连接乡村的后续发展。农业产业链建设依托于现有的金融技术支持，如何结合现代化的金融技术来突破农业产业链发展困境，是很多企业家关注的重点。

一是很多农业企业在需要进行融资时无法准确识别自身的业务需求，也无法让银行机构准确了解自身的融资需求，进而无法获得最适合自身发展的金融产品与融资规划，导致银行在处理农业产业链等融资相关需求的工作时难度大幅提升，无法确保所提出的金融产品具有较强的个性化和针对性，阻碍了农业产业链的发展。银行在处理农业产业链金融相关需求的过程中发现，农业产业链普遍存在金融素养水平和金融意识低等问题，阻碍了工作的顺利开展。

二是农业企业财务及盈利情况较难满足授信标准。农业企业农副产品的流转具有时间周期性，季节性资金需求量较大。部分农林牧渔产品零售和批发企业，由于业务量较大、需要资金较多，多通过外部举债的方式解决资金需求，导致企业资产负债率较高。由于国家政策干预和行业的特殊性，这类企业往往盈利能力偏低，判断指标可能与其他企业存在差异，为金融机构授信带来一定难度。近年来，武定县通过培龙头、抓规模、树品牌、强服务等一系列措施，全面壮大了武定壮鸡的产业规模。但武定县仍缺少集选育扩繁、饲料开发、标准化养殖、屠宰加工、冷链运输、市场销售于一体的全产业链企业。云南武定永银农产品开发有限公司企业负责人徐永芬说道："也很想扩大规模，也在银行贷了款，但是资金缺口依然很大。有了资金扩大规模，可以带动更多的农户就业。"由此可见，产业发展对资金需求大，资金缺口始终是难解的题。

三是企业经营信息较难准确把握。在传统分散化的农业模式下，多数农业企业为小微企业或家庭农场。部分小型农产品加工企业经营、财务信息不完全、企业结算多数通过个人账户、难以判断其来往账务的真实性。部分农产品加工企业对上游农户多采用收购模式，仅掌握了农户生产产量等信息，对银行授信提供的参考有限。

（三）特色农产品发展存在"有产品无品牌"现象，金融助力不全面

高原特色农产品具有巨大的发展潜力，农业品牌化成为当下农业产业转型升级阶段，亟须直面的时代课题。建设农产品区域品牌和推进农业品牌化经营是发展现代农业、推进农业供给侧结构性改革、促进三产融合的重要举措之一。

一是初加工产品品牌附加值不够。农产品品牌大多以"地名+产品名"的形式出现，且均是初加工产品，精深加工和深度开发不足，品牌附加值不够，难以获得更好的市场认可度和竞争力，尤其作为贫困区，在市场营销、品牌宣传、拓展等方面存在天然短板。如武定壮鸡的品牌，也仅仅停留在国家地理标志保护产品上，造成了有产品无品牌的局面。

二是存在农村金融结构供给性矛盾。相关农业企业虽然获得了一定的财政支持和金融优惠政策，但仍存在一定的金融门槛。农业生产期限长，且资金需求受季节性影响，农业加工业与其他工业相比还需要原材料的大量原始投入，因此整个农业资金需求呈现"短、急、频"的特征，而银行多以一年期以内的短期信贷为主，申请难、周期长，难以满足现代农业长期资金需求。另外，政策性金融机构贷款对申请人的法人限制、贷款范围等门槛太高，政策和手续复杂，计划死板，缺乏过程贷款。农村资金互助注册门槛过高，营业场所很难满足要求。中小企业由于财务管理不规范、承担能力有限，小微融资担保渠道窄，企业不敢贷、不想贷，将更多的资金放在生产前端，忽略了品质提升、品牌建设等关键环节，很难在产品附加值上有所突破。

三是缺乏金融科技的支持，金融科技使用地区发展不平衡。云南作为特色农业大省，拥有较多的农业品种，各个地区经济发展水平不一，金融科技的覆盖度、使用深度和数字化程度都有所差异，农业集群化生产的覆盖度和数字化程度均较高。而对于小农户，金融科技的普及极其有限，使用人数较

少，数字化程度更低甚至没有。这样就会导致农业的倾斜化发展，一些有一定规模的企业经营得越来越好，而小户经营则越发困难。不利于整个云南省的农业产业全面发展，对于区域品牌建设将是一个较大的阻碍，无法在整个区域内形成品牌效应。

（四）农村信用体系建设仍需不断完善，金融活水注入"三农"中存在阻碍

助力乡村振兴，信用建设是桥梁。打通农村金融服务"最后一公里"，需要打造良好的农村信用环境。2022年，中国人民银行武定县支行持续加强与县发改部门的协调，按照依法合规、保护权益、审慎适度的原则规范推进社会信用体系建设。截至2022年10月末，全县建立信用乡镇11个，评定信用村81个，授信58925户，占建档信用户的89.57%。农村信用体系建设仍需进一步完善，在一定程度上也体现了农村金融覆盖不全的短板。

一是农村信用信息采集长效机制尚未建立。从调查来看，农户的信息采集更多的是依靠各涉农金融机构农村网点，由客户经理上门采集农户信息，通过信贷部门审核，并且信息更新速度取决于业务更新速度。但是由于金融机构之间存在竞争关系，导致采集的农户信息资源分散、重复采集、数量多，采集难度大。此外，金融机构在发放贷款时，由于风险偏好和贷款成本控制，许多优惠政策很难落实到位，即便是对于"信用户"，也有可能存在贷款利息高、需要抵押物、授信额度低等情况。

二是金融科技在服务农村信用体系建设方面与农村社会经济发展需求还有较大差距。大部分农村地区普遍存在互联网技术和工具缺乏导致的工具排斥问题。4G网络还未做到全覆盖，5G信号的覆盖面有待进一步扩大，同时智能手机普及率相对较低，农民网络接触率偏低，农民数字化水平有限。且不同地区、不同平台信用体系相互封闭，信息相互独立，造成信用体系建设重要部分的信息缺失，同时，共享数据缺乏统一的标准和管理，造成核心数据缺失、数据质量不高、数据开发利用不足等问题，技术层面也不利于跨行业、跨地域数据融合共享。大数据信用信息的可靠性更依赖大数定律和大规模人口分布规律，农村地区普遍缺少互联网大数据积累，能够进入大数据获取渠道的农户群体是有限的。因此，金融科技将相当一部分农村信息主体排除在外。

三是农村信用体系建设的协同联动有待加强。调研中发现，实际工作中，不同单位对相关工作目标不同，难以有效达成"政策共振"。同时，各金融机构间缺乏统筹，难免重复采集信息、造成资源浪费。特别是脱贫攻坚任务完成后，"三农"工作重心发生变化，金融等政府行业部门的组织架构和工作职责发生变动，金融建档评级的工作合力有所降低。地方政府也缺乏对新形势下农户信息采集、加工、管理、更新、使用、披露等环节的操作规范，政银联动亟待加强。此外，政府融资担保体系也有待进一步完善，参与到农村信用体系建设中的担保机构数量少、规模小、担保数额小、期限短，作用有待进一步发挥。

四、政策建议

（一）建立统一的信息管理系统，丰富金融服务，普惠农户

一是为农村基础设施建设提供贷款，改善农村基础设施，推动农村信息化建设，金融机构与相关部门合作，支持农村信息化建设，提供资金和技术支持。通过建设农村信息化平台，整合农村各类信息资源，针对产业链不同环节、不同领域、社会管理不同模式等方面，根据各地特色形成差异化管理，提升信息获取及传递效率。

二是政府建立统一的信息管理系统，建立自上而下各级信息管理层级架构。将相关信息集中存储和管理。该系统包括供应链信息、销售信息、财务信息等资料数据，通过统一平台，实现信息的集中管理和共享，提高信息的可靠性和准确性。此外，应充分交流工作流程，与客户保持密切关系，及时掌握客户偏好及需求变动。不断加强与金融机构的合作，共享信息资源和风险评估能力，获得更准确的还款能力评估和融资支持，降低经营风险。金融机构提供专业的信息管理和分析支持，降低融资产品风险，提升效益。福建采取新型农业经营主体管理及信用分级评价试点，创建"家庭农场、合作社、

企业+合作社"三类信用评价模型、建立分层评级审核流程、增强涉农金融服务能力、推动政府管理数字化升级等四大亮点，创新建立了全流程、线上化的"信用分级评价+授信"业务模式。

三是建立"内置金融模式"，在村社组织内部的信贷合作，由政府引导并资助种子资金、村"两委"主导、村民自愿入股，以合作社的形式为社员提供生产、供销、信用"三位一体"的综合服务。建立后，农民的承包地、林地等产权，以存款方式存入内置银行，随时都可以抵押贷款或直接变现。内置金融模式可把农民再组织起来、把三资（农村集体经济中的资金、资产、资源）再集约经营起来，让农户的承包地、房宅等都能"活化"利用，推动村社逐步转变为"四权统一"的村民共同体，增强村社组织自主性。通过村社内置金融模式一举两得——金融有效和组织有效同步实现，进而推动产权、信用、服务等环节实现有效，以改革创新激活了乡村发展内生动力，盘活乡村"沉默"资源资产，增加农民收入及可支配现金流从而推动乡村振兴。

四是解决当前金融覆盖面较小，需求多样性难以满足等问题。在设施建设上，需拓展金融机构的地理覆盖范围，增加分支机构或移动服务点，特别是在农村地区和偏远地带设立更多的服务点，以便农户更为方便地获取金融服务。并持续加强监管以保护消费者权益，确保金融服务的合规性和安全性；建立健全的投诉处理机制，以提高金融服务的质量和可靠性。在推广服务上，为企业及农户提供更多金融教育和培训，提高公众对金融知识的了解和认识，提升金融决策的能力，更好地满足个人和家庭的金融需求。并利用互联网和移动技术，推广数字金融服务，如网上银行、移动支付和电子钱包等，使得金融服务更加便捷、高效，覆盖更广泛的人群。

此外，支持金融科技创新，推动金融服务的创新和改进。例如，支持金融科技企业开发新的金融产品和服务，提供更多选择和便利，以满足不同人群的需求。根据农户的需求，开发和推出适合农户的金融产品，如产业贷款、农业保险、农产品销售融资等，以满足不同人群的资金需求及风险需求。

（二）创新产业链金融服务模式，发挥金融对农业产业链供应链发展的促进作用

一是要创新产业链金融服务模式，农产品具有生产周期等季节性特点。银行等金融机构通过充分利用产业链中的存货，可以通过预收账款、预付账款、应收账款或产权作为担保，从而盘活产业链中的资金流。不断加大对产业链上下游企业的信贷支持力度，开发出符合农产品周期的金融产品，满足农户及大中小型企业贷款需求。助力农业产业链供应链构建，发展农业产业链金融。这既有助于农业产业链供应链上下游中小企业依托核心企业的信用及资产获取金融支持，又能吸引保险、基金等投资机构和社会资本进入乡村产业，拓宽融资渠道。利用互联网技术将零散孤立的个体、商户连成一个整体，为链条上的参与主体提供融资服务，帮助生产端、销售端与消费端无缝对接，推动产、供、销一体化，进而促进农业产业链供应链发展壮大，实现价值增值。

二是提供综合化的金融服务。银行金融机构围绕农业产业链上下游，积极探索为龙头企业及家庭农场提供财富管理、保理等金融业务；在基础设施条件相对成熟的农村地区推广适应当地特点的网上银行、掌上银行、电话银行等产品，让农户享受更便捷、更全面的个人金融服务。建行河北省分行和省农业农村厅联合开发"裕农通"，农户利用此平台节省人工运费、出售农产品、扩大经营规模，实现农户增收。在"浙农险直通车"App上进行手机操作，短短几分钟的时间，便可让往常需要至少一个月走完的整套流程得以解决。同时探索信用风险缓释工具，加强与政府机构、担保公司等的合作。引导信贷机构投向农业领域，提高涉农领域风险共担及补偿水平。金融机构应进一步完善涉农融资担保体系和风险补偿机制，探索推进"银行+担保+保险+财政"的信贷风险共担模式，加强风险管理。此外，金融机构需要构建"市场内商户+银行+市场运营管理方"三者相结合并面向农业市场的金融服务架构体系，在此体系中，金融机构的关注点集中在农业产业链主体金融需求方面，让微观层面的市场经营能够有效推动农业产业链稳步发展，从多维度建立相关金融服务体系，促进农业产业链金融发展。

三是寻找农业产业链相关风险管控措施。风险波动性是农业产业链天生存在的缺点，对农业产业链所表现出的这一风险劣势，金融机构在向农业产业链主体提供金融服务前，应充分了解可能出现的各类风险，采取针对性的应对措施，例如按照不同农产品种植对应的自然风险和气候风险，合理设计与之对应的农业保险产品，促进农业产业链和农业保险之间的对接，把各类风险对农业生产的影响程度控制到最低，确保农业产业链能够保持在稳定的状态下。

此外，机构还要结合农业产业链主体当前的经营情况，主动向产业链上下游主体提供必要的风险咨询和金融咨询支持服务，从整体上提升农业产业链各主体对相关风险的管控能力，从而达到促进农业产业链金融发展的目的。

（三）金融支持高原特色农产品品牌建设，加强营销推广，提升产品附加值与市场竞争力

一是在资金层面，政府部门积极出台相关政策、为区域特色或优势农产品提供更多的扶持措施，通过设立区域品牌贷款风险补偿、农村创业奖励、科技技术推广基金或补贴等进行政策引导。通过设立专项品牌培育基金、为其提供资金支持，帮助企业进行品牌建设与推广；金融机构如银行等则针对其产业特点，开发相应金融产品及服务，帮助企业解决资金瓶颈，鼓励支持有潜力及发展前景的企业，并提供资金投资于品牌建设中。为农产品精深加工企业提供低息贷款，降低企业融资成本，鼓励企业技术改造和设备更新。建立风险补偿机制，由于农产品精深加工涉及技术创新和市场风险，政府应设立风险补偿机制，为企业承担一定技术研发风险，减轻企业财务压力。中国台湾设立中小企业信用保证基金，此项资金用于对有发展潜力但担保欠缺的中小企业提供信用保证，并分担金融机构的融资风险。由于区域品牌下的"龙头企业+农业基地或农业合作社+农户"形式，既有龙头企业或合作社、基地对资金的需求，也有单个农户的小额信贷需求，促进前者的比重不断上升。强化政府的统筹安排，保证支农资金到位。

二是强化市场推广，政府通过组织展览会、推销会等推销活动，以云南

独特的地理位置和多元文化为基础，展现云南丰富的自然景观、独特民俗风情及丰富的旅游资源。并展示云南丰富的农产品、手工艺品和特色美食，品味云南独特风味。吸引国内外卖家及投资者；并利用媒体、网络等推广渠道，对公众传递品牌形象价值，积极扩大产品销售渠道和市场份额，增加企业收入和利润。政府协助企业打造独特的品牌形象，展示地方特色与故事，资助农产品包装。并鼓励农产品旅游业发展，将农产品与旅游业相结合，在让消费者了解到更多农产品地方特色故事的同时，也为农户提供增加收入的途径。

三是加强企业间的协作，促进上下游企业之间的协作，在降低生产成本，提高产品质量的同时，也要注重提高产业竞争力及附加值，并鼓励企业进行技术创新和产品升级，降低生产成本和企业融资难度。四是在建立品牌的同时，要注重建立健全知识产权保护机制，政府通过建立健全法律法规及执法机构，有效防止侵权行为发生；加强宣传及培训，提高企业及个人知识产权的重视及保护意识。同时完善农村金融体系和风险保障机制，充分发展各农村金融机构，强化其支农力度和范围。采取政府财政出资成立担保公司或建立风险补偿基金、政府保险公司承保等多种方式，构建金融服务"走出去"的风险分担机制。建立风险分散机制和扩大政策性保险覆盖，加大信息采集，建立农村信用体系，建立区域品牌征信体系和金融信息交流机制，加强在培育征信市场发展、信用评级体系、违约企业披露、保护合法权益等方面的沟通合作。完善抵押担保方式，增加农业保险品种、完善专项风险补偿机制，增加对区域内的特色和优势农产品进行保险和保费补贴，促进小额保险与农业再保险体系结合。

（四）完善农村信用体系建设，建立信息采集长效机制、协同机制

一是建立农村信用信息采集的长效机制，建立统一的信用信息采集平台，整合部门及机构信息，以实现信息共享互通。认真做好用户信用评定工作，促进信用村镇的建设，将其作为贷款管理的第一道关口，为建立农村信用体系打下良好的基础。把用户信用评价、信用村镇建设等内容纳入政府的工作目标和政绩考核。由村委会、代表村民及银行信用社信贷人员组成农户信用评定小组，充分发挥村委会和村民代表对农户家庭情况的地缘、人缘的优势，

对企业及大农户的生产经营状况、资产状况、信誉状况及经营能力展开全面调查，并展开信用等级评定。根据情况变化，实时更新系统数据。通过采用信用信息采集奖惩机制，对于主动提供信息、参与信用评级等信用良好的大农户及企业给予如享受优惠政策、获取信用贷款等奖励政策；对信用不良的企业采取惩罚措施，如提高贷款利率等，从而激励当地农户及企业树立良好的信用意识及行为，形成良性循环。对小农户而言，则先提高其经营管理水平与信用意识，为小农户提供信用担保服务，降低其融资难度，创新小额信贷、农业保险等金融机构信贷产品，满足融资需求。有关部门加强对优惠政策的落实监督，确保政策落地生根，并定期开展政策执行情况评估考核，对未能有效落实的进行问责，推动政策全面实施。

二是政府加大对农村网络基础设施建设投入，提高农户网络接触率；提供智能手机购买补贴优惠政策，降低智能手机购买成本；组织培训班，提升农户数字化技能水平；建立农民数字化服务中心，提供智能手机维修、数字化培训、信息查询等服务，方便农户获取相关支持及帮助；促进金融科技与传统金融机构合作，传统金融机构借助金融科技企业技术及创新能力，提供更为灵活个性化的金融服务，满足农村居民的需求。建立数据质量监管机构，对数据进行监督检查，确保数据的准确性、完整性和一致性；推动数据标准化工作，制定统一数据格式，降低数据融合共享的成本难度；加强数据隐私保护，建立健全数据隐私保护法律和制度，明确数据使用共享权限，保护个人数据隐私安全。以解决当前核心数据缺失、数据质量不高的问题。

三是建立协同机制和跨部门的工作机制，定期召开联席会议，共同研究解决问题，制定统一的政策标准，通过信息共享、资源整合、协同行动，避免重复工作及资源浪费。加强统筹规划与管理，明确各方责任任务，落实到主体。对于我国现行融资担保制度中数量少、规模小、金额小、期限短等问题，立足云南农村实际情况，有计划、有步骤地设立政策性担保机构，对农业产业化龙头企业给予支持，促进农户之间互相建立互助担保体系。

总之，建立县域层面的协同机制与跨部门工作机制需要注意沟通与协调、目标一致、权责明确、信息共享、绩效评估、风险管理等方面的问题。对福建省霞浦县石湖农业进行参考，探析农村社区互助合作担保机构运行机制，在一系列正式制度、非正式制度、社区规范有效实施基础上高效运行。有利于强化利益联系，促进农村金融市场的健康、有序发展。

乡村交通安全保障举措及风险防范机制研究调研报告

吴先宇　刘嘉欣　李佳伟[①]

一、概述

本节为报告的总体概述，主要介绍了调研背景，阐述了研究意义，并给出本次调研主要运用的研究方法。

（一）背景介绍

《中共中央 国务院关于做好2023年全面推进乡村振兴重点工作的意见》强调，要持续加强乡村基础设施建设，深入开展乡村道路交通重点领域风险隐患治理攻坚。脱贫攻坚战的胜利，大力促进了乡村道路交通快速发展，提高了群众生活品质，提升了百姓幸福指数。乡村道路是道路网络的重要组成部分，乡村道路交通安全直接关系到人民群众的生命财产安全。但随着农村人均机动车保有量的增长和道路规模的扩大，乡村道路交通事故率呈上升趋势，交通安全形势不容乐观，农村道路交通安全问题亟待关注。一方面，乡村道路状况复杂，基础设施配套滞后于交通出行需求，缺乏交通安全设施，需要建立完善的交通安全管理体系；另一方面，农村道路交通参与者的安全意识仍旧淡薄，容易出现交通违法的情况，缺少对交通安全管理的认同感，

[①] 作者：吴先宇，北京交通大学交通运输学院交通工程系副教授，博士生导师；刘嘉欣，北京交通大学交通运输学院硕士研究生；李佳伟，北京交通大学交通运输学院硕士研究生。课题组组长：吴先宇。课题调研团队成员：刘嘉欣、李佳伟。

需要加强相关宣传教育。

近年来，智慧交通基础设施建设在国内城市中取得显著成果，能够有效缓解城市交通的诸多突出问题，但乡村道路交通的智慧化工作方兴未艾。因此，将先进的智慧交通理论与技术应用于乡村道路交通安全治理工作，分析并排查乡村道路交通风险隐患，针对性地提出专项治理方案及对策，是势在必行的。本次调研所开展的乡村交通安全保障举措及风险防范机制研究，将以山西临县、汾阳作为主要调研对象，对当地交通治理情况展开广泛而详细的调查研究，制定合理的乡村交通安全保障举措及风险防范机制，能够改善乡村道路的基础设施建设现状并提高其智慧化程度，降低乡村道路交通事故率，切实保障人民生命财产安全，对推进乡村公路安全生命防护工程建设，建立系统性、整体化的乡村交通安全管理体系，推动群众交通安全习惯养成，具有重要的现实意义。同时，对助力乡村振兴，防止因交通事故致贫返贫，完善相关的道路交通安全管理理论，具有一定的指导意义。

（二）研究意义

1. 理论意义

乡村交通安全保障举措及风险防范机制的研究，为建立健全我国农村地区交通安全管理体系奠定坚实的理论基础，有助于提升公安机关交管部门行政执法水平和为民服务能力。同时能够科学整合政府部门、人民群众等各类治理资源，鼓励公民培养交通安全的意识，参与到农村道路交通安全建设当中，更好地实现广大人民群众的公共利益，在公安机关和人民群众之间建立良性互动的警民关系，为日后更加深层次的农村地区道路交通安全精细化管理探索提供理论支撑。有利于丰富治理理论、完善公共安全管理体制改革，进一步丰富中国特色交通安全管理和社会治理模式的理论体系。

2. 实践意义

我国乡村道路交通安全面临共性问题，山西临县、汾阳两地交通事故的典型案例及治理情况能够映射出我国目前乡村交通治理工作面临的困境，因此通过以山西临县、汾阳为典型案例进行乡村交通安全保障举措及风险防范机制的研究，能够为我国农村地区交通安全管理工作提供决策的基础案例与经验，对于我国存在共性的农村地区交通安全管理具有普适性借鉴和推广意义，从而能够进一步提高农村地区人民群众出行安全指数，对我国农村地区整体实现脱贫攻坚及乡村振兴目标具有重大的时代意义。

（三）研究方法

本报告分别采用了文献研究法和实地调研法，全面调查山西临县两起重大交通事故相关情况及临县、汾阳两地的交通治理工作。本报告首先通过文献研究法，提前通过查阅资料了解我国乡村交通安全形势，并获知两起重大事故的基本情况，获取山西临县、汾阳交通安全管理的大量二手数据及资料；随后据设计访谈提纲，赴山西临县、汾阳开展实地座谈和现场调研，进行更为准确全面的调查，分析两地在农村道路交通安全管理工作中取得的成效和存在的困境。

1. 文献研究法

文献研究法一方面主要通过翻阅交通安全管理方面的书籍，使用互联网、电子资源数据库、网络资料等，系统地整理了农村道路交通安全管理的相关资料，选取典型农村道路交通事故案例进行分析，对目前我国乡村交通安全面临的形势进行深入剖析。另一方面，本研究搜集了大量山西临县两起重大交通事故相关的信息及数据，并提前调查了目前临县、汾阳两地采取的农村道路交通管理措施、交管数据、交通安全管理政策和交通违法整治实施方案、交通安全管理方面出台的相关政策文件等相关材料。这些资料具有容易获得、时间成本低的优点，但是也具有相关性差、时效性差和可靠性低的不足。

2. 实地调研法

实地调研法中首先采取了访谈调查，又叫研究性交谈，是一种以口头询问和交流的方式，做好记录，并从回答记录中搜集到与研究问题相关的客观资料数据，以便于准确了解被询问者代表的一类群体的意见。基于本研究的特点，调研组分别与临县交警大队、交通局、公路段、乡村振兴局等多个部门进行了座谈访谈。通过面对面访谈调查，了解了两地相关治理工作的具体措施和成效。同时，采取实际场景调研的方法，深入乡村道路交通安全管理工作现场，并与交管一线人员和普通农村群众交流，了解交管民辅警对乡村道路交通安全治理工作的管理情况、当地群众对乡村道路交通安全管理的相关看法和参与程度。实地调研科学整合了政府部门、一线管理人员、人民群众等各类治理资源，明晰党委政府、公安机关、一线人员、普通群众在农村交通安全管理中所具有的权责界限，从而分析当前乡村道路交通安全的治理缺陷与现实困境，为后续的安全保障措施和风险防范机制的制定做好铺垫。

二、乡村交通安全基本现状与形势分析

随着农村人均机动车保有量的增长和道路规模的扩大，农村道路交通事故率呈上升趋势，农村道路交通安全形势不容乐观。本报告通过广泛收集国内乡村交通安全事故资料，分析乡村交通安全基本现状。对近年来乡村交通事故特点进行整体分析，为下一步的实地调研和治理措施的探寻提供理论与数据支撑。

（一）乡村交通安全基本现状

近年来，各部门推动农村交通安全协同共治，取得良好成效。但农村交通安全事故仍然常有发生，除超限超载、"两违"、疲劳驾驶等直接原因外，根本原因在于农村交通安全仍处在爬坡过坎期，道路基础条件较差、车辆安全性能较差、群众交通安全意识较差、管理力量薄弱问题仍为短板。特别是随着乡村振兴全面推进，县域城镇化、农业现代化进程加快，乡村出行需求多样化、出行特征复杂化更加突出，乡村道路交通安全形势依然严峻，亟须政府部门制定整改措施，将乡村交通安全落实到实处，防止因交通事故致贫返贫。

1. 乡村交通参与者安全意识、规则意识尚处于启蒙阶段（人）

一是交通安全和规则意识淡薄。乡村地区机动化的快速发展从根本上改变了居民传统的交通环境，老百姓延续多年的出行习惯、交通行为也出现了诸多改变。由于交通安全知识欠缺、宣传教育覆盖程度不高，广大农民群众对交通法律法规不了解，普遍缺乏较基本的规则意识，在视距、让行、惯性、盲区等方面缺少基本理解，无法做到"知危险、会避险"。

二是乡村地区传统习俗较多。乡村地区因受乡土人情与风土文化等因素

影响，集体活动较多，一方面为交通安全法规的宣传提供了便利，另一方面也容易出现不遵守交通法规的情况，如摩托车、拖拉机违规载人、客车超载等现象较为普遍，一些农民群众也没有充分理解交通执法、交通管理工作对交通安全的重要意义。

2. 乡村车辆种类繁多，安全技术性能无法保障（车）

乡村机动车辆种类繁多，质量性能千差万别，安全技术状况不容乐观：一是技术安全指数较低的摩托车，由于其具有灵活、快捷、方便、价格低廉的特点，作为代步工具已十分普及；二是农民为追求利益最大化，常私自对车辆进行拆卸改装，造成车辆安全系数下降；三是城市淘汰下来的许多接近报废甚至已超过报废年限的机动车大量流入乡村，形成安全隐患；四是大量未能上牌、上证和检验、审验的农用机动车（重点为电动三轮车）在乡村道路上行驶，其技术安全情况处于失控状态。

3. 乡村道路通行条件差，与标准存在一定差距（路）

虽然乡村公路里程得到了飞速增长，但历史建设的乡村道路普遍较窄。近年来，交通运输部、住建部分别出台了《小交通量乡村公路工程技术标准》（JTG 2111—2019）《乡村道路工程技术规范》（GB/T 51224—2017）等技术标准，但是与标准相比，已建道路普遍路基较窄，路面材质差，乡村"组组通"公路的行车道宽度多为 3.5 米，缺乏路肩硬化，未按技术规范修建错行车道，无法并行两辆车，常有错车困难，造成侧翻、滚翻、坠车事故多发，限制了乡村公路交通安全管理工作的开展。

4. 缺乏整体化的应对方案与安全管理体系（管理）

由于乡村道路点多、面广、分布散，道路交通安全主体责任不清晰，乡村交通安全组织体系不健全，交通安全综合治理体系处于探索阶段，亟须加强乡村交通安全整体规划、完善顶层设计，应对乡村高速发展可能带来的风险隐患。此外，国内针对乡村道路交通管理的法律法规尚不健全，《中华人民共和国道路交通安全法》于 2004 年 5 月 1 日便已通过施行，但其侧重点依然在城市交通，对乡村道路交通管理工作言之不够，导致乡村道路交通管理法律方面的空缺。如摩托车、改装车、农用车、电动车等，在安全技术标准、行驶规则、违法处罚等方面没有明确的界定,且部分条款缺乏可操作性,管理部门难以具体实施。

5. 乡村道路缺乏交通安全设施,路面环境复杂(环境)

乡村公路连续坡道、弯道较为普遍,常有视距不足、防护不到位等问题,路口和弯道视线受绿植遮挡严重等现象也较为突出,道路的通行指引设施不完善,甚至缺少基本的标志标线、路侧防护栏,路口缺乏警示桩、减速垄,道路路权不明确、交通信息不完整,导致交通参与者误判错判。乡村道路交通环境复杂、秩序杂乱,道路交通管理难点突出。如公路开口随意,乡村占道堆粮、堆建材,乡村面包车超员超载、人货混装、货车违法载人、摩托车无牌、无证、无头盔,酒后驾驶等交通违法行为依然较多。

(二)乡村交通安全形势分析

近年来,随着城镇化率不断提高,乡村人口基数逐年降低,但乡村机动车保有量、交通事故量却出现明显增长,交通事故率、事故致死率等各项指标均高于城市道路,交通安全形势不容乐观。下面对2015年来乡村交通事故的特点进行整体分析。

1. 乡村公路里程持续增长,交通事故率显著升高

2020年底,我国乡村公路总里程较2015年末增长10.09%,而乡村每百公里交通事故率和每万人交通事故率均呈上升态势,每百公里交通事故率由2015年的1.12起增长至2020年的1.47起,增长了31%,相当于乡村公路每增加300公里就多发生1起交通事故;每万人交通事故率也逐年升高,由2015年不断增加至2020年,增幅达70.73%。乡村每百公里事故率与每万人事故率变化情况见图1。

2. 乡村公路事故占全国事故的比重缓慢升高

乡村公路交通事故起数的增长速度大于全国交通事故起数的增速,乡村事故占比从2015年末的平均23.58%增至2020年末的25.48%。同时,乡村地区交通事故的致死率明显高于城市道路,近10年平均每10起交通事故中,乡村道路的死亡人数比城市道路多1人。自2017年来,乡村道路事故的致死率已较峰值数有所下降,但与城市下降趋势相比,乡村交通安全形势依然十

分严峻。乡村公路与城市道路平均每起事故死亡人数/致死率变化情况见图2。

图1 乡村每百公里事故率与每万人事故率变化情况

（数据来源：公安部交通管理局）

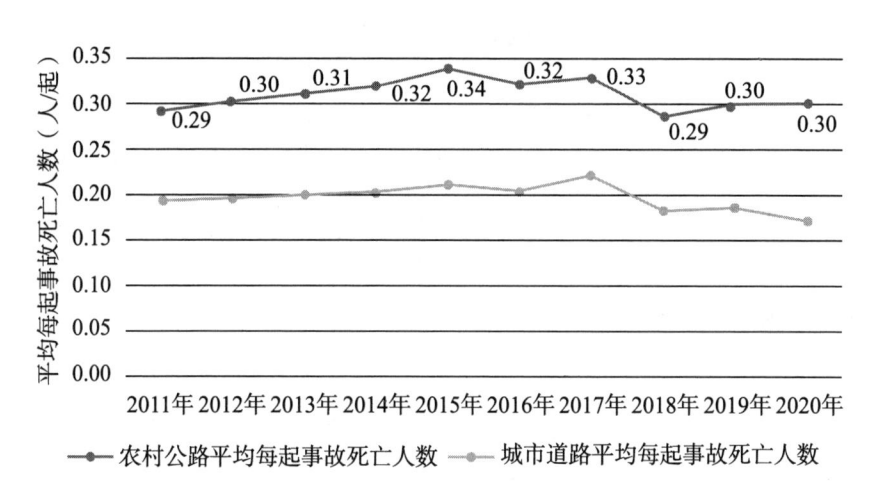

图2 乡村公路与城市道路平均每起事故死亡人数/致死率

（数据来源：公安部交通管理局）

3. 省份人均GDP与事故下降率密切相关

乡村公路每百公里事故量较2015年末上升的省区有16个、下降的省区为15个，人均GDP较高的省份整体下降，人均GDP较低的省份明显上升。每百公里事故量呈现下降趋势的省区中，超过85%的省区人均GDP高于55000元；而人均GDP小于55000元的省份中，85%的省份每百公里的事故量呈上升趋势。各省人均GDP与乡村公路每百公里事故量变化情况见图3。

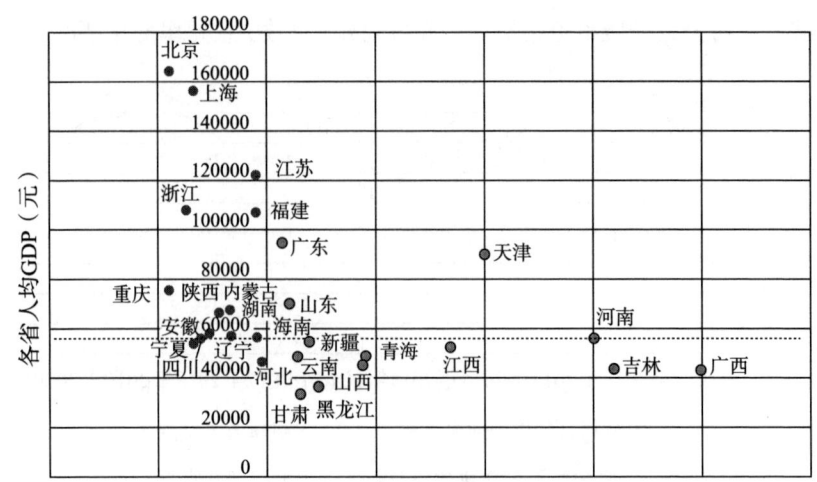

图3 各省人均GDP与乡村公路每百公里事故量变化情况

（数据来源：公安部交通管理局、国家统计局）

4. 乡村公路单车事故上升趋势明显

2011年以来，乡村公路单车事故占比上升明显，由2011年的6.62%升至2020年的10.59%，占比高于城市道路和国省道。其中，侧翻、滚翻、坠车事故形态较为突出，分别占单车事故的33.22%、8.38%、8.24%。乡村公路、国省道与城市道路单车事故占比变化情况见图4。

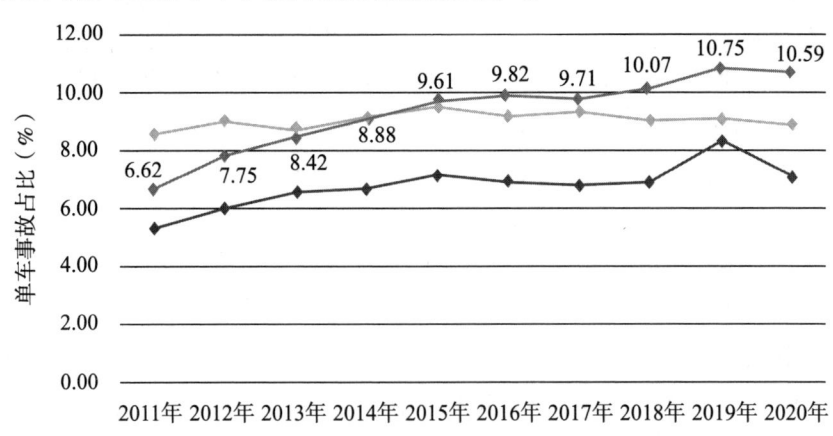

图4 乡村公路、国省道与城市道路单车事故占比变化情况

（数据来源：公安部交通管理局）

5. 货车超载、违法装载、超速、疲劳驾驶等交通违法致死率高

不同违法类型导致事故严重程度有较大差别，货车超载、违法装载、超速行驶、疲劳驾驶等四类违法行为导致事故的致死率最高，分别为 0.71、0.61、0.58 和 0.55（如图 5 红色区域），是乡村道路交通事故"控大"的重点。而其他影响安全行为、未按规定让行、无证驾驶三类违法行为导致的事故虽然整体平均致死率不高（如图绿色区域），但是事故占比大，分别为 23.81%、12.98%、9.88%，是乡村道路交通事故"减量"的重点。

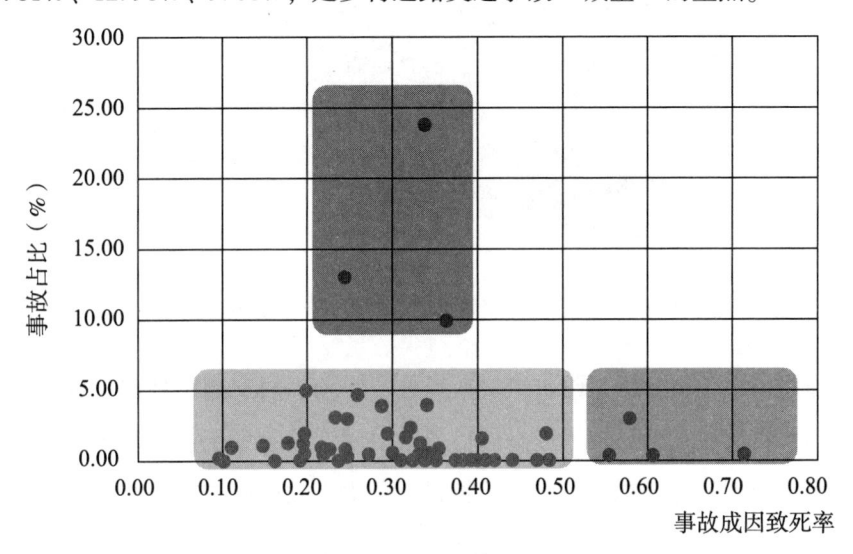

图 5　不同事故成因的致死率与事故起数占比

（数据来源：公安部交通管理局）

6. 山区道路交通事故严重程度高

在过去十几年中，得益于国家公路网改善战略的实施，我国山区公路里程迅速增加，山区公路交通路网基础设施得到了极大的发展。我国山区公路交通事故多发，在公安部认定的事故多发路段中，大多为高桥隧比、急弯、长大纵坡等山区路段。地形约束下的不良道路线形以及随海拔高度不断变化的复杂天气状况等，是山区公路比非山区公路交通事故多发且严重程度偏高的主要原因。事故多发路段的路侧照明设施严重缺乏，且易受恶劣的气象条件影响。雾天、团雾、路面结冰等恶劣气象条件在山区公路中普遍存在。同

时，由于山区公路复杂的道路环境对车辆性能、司机驾驶技能和注意力的要求较高，车辆运行的安全风险更大。山区公路交通事故的严重程度较高，单车事故中驾驶员受伤的严重程度尤为突出。导致人员死亡的交通事故车型中，由于自身车重和载货量高导致的大型货车占的比例是最高的。（如图6）

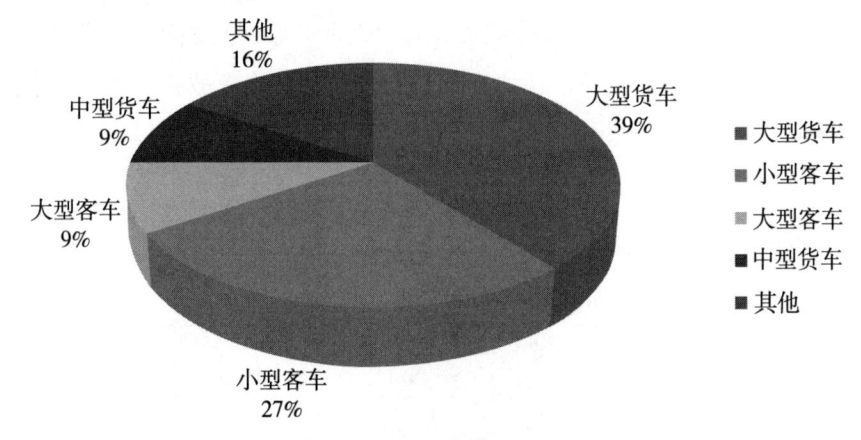

图6 与山区道路交通死亡事故相关的车型分布图

通过以上调研分析，调研组快速抓住了目前乡村交通治理现状的痛点所在，为乡村交通安全提供了宝贵的借鉴和启示。这有助于接下来为实地调研提供良好的理论与数据支撑，制定更科学、更有效的乡村道路交通安全管理策略，进一步推动乡村交通治理工作的发展。

三、乡村交通安全典型案例与事故现场调研总结

通过上述乡村交通安全形势分析可以得出：目前乡村道路状况复杂，基础设施配套滞后于交通出行需求，缺乏交通安全设施，需要建立完善的交通安全管理体系；另外，乡村道路交通参与者的安全意识仍旧淡薄，容易出现交通违法的情况，缺少对交通安全管理的认同感，需要加强相关宣传教育。

因此，本次调研从交通安全管理的角度出发，围绕乡村交通风险防范举措、安全意识教育、设施保障等基层交通安全基础性工作开展调研工作。首先收集国内其他省市县乡村交通治理资料与国内乡村交通事故典型案例，深挖事故发生原因及应对措施，为实地调研的事故原因分析指引方向；其次总

结临县与汾阳两县交通治理现状，对其现存问题展开分析，并对当地采取的道路交通安全治理措施进行治理经验与成效分析，以期为乡村振兴全面推进过程中关于乡村道路交通安全治理工作提供参考。

（一）国内乡村交通事故案例专栏

通过分析黑龙江七台河市与山西省吕梁市两例乡村交通事故，找出事故原因，分析应对措施，找出目前乡村道路交通安全治理方面不足之处，从而指导现场调研具体进程以及调研问题的具体分析，并提出合理有效的治理措施，提高调研的成效。

＊＊＊专栏1

黑龙江七台河市事故案例

2021年9月4日，黑龙江省七台河市发生一起重型半挂牵引车与拉载务工农民拖拉机追尾相撞的重大事故，造成15人死亡、1人受伤。事故发生后，国务院领导同志高度重视，时任国务院安委会副主任、应急管理部部长黄明立即调度现场情况，并派出工作组会同相关部门赶赴事故现场，指导地方做好事故处置和事故调查工作，要求全力做好应急处置工作，减少人员伤亡，进一步加强交通安全管理，坚决遏制再次发生重大伤亡事故。

据调查，事故暴露出货车超速、超载、非法载人、拖拉机司机无证驾驶、非法载人等农村地区道路交通安全突出问题。9月20日上午，国务院安委会副主任、应急管理部部长黄明主持召开视频调度会议，深入学习传达贯彻中央领导同志指示批示精神，深刻汲取近期事故教训，细化部署交通运输和其他重点行业领域安全防范工作。办公室、应急管理部要求各地区、各有关部门要切实加强农村群众出行安全保障。

一是专题研究部署农村交通现状和存在的突出问题，进一步优化农村客运服务供给。通过在农村秋收农忙、返乡返岗、赶集探亲等重点时段加密农村客运班线频次、开展预约服务等方式，着力保障农村地区重点时段群众出行需求。二是持续加大路面执法管控力度。聚焦国省道过村镇路段、农村道路等重点路段，"一早一晚"、农忙赶集等重点时段以及货车、农用车、客运车辆、面包车、皮卡车等重点车辆，全面排查整治"违法占道""马路市场"安全隐患，严格查处违法载人、疲劳驾驶、超速行驶、超限超载、无牌无证等各类违法行为。三是针对节假日群众"补偿性"出行出游明显增多，公路客运、旅游客运、拼车包车需求加大，各类违法行为易发高发的情况，加大对农村地区客运场站、旅游景点周边道路的执法检查力度。同时加强交通安全宣传教育，积极引导农村群众增强安全出行意识，自觉选择合法合规的交通工具出行，拒绝乘坐非法营运车辆、货车、农用车等交通工具出行。

***专栏2

山西省吕梁市事故案例

2021年7月17日16时许，吕梁市方山县007乡道320m处（马坊镇君子沟路段）发生一起轻型普通货车与小型普通客车发生碰撞，导致车辆严重受损，3人受伤的交通事故，请求民警出警处治。民警随即赶赴事故现场。到达现场后发现，两辆事故车辆停在不同的车道上，小型普通客车受损严重，车身左侧已经"面目全非"，轻型普通货车轻微受损。民警立即对现场车辆和道路实行临时管制措施，同时对事故开展调查工作。

经调查发现，当日16时03分许，董某驾驶车牌号为晋JL8××6野马牌小型普通客车（乘载5人）由东向西行驶至007乡道320m（君子沟）处弯道时，由于自己思想麻痹大意，认为乡村道路车辆不多，于是占道行驶，结果迎面遇上了姜某驾驶的晋JBM××3轻型普通货车，两人反应不及，未能及时刹住车，撞在了一起，导致董某驾驶的小型普通客车左前轮破裂，挡风玻璃破碎，车身左侧部分严重受损，车上所载3人不同程度受伤的交通事故；民警根据调查结果依法判定，董某驾驶小型普通客车占道行驶，导致此次事故发生，负事故主要责任，并依法对董某处以罚款200元，驾驶证记3分的处罚。

事故发生后，当地交警发出了提醒警示：弯道行车时由于车辆重心偏移，存在盲区等情况，需要比平直路段行车小心谨慎，弯道行车应该注意：

一是减速慢行、控制车距。弯道行车要提前减速，控制好车距，一旦出现突发情况，有足够的反应时间。如果过弯不减速，还可能导致车辆失控侧翻。二是鸣笛提醒其他车辆。山区道路上行驶，特别是即将经过弯道时，驾驶人应多鸣笛，提醒对向车辆自己的位置。三是不在弯道处超车，不占用对向车道。在弯道上，驾驶人的视线会被遮挡，存在盲区，看不到前方情况，也无法预判对向是否有来车。如果此时超车或占用对向车道，遇对向车道来车时极易因避让不及时而发生相撞事故。四是注意路面标志，做到心中有数。许多国省道、乡村道路路面情况复杂，在这些道路行驶的时候一定要注意观察路上的标志，了解大概的路面情况，对于急弯、连续弯道等路段一定要谨慎驾驶。

（二）现场调研实施过程

2022年7月山西临县G339道路发生两起重大交通事故，"7·7"事故中因驾驶员超速疲劳驾驶，撞到了路边观看婚礼的村民及面包车，造成5人死亡、6人受伤。"7·20"事故中，因驾驶员驾驶重型半挂牵引车与迎面驶来的小轿车发生碰撞，造成3人死亡。为深层挖掘事故发生原因，剖析乡村道路交通安全问题，调研工作组于5月下旬对山西省临县"7·7"重大交通事故路段（339国道847km+110m处临县城庄镇上城庄村路段）、"7·20"重大事故路段（339国道846km+840m临县城庄镇上城庄村路段）、山西省汾阳市危险路段治理情况进行了实地调研。调研组结合访谈调研，分别与临县交警大队、交通局、公路段、乡村振兴局等多个部门进行了座谈访谈，华道兴科技有限公司的技术团队与调研组的交通专家共同参与了座谈访谈，就交通安全治理的需求和技术解决方案进行了深入探讨和交流。同时调研组展开实地调研，在乡村道路交通安全管理工作现场考察交通设施和预警设备使用情况，并与交管一线人员和普通农村群众交流，了解交管民辅警对乡村道路交通安全治理工作的管理情况、了解当地群众对乡村道路交通安全管理的相关看法和参与程度。调研工作科学整合了政府部门、一线管理者、人民群众等各类治理资源，鼓励公民参与到农村道路交通安全管理当中，更好地实现广大人民群众的公共利益，有助于重塑各类群体在交通安全管理中的角色，明晰党委政府、公安机关、一线管理工作人员、普通群众在农村交通安全管理中所具有的权责界限，为日后更加深层次的农村地区道路交通安全保障举措和风险防范机制的制定提供理论支撑。

作为本次调研的技术支持单位，华道兴科技有限公司在此次调研中提供了宝贵的技术支持。该公司为乡村道路交通安全提供了重要的技术贡献，特别是他们研发的交通预警设施，使用先进的技术手段及时检测道路上潜在的交通事故风险，并及时向驾驶员发出预警信息，帮助减少事故的发生率。通过调研过程中对华道兴科技有限公司预警设施应用效果的考察，以及该公司对运用科技手段治理乡村交通的优势的分析，调研组对调研工作的开展方向和乡村交通安全治理思路都有了更清晰的认知。

（三）现场调研现状总结与治理问题分析

调研组对339国道事故多发路段、临县"7·7"重大交通事故及治理举措等进行了实地调研，分别召开了"乡村交通安全保障举措及风险防范机制"座谈会。下面依次对两县交通治理的现状展开详细分析。

1. 现场调研交通治理现状总结

（1）临县交通治理现状

近年来在临县县委、县政府的正确领导下，临县交通行业蓬勃发展，公路通车里程、机动车、驾驶人数量成倍增加，物流运输繁忙，交通安全问题逐渐凸显。2022年7月临县发生的"7·7"事故中，339国道上一驾驶员超速疲劳驾驶，撞到了路边观看婚礼的村民及一辆小型面包车，造成一起5人死亡、6人受伤的大型交通事故，死亡的5人中3人属于脱贫户，2人属于一般农户；同年，临县发生的"7·20"事故中，国道339上一驾驶员驾驶着重型半挂牵引车与迎面驶来的一辆小型轿车发生碰撞，造成了一起3人死亡的交通事故，该事故中3人都属于脱贫户，涉及两户，其中一户家庭有一个未成年儿童，2022年11月被识别为孤儿，现每月享受补助1170元，同时民政部去年分别给予两个家庭及其母亲临时救助10000元。从政府层面为因交通事故造成的损失提供了有效的帮助，降低了致贫返贫风险，但从长远看乡村交通安全仍需排查问题短板，制定系统性防范措施。

事故发生后，有关部门强力推进交通安全隐患排查整改，通过全力开展交通安全整治，尤其是弯道预警系统的安装与应用，让临县交通事故发生数及死亡人数都有明显降低，339国道城庄路段至今无一起亡人事件，整改措施收到良好效果。

（2）汾阳市交通治理现状

近年来，汾阳市面临乡村道路交通结构复杂、交通参与者的法律观念和安全意识较为淡薄等突出问题和薄弱环节，使乡村道路交通事故占比呈上升趋势，已严重制约乡村振兴高质量发展。通过分析乡村道路事故特点及原因、排查乡村道路存在的隐患，市委、市政府及时针对隐患制定了务实管用的解决方案，尤其是在307国道薛公岭段建设9套18台弯道预警系统，取得了良好的成效，使当地交通事故势头平稳并呈逐年下降趋势，2022年至今没有发生一起死亡事故。

2. 交通治理问题分析

近几年来随着临县、汾阳乡村振兴的强力推进和精准扶贫的高效实施，乡村道路交通得到迅猛发展，但在交通参与者（人）、行车环境、交通管理与安全教育等方面存在的共性问题依旧突出，亟须解决。具体成因分析如下：

（1）驾驶人素质及车辆性能欠佳，缺乏交通管理教育（人、车）

在乡村，驾驶员年龄结构过于分散，缺乏行之有效的解决措施，且在乡村道路上从事运输和机动车驾驶的人员文化程度普遍不高，交通法治意识淡薄，交通安全常识欠缺，交通违法现象极为严重。由于部分机动车驾驶人员未经严格考试和培训，对道路上各种突发情况的预计、判断、处治能力不强，极易引发交通事故。除此之外，乡村交通安全宣传教育不到位，驾驶员对交通安全法律法规的规定不关心、不学习，当地村民对道路交通标志、标线缺乏认知能力。

（2）道路交通安全设施建设滞后，缺乏交通预警设施（路）

虽然随着"一灯一带"等政策的实施，静态交通标志、警示灯、警示柱等在局部点段面有所部署，但总体来讲，乡村道路交通安全设施数量、质量及覆盖面落后于机动车快速增长的形势和助力乡村交通振兴的特殊需求，如临县在乡村道路交通隐患地点安装交通预警设施起到了很好的作用，但仅覆盖了部分重点事故多发地，还有大量临崖、弯道路段，国道、村道、平交路口没有安装相应的预警设施。

（3）乡村道路交通管理工作基础薄弱，缺乏警力经费支持（环境）

乡村交通安全管理基础工作较城市而言相对薄弱，乡村交通安全管理模式和管理机制不健全，执法效率低下。交通违法无人查、无人管，无证驾驶、无牌驾驶等严重违法现象十分突出，极易引发交通事故，负面影响形成连环效应。随着"两站两员"工作的开展，警力深入到县乡道路进行隐患排查及交通整治的力度相比以往大大增强，但排查与整治的覆盖面有限，且相关部门对交通执法的重视程度不够，导致交通执法装备不足，警力和经费匮乏，加上乡村执法阻力较大，致使乡村道路交通秩序管理力度不够，存在着"紧一阵，松一阵"的现象，没有形成长效工作机制以及持久警示效应。

（四）乡村交通安全治理措施与成效

面对目前乡村道路交通安全形势及隐患风险，临县与汾阳采取了大量卓有成效的交通安全治理措施，切实解决乡村道路交通安全存在的突出问题。通过多项举措并行的集中治理，促进了交通安全设施进一步完善，交通事故与交通违法行为明显减少，交通参与者安全意识明显增强。

1. 道路交通安全治理措施

（1）交通基础设施改善

临县政府紧扣"7·7""7·20"事故发生原因，在重大事故路段增加警示标牌、减速带、警示爆闪排灯警示桩、让行标志、宣传栏和球形凸面镜等装置；并在乡镇、村庄的交叉口及隐患路段安装减速带820m，警示排灯395颗，安全提示牌316块，公路照明106处，施划减速震荡带8308m，修剪树木26处，移除遮挡视线树木53株，拆除挡墙16处，安装警示安全提示牌489块，刷写墙体标语291条，施划路面标线14275m，安装防撞警示桩686根，渠化复杂路段3处。汾阳市政府在乡村地区人流、车流密集的平交路口新增6套红绿灯，渠化路口30余处，在车流量较小的平交口增设黄闪灯167套、减速带92条，其余各类配套标志标牌207套。这些硬件的安装切实有效地打通了视线"盲区"、保障了路段安全。

（2）增设交通预警设施

临县充分利用智能科技手段，在两起重大事故平交路口安装了预警系统22套，在事故多发点段安装声光防疲劳预警系统6套，在临崖和弯道安装了弯道预警系统，增设车速反馈屏70套，流动测速设备16套。汾阳在具有明显山区地域特点的县乡道路排查时发现车流量较大的52处弯道路段，安装弯道预警系统104台，流量较小的10处弯道安装凸面镜10套；在会车视线不良的非灯控平交路口，安装平交预警系统58套。科技的软应用为实现临县、汾阳的道路畅通，物流运输便利提供了设施和技术保障。

（3）加大教育宣传力度

临县在全县23个乡镇全部建立健全了乡镇交安委，乡村交管站，配齐了乡村宣传员、劝导员展开业务知识培训，并设立乡村振兴工作站，分别配备至少3名专职工作人员，每个行政村配备一名信息员，通过"两站两员"管理机制，在乡村全方位、多角度开展交通安全宣传教育与劝导工作，提升群众交通安全意识；汾阳充分发挥"两站两员"的作用，设置11个乡村交通安全管理站，配备管理人员70余名，12个劝导站，配备劝导员200余名；同时开展违法查处工作，以劝导站为中心，使用各类交通安全宣传阵地、大喇叭、微信群等宣传手段，引导周边村舍交通参与者提高交通安全意识，主动、自觉地遵守交通法规，预防交通事故。

2. 治理经验及成效分析

（1）交通环境治理成效

事故多发、易发段及交叉口的基础设施安装、路面渠化养护以及交通预警设施的高效工作对临县和汾阳乡村道路交通安全治理起到了基础与先行作用，在实际中保障了安全。根据临县有关部门统计，与2022年相比，2023年1月至今交通事故总起数下降36.5%；339国道城庄路段（"7·7""7·20"事故点段）至今未再发生致人死亡事故；由此可见，临县交通事故发生数及死亡人数都有明显降低，整改措施收到良好效益，为其他乡村整治交通安全隐患问题提供了可借鉴的经验及可行的整改措施。

（2）教育宣传保障成效

宣传教育是防范风险中的重要一环，能对乡村居民出行和行为习惯起到潜移默化的作用。通过在不同媒介中发布、宣传交通安全提示、交通安全知识信息，"两站两员"作用的充分发挥，大大提升了临县乡村地区广大村民的交通安全意识，加强了对于乡村不规范交通行为的查处力度。同时，"两站两员"的工作态度和成绩得到了村民们广泛的肯定和好评，成功营造了和谐有序的乡村交通出行氛围。

四、乡村交通安全保障举措建议

随着近年来各项政策的陆续出台，全国公安交通管理部门积极会同交通运输、农业乡村等部门协同共治，着力破解乡村交通安全难题，乡村交通安全治理问题已经取得良好成效。但由于历史遗留问题较多，乡村地区道路基础条件较差、车辆安全性能较差、管理力量薄弱等问题仍亟须解决，且随着城乡融合发展，乡村出行需求更加多样，出行特征更加复杂，乡村道路交通安全形势依然严峻复杂。因此，积极探索党政领导下的交通安全保障措施，以现代化治理方式破解深层次难题，助力乡村交通振兴，全力为乡村群众出行创造良好道路交通环境具有重要意义。

（一）乡村交通安全保障举措制定思路

1. 政府主导，执法为先

公安交管部门要会同交通运输部门深入推进乡村道路安全设施和交通秩序管理精细化提升行动，认真组织开展乡村交通安全隐患突出点段治理攻坚项目。针对事故易发、多发的路口、路段实施优先治理、精细治理，切实提升道路安全保障水平；针对存在隐患的路段加强基础设施建设，应用预警设施达到精准保障的效果。

2. 科技改革，智慧赋能

因乡村地区道路密集，违规载人、人货混装、超员超载等乱象丛生，而业内目前主要依靠人工识别交通隐患，不仅手段单一，且时间滞后，导致乡村安全隐患"找不准""管理难"。因此，在"管、教、警"结合的思路中要以"警"为主，在乡村交通安全问题中充分发挥"保障"的效果。应务实承认并尊重乡村交通存在的问题，刚柔相济，精准出击；将道路交通行政管理及执法手段与交通事故预警结合起来，以交通事故预警预防为主，以交通行政执法管理为辅。运用智慧、科技手段，以技防代替人防，以"预警设施"迭代静态标志，构筑乡村道路"生命防护工程"，真正践行"尊重生命，刻不容缓"的社会最基本意识。

（二）乡村交通安全保障措施

1. 加强基础设施建设，进行标准化路口提升

一是将路口路段隐患整改与维护纳入乡村交通安全治理的常态化工作。对乡村道路开展地毯式排查，组织专家"把脉问诊"，分级分类挂牌整治。

二是结合"四好乡村路"建设，加大乡村道路交通安全设施投入，落实乡村道路交通安全设施设置标准，推进支路进主路平交路口的"坡改平"工程，推行乡村道路平交路口精细化设计，强化穿村过镇等高风险路段交通安全设施设置，扩大爆闪灯、警示桩、凸面镜、减速带等设置规模，全面清理整治乡村"马路市场"。

2. 坚持综合治理，加强交通预警设施建设

一是在车流量大、车速快、交通安全隐患巨大的危险点段部署预警设施。在国道、省道与县道、乡道、村道等的平交路口和弯道处部署交叉口预警系统。采用交叉口预警设备或弯道预警设备实时、全天候自动检测目标路口各方向机动车的出入情况，并将其他方向的来车信息采用文字提示、声音提醒、爆闪警示等多种方式向机动车驾驶员进行预警，警示机动车减速礼让、安全通行，有效预防交通事故。

二是在有车辆出入、存在交通安全隐患的普通危险点段部署实时预警设施。在乡镇、村庄居民区内及周边等因建筑物遮挡导致视线受阻、视距不良的平交路口全部覆盖预警设施，加大交通预警设施的覆盖面，加强隐患排查，精准防治。

五、乡村交通安全风险防范对策建议

目前国家相关部门出台的各类政策均强调以宣传教育为落脚点，推动普及乡村交通安全文化，提倡并践行规范的乡村交通行为。深化乡村交通安全保障举措的同时，强化对"视隐患为事故"理念的宣传教育，从"管"与"教"加强道路交通安全风险源头治理，可以有效将风险隐患管控的关口前移至上路之前，变被动应对为主动干预，变末端治理为前端预防，变事后处治为事前化解。

（一）风险防范对策制定思路

1. 加强教育，改变观念

首先，各级党政领导，要转变重视城市而轻视乡村道路交通管理的观念，尤其是农业农村部领导、乡村振兴局领导、交通运输部领导、公安部领导等，更要以"功成不必在我"的境界和"功成必定有我"的担当，将预防和减少乡村交通事故、保障乡村交通安全为己任层层落实下去，切实巩固脱贫攻坚成果。其次，从思想上摒弃常规应对交通事故"头痛医头、事后补救"的方案，即事故发生后才去分析事故的原因、总结应吸取的教训，再采取相应的补救措施。而应科学性、针对性、前瞻性、政策性地制定相应对策（最好从顶层设计、工作机制、基础建设、违法打击、宣传教育五个维度进行统筹），不折不扣践行"安全第一，预防为主"的方针。

另外，群众交通安全意识较差是乡村交通安全事故多发的重要原因。以宣传教育为落脚点，深入推进道路交通安全宣传教育提升行动计划，积极开展乡村交通安全宣传阵地建设，针对"一老一小"、务农务工等群体持续开展宣传教育，推动普及乡村交通安全文化刻不容缓。

2. 重视规范，多元共治

乡村交通安全仍处在爬坡过坎期，除道路基础条件较差、车辆安全性能较差之外，管理力量薄弱问题依然是最大短板。特别是随着乡村振兴全面推进，县域城镇化、农业现代化进程加快，快速增长的乡村交通要素与传统的管理模式和效能之间的矛盾日趋尖锐，城乡高度融合衍生的乡村出行新态势更加复杂，通勤化和务农务工集体出行等特征更加明显，乡村道路交通安全形势的严峻性、复杂性依然突出，群死群伤事故阶段性、局部性多发的局面依然严峻，迫切需要通过高水平治理、高质量发展来应对乡村交通安全领域的新形势、新挑战。

（二）乡村交通安全风险防范措施

1. 以责任体系为根本点，推动压紧压实各方责任

政府方面，一是需要大力推动加强顶层设计。开展乡村交通安全专题调研，全面摸清本地乡村交通安全的实际状况和新问题、新趋势，推动出台指导性文件，建立完善责任体系。二是要大力推动明责履责尽责。充分发挥议事机构作用，健全交通安全工作责任清单，建立党政领导赴交通事故现场制度。建立完善考核评价制度，将乡村道路交通安全工作纳入精神文明、乡村振兴、安全生产、综合治理等实绩考评体系，推动党政"一把手""驻村第一书记"等领导干部加强统筹指导，压实相关部门监管职责，构建"主体在县、管理在乡、延伸到村"的体制机制。三是要大力推动事故追责问责。用好交通事故深度调查机制，对较大以上事故以及涉及务农务工出行的典型责任事故，深入开展责任倒查，严格溯本追源，推动依法依规追责问责，倒逼领导干部和企业落实交通安全责任。

2. 重视宣传教育，养成良好交通安全习惯

一是要深化宣传方式创新。大力开展乡村交通安全宣传阵地建设，积极推动"一块宣传栏、一个大喇叭、一组宣传标语"等规范化建设。深入推进道路交通安全宣传教育提升行动计划，不断创新宣传载体和内容，通过传统与现代相结合、网上与网下相结合的方式扩大覆盖面，针对一老一小、务农务工群体，以贴近生活、喜闻乐见的形式开展宣传，潜移默化提升宣传效果。二是要深化宣传警示行动。持续开展交通安全警示教育，将典型事故案例以及"两违"等严重违法案例制作成图文、视频资料，通过各类媒介广泛传播，加大警示曝光力度。三是要深化交通安全文化建设。推动传统文化、乡村文化与交通治理相结合，赋予交通安全宣传新的内涵，推动列入村规民约、道

德公约。持续推动交通安全文化融入校园启蒙教育、素质教育、德育教育，落实交通安全进课堂、进教材，促进"小手拉大手"，提高交通安全宣传的传播力、影响力，推动交通安全法规入脑入心，养成自律自觉的安全习惯。四是注重培育，宣教融合。从细节处建立起明确交通安全的概念与认识的意识，对不同类型的驾乘人员分门别类进行重点教育。如对摩托车驾乘人员重点教育佩戴头盔，对乡村面包车驾驶人重点教育不超员载客、人货混装等；另外，确保乡村机动车、农用车、拖拉机等各类型车辆的驾驶行为培训到位、监管有力，可以针对性地组织开展驾驶技能培训。

3. 制定规范指南，合理利用"两站两员"

强化规范，保障秩序，以力量建设为关键点，推动发挥协同共治合力。一是规范化机制运行。首先，严格落实道路交通安全设施"三同时"制度和建设项目交通影响评价，积极征求公安交管部门意见，确保设计符合规范、施工符合标准、验收符合要求，严控隐患增量。其次，制定乡村道路交通通行规范指南，包括特定区域、不同交通参与者、乡村学校周边、重点路段等，提升交通管理专业化水平。二是加强监督管控，统筹城乡警队警力分布，固化完善城市警力向乡村倾斜的机制，组织支队、大队在现有机动大队、中队的基础上，组建实体化运行的流动执法队伍，将勤务重心转向管理薄弱的乡村地区，提升见警率、管事率。同时采取线上线下结合的方式，提高交通事故的主动发现率。三是调动交通安全管理站与安全劝导服务站的积极作用，群防群治，协助规范落地、分担有关部门深入乡村交通执法的压力，制止交通违法行为，严防交通秩序混乱。深化警保合作"两站两员"建设，建立完善经费保障和监督考核机制，推动劝导工作规范化、实效化。积极推动管理力量融合，实现劝导员与乡村护路员、农机服务员、乡村振兴队等力量融合发展，专群结合加强交通安全劝导管理，推动形成长效机制。

六、结论

本次调研以"关注乡村道路交通安全、降低交通返贫风险"为主题，以"强化交通安全管理，降低乡村道路交通事故率"为目标，通过对典型案例的剖析，积极开展了各类分析研讨，制定了具有普适性的乡村交通安全保障举措及风险防范机制，对与情况相近农村地区的交通安全治理工作具有借鉴和推广意义，并形成了以下结论：

（一）乡村交通安全基本现状与形势总结

乡村交通安全在人、车、路、管理、环境五个方面存在问题，主要表现在：

（1）乡村交通参与者安全意识、规则意识尚处于启蒙阶段（人）；

（2）乡村车辆种类繁多，安全技术性能无法保障（车）；

（3）乡村道路通行条件差，与标准存在一定差距（路）；

（4）缺乏整体化的应对方案与安全管理体系（管理）；

（5）乡村道路缺乏交通安全设施，路面环境复杂（环境）。

面对乡村交通安全存在的现状问题，我国 2015 年以来的乡村交通安全形势呈现以下特点：

（1）乡村公路里程持续增长，交通事故率显著升高；

（2）乡村公路事故占全国事故的比重缓慢升高；

（3）省份人均 GDP 与事故下降率密切相关；

（4）乡村公路单车事故上升趋势明显；

（5）货车超载、违法装载、超速、疲劳驾驶等交通违法致死率高；

（6）山区道路交通事故严重程度高。

（二）乡村交通安全典型案例与事故现场调研总结

报告介绍了两个国内乡村交通事故典型案例，并对事故发生原因及应对措施进行了深度剖析，随后以山西临县、汾阳作为主要调研对象，展开了对当地交通治理情况广泛而详细的调查研究。两地在交通参与者（人）、行车环境、交通管理与安全教育等方面存在的共性问题如下：

（1）驾驶人素质及车辆性能欠佳，缺乏交通管理教育（人、车）；

（2）道路交通安全设施建设滞后，缺乏交通预警设施（路）；

（3）乡村道路交通管理工作基础薄弱，缺乏警力经费支持（环境）。

通过调研临县、汾阳所采取的大量卓有成效的交通安全治理措施,观察交通基础设施、智慧交通预警设施和宣传教育在两地起到的安全防范作用,总结了其在交通环境治理和教育宣传保障两方面所起到的成效。

(三) 乡村交通安全保障举措建议总结

报告从思想观念和科技方法的改变上出发,指出乡村交通安全保障措施的指定思路为政府主导执法的深入和利用科技赋能交通安全,总结以下保障措施:

(1) 加强基础设施建设,进行标准化路口提升;

(2) 坚持综合治理,加强交通预警设施建设。

(四) 乡村交通安全风险防范对策建议总结

报告围绕加强教育与重视规范两个方面,思考了风险防范对策的制定方法,从责任体系的制定落实、交通安全教育宣传以及完善乡村道路交通安全规范指南三个层面总结了乡村交通安全风险防范对策建议:

(1) 以责任体系为根本点,推动压紧压实各方责任;

(2) 重视宣传教育,养成良好的交通安全习惯;

(3) 制定规范指南,合理利用"两站两员"。

本次调研是对乡村道路交通现状整体而系统的一次认识,对乡村交通安全管理体系建设,助力乡村振兴,防止因交通事故致贫返贫具有重要指导作用。面对复杂严峻的乡村道路交通安全形势,应当在以史为鉴、追根溯源的基础上,因地制宜地加强交通安全治理工作,切实保障村民的交通安全权益,有力提升交通出行的获得感和幸福感。乡村道路交通管理工作者和交通行业的专家学者,要勠力同心、密切配合,充分重视乡村道路交通安全治理问题,将治理工作落到实处,做精做细,助力乡村振兴工作的全面推进。

民族地区"学前学会普通话"行动助力乡村振兴成效研究调研报告

鄢超云　张芷维　闫卫民　李园园　王克岩　李昕莞　周晓钰　郭康佳①

一、调研背景

2021年,中国开始全面推进乡村振兴。作为曾经的深度连片贫困区的"大小凉山"正逐渐由低层次的脱贫向更高层次的乡村振兴转变,改变贫困地理空间,在新的历史条件下完成民族地区社会主义建设的延续、发展和超越。习近平总书记指出,"乡村振兴,关键在人、关键在干"②,人才振兴是乡村振兴的基础。语言是人类知识的主要载体,语言教育是开展各类知识技能教育的前提,语言能力是人力资本的重要组成部分。③ 在脱贫攻坚阶段,语言曾以"推普脱贫""语言扶贫"等形式发挥了不可替代的作用,取得了显著成效。④ 2021年,教育部、国家乡村振兴局、国家语委印发《国家通用语言文字普及提升工程和推普助力乡村振兴案》的通知明确指出:"推广普及国家通

---

① 作者:鄢超云,四川师范大学教授、博士生导师,融合创新研究院执行院长;张芷维,中国乡村发展志愿服务促进会专家委员会专家、学前学普项目组副组长、北京华言文化发展有限公司董事长;闫卫民,北京华言文化发展有限公司副总经理、研培总监;李园园,四川师范大学四川省家庭建设研究院教师、博士、硕士生导师;王克岩,四川师范大学融合创新研究院秘书长;李昕莞,成都师范学院教师、在读博士研究生;周晓钰,成都市锦江区牛沙幼儿园教师;郭康佳,成都市第十六幼儿园教师。课题组组长:鄢超云。课题组成员:张芷维、闫卫民、李园园、王克岩、李昕莞、郭康佳。

② 习近平系列重要讲话数据库. 习近平李克强王沪宁赵乐际韩正分别参加全国人大会议一些代表团审议 [EB/OL].（2018-03-09）[2023-08-25] . http://jhsjk.people.cn/article/29857100.

③④ 银晴,田静,苏新春. 语言何以助力乡村振兴 [J].语言战略研究,2022,7（1）:25-35.

用语言文字，是实施乡村振兴战略的有力举措。"①

学前期是语言发展的关键期，学前儿童是人力资本的后备军，学前儿童在语言关键期内掌握普通话具有事半功倍的效果。人的本质在其现实性上，是一切社会关系的总和。从个体层面看，国家通用语言能力和语言文化素养提升是提高劳动者的综合素质、促进人的全面发展的重要途径。从社会层面看，无障碍语言交流是促进社会共融、共创、共富，适应乡村振兴的需要，"学会普通话，养成好习惯，融入新时代"，有利于打破"贫困积累循环效应"的魔咒，斩断贫困的代际传递。

重视"学前学普"的基础性作用，既是我国扶贫减贫工作的重要经验，也是国家通用语言文字工作融入乡村振兴战略的重要举措，为语言助力乡村振兴提供了历史逻辑、内在机理、关键经验与实践路径，建立健全民族地区乡村可持续发展的内生动力、有活力的人口长效发展机制。

为深化"学普"行动在乡村振兴中的作用和意义，深入探讨"学前学普"助力乡村振兴的内在机理、关键经验和实践路径，推动社会各界对乡村振兴前沿问题的关注和理论研讨，寻求有针对性和可推广、可复制的对策建议。调研组以"大小凉山"为地理空间，赴四川乐山马边彝族自治县和凉山彝族自治州开展"民族地区学前学会普通话行动助力乡村振兴成效研究"调研。

调研组基于目的性抽样方法，考虑地理环境特征、地方经济水平、民族构成比例及学普推广情况，兼顾大、小凉山，选择乐山马边彝族自治县和凉山彝族自治州美姑县、雷波县为调研地。在地理环境方面，选取的三个县山高、谷深、路陡，自然条件恶劣，呈现出凉山典型的地貌特点；在地方经济方面，受地理环境和历史渊源影响，三地都曾是深度贫困地区，并接受外地对口帮扶，先后实现脱贫摘帽；在民族构成方面，马边、雷波、美姑的彝族

---

① 教育部，国家乡村振兴局，国家语委．关于印发国家通用语言文字普及提升工程和推普助力乡村振兴案的通知［EB/OL］（2021-12-23）［2023-08-25］．https：//www.gov.cn/zhengce/zhengceku/2022-01/09/content_ 5667268.htm.

人口占比分别为 50.7%[①]、60.24%[②]、99.14%[③]，能够代表彝汉混居和纯彝区两种不同情况；在学普推广方面，三县在"学前学普"推进过程中因地制宜地采取措施，均取得了较为突出的成效。因此，调研点代表了地理和经济条件薄弱、但学普经验丰富的彝区。

调研组共走访 7 个社区、9 所学校和幼儿园，2 家乡镇企业，召开 13 场专题研讨会，对地方主管领导、小学校长和低年级教师、幼儿园园长和教师、家长、地方企业代表等 124 人进行了调查。调研情况信息如表 1 所示。

表 1　调研情况信息表

县市	地点	对象	形式	人数
乐山市马边县	永乐小学	校长、1—2 年级教师等	座谈 1	5
	永乐幼儿园	园长、教师（辅导员）、家长	座谈 2	17
	小谷溪学校	校长、辅导员	参观	2
	民主镇政府	政府工作人员	座谈 3	5
	民主镇中心幼儿园	园长、教师	参观	2
凉山州雷波县	黄琅镇幼儿园	园长、教师（辅导员）	座谈 4	14
		家长	座谈 5	9
	雷波县教育与体育局	局长、学普办、学前股、幼儿园代表等	座谈 6	11
	俄洛伊甘乡小学	校长、1—2 年级教师、家长	座谈 7	14
	阿卓瓦屋村幼教点	辅导员	座谈 8	2
	乐美鞋业扶贫工厂	帮扶组、工厂中层干部、职工代表	座谈 9	8

---

① 马边彝族自治县人民政府. 走进马边［EB/OL］（2023-08-25）. http://www.mabian.gov.cn/mbyzzzx/mbxzjmb/mabian.shtml.
② 雷波县人民政府. 人口与民族［EB/OL］（2023-08-25）. http://www.lbx.gov.cn/lbgk/ljlb/202307/t20230726_2515937.html.
③ 凉山彝族自治州统计局. 统计年鉴 2020［EB/OL］（2022-05-13）［2023-08-25］. http://tjj.lsz.gov.cn/sjfb/lsndsj/tjjnj2020/202205/t20220513_2220085.html.

续表

县市	地点	对象	形式	人数
凉山州美姑县	乐美同心托儿所	帮扶组	参观	1
	洒库乡中心校	校长、1—2年级教师	座谈10	7
		1—2年级家长	座谈11	10
	乐美扶贫花椒厂	帮扶组	参观	1
	美姑县教育与体育局	局长、乡村振兴局、学普办、幼儿园和小学代表等	座谈12	10
凉山州西昌市	凉山州教育与体育局	督学、学普办等	座谈13	6

课题组对地方乡村振兴及教育部门主管领导、小学领导和教师、幼儿园园长和教师、家长、地方企业代表等群体进行了个别和小组访谈。访谈问题包括儿童学普用普情况、儿童学普带来的影响、各群体在儿童学普方面的有效实践、对"学普"行动与乡村振兴关系的认识、"学普"行动中的困难与问题以及对学前"学普"行动的意见建议等。通过实地走访学校、家庭、社区、企业等，在与其互动中，观察、体验当地政府、学校和社会在推普宣传、学普环境与氛围打造、推普活动开展等方面的具体做法，儿童以及居民的学普用普情况、乡村振兴情况以及儿童学普对家庭家风、学校、社区等各方的影响等。对学前"学普"行动中有益经验的过程性资料、儿童学普成效、儿童学普助力乡村振兴成效的佐证材料进行收集，共收集了来自政府部门、技术保障机构、学校及幼儿园等方面的官方及非官方材料76份，包括学普基本情况信息表、各类通知和活动方案、学普课程资源、学普成效评价、总结资料等。

二、做法与经验

（一）注重顶层设计，学普行动有体系

"普通话"作为《中华人民共和国国家通用语言文字法》所规定的国家通用语言，提供基本的认同符号，被提升到法律高度。讲普通话既是中华各

族人民的权利，也是各族人民应履行的义务，对于引导各族人民密切联系并作用于对中华民族共同体的身份认同，保障超大规模多民族国家内聚力凝结具有重大意义。因此，党和国家高度重视"学普"行动，从中央到地方，坚持高位统筹，强化组织推动，对"学普"行动进行战略部署。调研发现，四川省委、省政府将"学普"行动纳入脱贫攻坚战"34条政策措施"、"16条工作措施"、乡村振兴"25条措施"予以重点支持、重点推进。原国务院扶贫办、教育部等部门创新统筹政策、人力、财力、物力、帮扶等要素资源精准投向大、小凉山，悉心开展指导、夯实要素保障。

聚焦"学会普通话、养成好习惯、融入新时代"要求，组建州、县"两级机构"；建设辅导员、管理人员、技术保障人员"三支队伍"；建立沟通、督查、评估、考核"四项机制"；坚持政府主导、社会参与，全面覆盖、分步推进，实事求是、分类实施，统筹资源、加强监管，遵循规律、注重实效"五项原则"；抓好完善设施配备、强化师资培训、加大宣传动员、规范工作管理、加强督查管理、开展效果比对"六大工作"，建立了政府主导的多元共治管理体系。

（二）依托一村一幼，学普行动有阵地

"学普"行动的贯彻落实离不开顶层设计引领，更加离不开"一村一幼"的阵地支持。学龄前期是儿童语言学习的关键期，因此，"一村一幼"是学普推普，帮助儿童建立国家通用语言思维，深化长效语言扶贫的主要阵地。

2015年9月，凉山州在四川省委、省政府的支持下启动了"一村一幼"计划，在尚未覆盖学前教育资源的行政村和人口较多、居住集中的自然村开办幼教点，采取维修改造村委会活动室和闲置村小、新建校舍以及租用安全民房等多种形式开设村级幼教点，因地制宜，实施"一村一幼、一村多幼、多村一幼"的办学模式。

2018年，原国务院扶贫办、教育部在凉山州启动实施"学普"行动。凉

山州"一村一幼"是"学普"行动成功的五个要点之一,① 该行动以"一村一幼"为载体进行学普、推普行动,让凉山州的学前儿童在家门前就能学习普通话,解决"哪里学"的问题。2018—2021 年,"学普"行动共覆盖大、小凉山地区 20 个县(市、区),依托大、小凉山 3996 个幼教点,将阵地建在每一个村落,打通了"学普"的"最后一公里",最终惠及 43.6 万名彝族学前儿童②。2023 年 6 月,大、小凉山地区共有 2722 个幼教点,具体分布如图 1 所示。

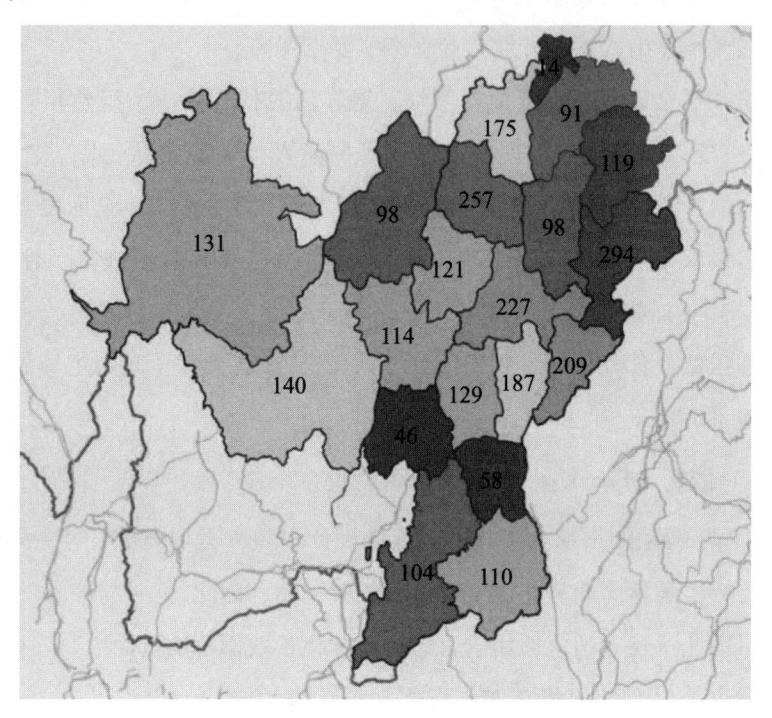

图 1 2023 年"大、小凉山"村级幼教点图阵

---

① 赵俊超,张云华. 学前推广普通话是民族地区发展的战略举措 [J]. 开放导报, 2019 (4): 45-47.
② 何勤华. 43.6 万名彝族儿童学会普通话 [N]. 四川日报, 2021-10-20 (2).

（三）建设师资队伍，学普行动有保障

在民族乡村地区，大多数幼教点分布偏远、散落在交通不便的山区，招聘教师困难。为解决"谁来教"的问题，当地政府选择"请进来"与"走出去"两种方式，就近就地招聘大中专毕业生担任幼教点辅导员，帮助学龄前儿童过好语言关，养成好习惯。同时，为更好地提高辅导员的素质，"学普"技术保障单位组建了"督导员"队伍，他们奔波在山高路远的幼教点之间，将分散的幼教点串联起来，让各村幼教点不再像一个个孤岛，能够及时了解掌握各项工作的内容和指令，准确地开展各项工作。

为深入推进乡村振兴战略、大力发展民族教育和学前教育，2018年3月，经四川省人民政府批准，凉山州立足实际，建立了西昌民族幼儿师范高等专科学校，着力为凉山彝族自治州及周边民族地区培养"下得去、用得上、干得好、留得住、有发展"的一线教育教学实践人才，助力"学普"行动推进。

（四）传承民族经典，学普行动扬文化

乡村振兴的人才是扎根民族地区的人才，根在民族，彝语和彝文反映了彝族人民的思维方式、情感和价值观，是彝族历史的沉淀，折射出彝族社会的文化结构，影响着彝族人民的思维和行动。

"学前学普"行动中，各级组织机构编写了大量本土文化读物、绘本，坚持用普通话讲好民族故事，讲好中国故事，铸牢中华民族共同体意识，助力乡村文化振兴。组织编写了讲述人民共同创造美好生活的故事，用普通话讲好身边的先进故事，铸牢中华民族共同体意识，助力乡村文化振兴。如乐山市为响应"学前学普"，积极发掘地方和民族文化的宝贵资源，致力于深挖丰厚的乡土资源和民族文化，创新架构以彝族民俗文化、历史传说等为主要内容的课程资源体系，开发系列绘本和教辅资料，具体见表2。

"学普"行动在中观层面上凝练民族地区各族人民的共同文化、培育民族地区文明生活习惯、建构新时代民族心理,从而助力民族地区在宏观层面上实现整全的乡村振兴、民族振兴。

(六)传承民族经典,铸牢中华民族共同体意识,赋能民族乡村文化振兴

乡村振兴的基石是产业振兴,经济基础决定上层建筑,区域经济"活起来",人民群众"富起来",精神文明才能真正"立起来"。美姑县联合乐山市委和社会力量帮扶支持,开办了"乐美鞋业扶贫工厂",帮助712名"易地搬迁"彝族同胞在当地就业创收。"乐美鞋厂"通过设立0—3岁托育服务,建立乐美同心托儿所,接纳未入园的孩子,解放了妇女劳动力。同时,托儿所配备了"两教一保",接送孩子时间灵活,平均在园儿童大概有32人。农村工厂托儿所解决了女工外出务工的后顾之忧,提升了工厂劳动力的稳定性,保障了产品线稳定的质量和数量生产,助力民族地区产业振兴。

同时,工厂行政管理班子为不会说普通话、不识字、不会算术的工人开办"文化班",根据自愿报名和领导推荐相结合的方式,每期选择20多名工人进行每周3次课、为期3个月的培训,帮助参培工人学说普通话、学认规范字、学做计算题,提升劳动力素质,帮助彝族同胞搭建"语言扶贫桥梁",助力乡村人才和产业振兴。

同时,通过小手牵大手,实施"经典润乡土、学普进万家"的"六个一"工程,即"每个家庭能唱一首经典民歌、背一首经典诗词、讲一个传统故事、玩一个传统游戏、知一个传统节日、承一个传统习俗",传承中华优秀经典文化,形成共同文化记忆,铸牢中华民族共同体意识,赋能民族乡村文化振兴。

三、成效与机制

调研发现,学前学普行动是一项系统工程,落实学前学普行动过程中的资源输入直接助力乡村振兴;今天的儿童是实现乡村振兴战略中长期目标的中坚力量,学前学普行动通过育人功能长远、可持续地助力乡村振兴;学前学普行动不只是关乎儿童的教育，而是家庭、学校、社会三个场域全员参与的系统工程，发挥辐射功能促进乡村居民思想观念的更新，进而全面助力乡村振兴。学前学普行动助力乡村振兴路径图如图3所示。

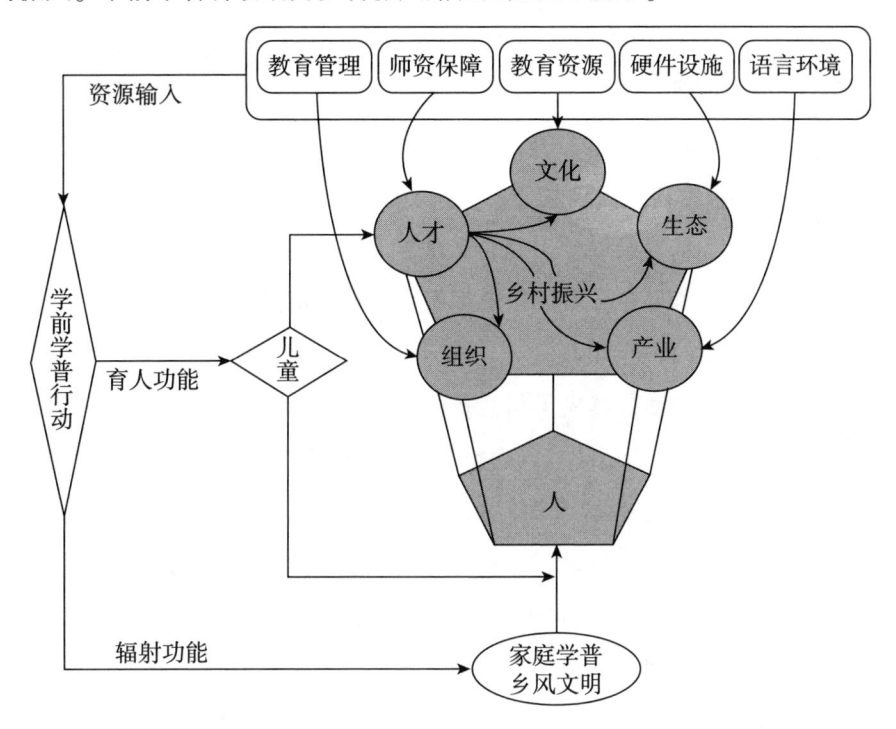

图3 学前学普行动助力乡村振兴路径图

（一）学前学普行动借由资源输入直接助力乡村振兴

为确保学前学普行动的顺利实施，需要在管理、师资、教育资源、基础设施以及语言环境等方面全面投入，这些资源输入直接促进乡村振兴。

1. 强化教育管理，助力乡村组织振兴

乡村组织振兴要求"建立健全党委领导、政府负责、民主协商、社会协同、公众参与、法治保障、科技支撑的现代乡村社会治理体制和党组织领导的自治、法治、德治相结合的乡村治理体系"。[①] 然而，长期以来，由于交通

---

① 中共中央办公厅、国务院办公厅印发乡村振兴责任制实施办法［EB/OL］（2022-12-14）［2023-08-25］. https：//www.gov.cn/zhengce/2022-12/14/content_ 5731828.htm.

不便、居住分散、信息闭塞、语言障碍等原因，凉山少数民族乡村地区存在组织弱化和涣散现象。① 就学前教育组织管理而言，尽管乐山市和凉山州分别于2014年和2015年开始实施"一村一幼"计划，发展出"一村一幼""一村多幼""多村一幼"等多种形式，但尚未建立起完善的管理体系。学前学普行动技术保障单位管理人员表示，在学前学普行动实施之初："教育局只知道幼教点数量，但是幼教点具体在哪，具体什么情况，教育局的人并不知道，他们也没办法全部走一遍。我们去问中心校，中心校也不知道自己要管多少个点，有多少个辅导员，辅导员在哪，是谁，他们也不清楚的。"（202300609XCE1）技术保障单位组建了督导员团队，发挥项目管理人员的"眼睛"和"腿"的功能，将各分散的幼教点串联起来，实现幼教点与地方政府、中心校、技术保障单位的对接和联动，解决了信息传递的"最后一公里"问题。建好学普App，资源实时共享，实现幼教点的数字化动态管理，基层组织建设与管理效能大幅提升。学前学普行动启动以来，党和国家高度重视，从中央到地方，坚持高位统筹，强化组织推动，形成了由乡村振兴部门规划统筹，教育部门具体落实，语委提供专业支持的协同机制，建立了"国家支持、省级统筹、州负总责、县统一管理、乡村实施、社会参与、专业机构技术保障"的运行管理模式。

2. 健强师资力量，助力乡村人才振兴

农村人才短缺主要在于农村地区没有形成良好的精英回流，人才流动更多是"单向流动"，从而导致了一种"鱼笱效应"。② 因此，留住人才、吸引人才成为乡村振兴的当务之急。学前学普行动的实施，有助于吸引离乡人才返乡，增强离乡人才的归属感，留住本土人才，为乡村人才振兴提供内生动力。在学前学普行动实施的5年里，众多在外地接受过高等教育的本地人，因"学普"行动而回乡。地方政府和技术保障单位采取集中与分区培训相结合、线上与线下培训相结合、示范观摩与竞赛比赛相结合等多样态工作形式，

---

① 张波，丁晓洋. 文化产业何以助推乡村振兴：一个分析框架 [J]. 求实，2023（3）：82-94，112.

② 熊培云. 一个村庄里的中国 [M]. 北京：新星出版社，2011：465.

多层次、多视角地对"一村一幼"辅导员和督导员开展精准培训，聘请各级专家组建顾问团，整体性提升了"一村一幼"人才质量。"学普"行动培育和吸引了大量本土人才，他们是当地高学历的代言人，是新农村的建设者，是人才回流的典型代表，是助力乡村振兴的带头人，他们在乡村振兴中发挥了"乡贤"的带头示范作用，在与村民的互动中，传递先进的文化、知识和技能，拓宽村民的视野，增进乡村和谐稳定。

3. 开发教育资源，助力乡村文化振兴

在"学普"行动中，当地行政部门本着"既能学好普通话，又科学保护传统文化"的原则，积极发掘地方和民族文化的宝贵资源，组织编写了大量本土文化读物、绘本，创新架构以彝族民俗文化、历史传说等为主要内容的课程资源体系。如乐山市马边县自编20本儿童读物，主张用普通话讲好本民族故事，既有助于保存和传承本民族的优秀文化，也使幼儿和家庭更深入地了解自己的民族文化，增强其对自身文化的认同感和自豪感，并成为向外界展示民族文化的窗口，促进文化交流和旅游发展。在弘扬本民族文化的同时，也注重开发传承中华民族传统优秀文化的资源，传承中华优秀经典文化，形成共同文化记忆，有助于铸牢中华民族共同体意识，赋能民族乡村文化振兴。学前学普技术保障单位开展丰富的家长教育活动，如农村学普小喇叭、家庭育儿图书普及活动、配合学前学普开展的各类宣教活动等，传播先进科学的家庭教育理念、方法，促进家庭形成良好家风。

（二）学前学普行动通过育人功能长远助力乡村振兴

习近平总书记强调："要推动乡村人才振兴，把人力资本开发放在首要位置。"[①] 儿童是未来的人力资本，当前接受学前学普教育的孩子们，到2035年，开始进入青年期；到2050年，正值30多岁的壮年期，将成为实现乡村振兴中长期目标的中坚力量，其受教育水平和成长状况将直接影响乡村振兴成效。学前学普行动最为核心的功能在于教育儿童，为乡村振兴培育内生动

---

① 习近平系列重要讲话数据库. 习近平李克强王沪宁赵乐际韩正分别参加全国人大会议一些代表团审议［EB/OL］（2018-03-09）［2023-08-25］. http://jhsjk.people.cn/article/29857100.h.

力，这一助力作用是长远的，也是最为直接、根本和可持续的助力。

1. 学前学普为儿童接受后续教育做好准备，助力儿童获得学业成就

语言是知识、信息和文化的重要载体，语言教育是开展各类知识技能教育的前提。过去，许多大山深处的孩子没有上过幼儿园，到了小学因为听不懂、说不通、用不了国家通用语言，跟不上学习进度而自卑、压抑、无望，后来选择辍学、务农、打工，他们就这样"输在了起跑线上"。[①] 自学前学普行动实施以来，上述问题得到显著缓解。对学前学普行动惠及儿童的测评结果显示，在园儿童普通话合格率达到97.19%，实现了具有正常学习能力的3—6岁少数民族儿童在接受义务教育前能够使用国家通用语言进行沟通交流的目标。"学普"行动奠定了儿童的语言文字基础，为儿童后续学习做好准备。学普之后，"会说话的哑巴""读望天书"，上课听不懂，导致学习跟不上、集体融不进、厌学等问题得到了有效缓解，小学老师普遍反映现在的小学生好教多了。老师反馈：

"以前带1年级基本就是教普通话，等到3、4、5年级的时候才可以开始教教学的内容。"（20230607ELB7）

"我刚参加工作是2014年，那会儿教起来真的很吃力，我觉得现在的孩子怎么越来越聪明，教起来越来越轻松。"（20230607ELB1）

"学普"行动提升了基础教育教学质量，阻断了辍学路，拓宽了成才路。凉山州小学一年级语文、数学平均分较学普前净增20分以上，及格率净增20多个百分点；凉山州基础教育较为薄弱的某县，其小学1、2年级语文、数学成绩在实施"学普"行动后均大幅提升（见图4、图5）。

[①] 吴绍芬，徐杨．"学前学普"：为凉山孩子插上腾飞翅膀 [J]．中国民族教育，2021（5）：24-26．

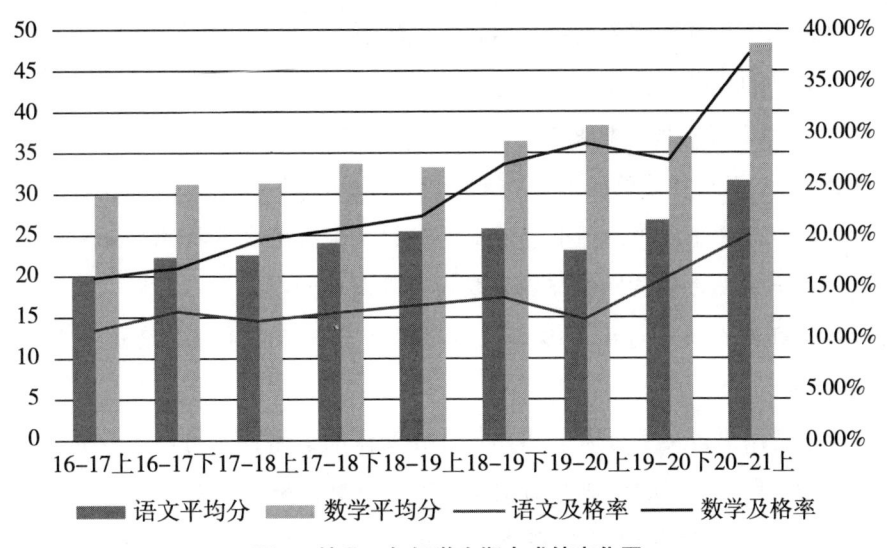

图4 某县1年级学生期末成绩变化图

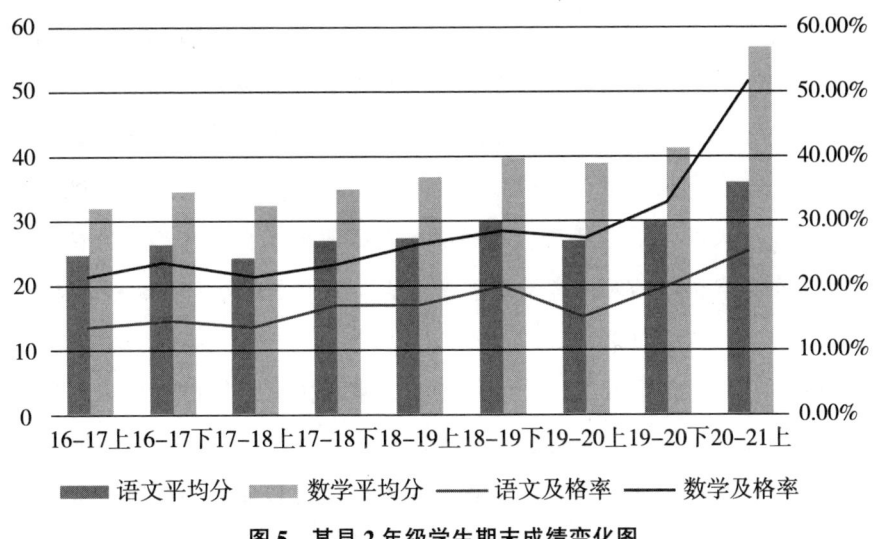

图5 某县2年级学生期末成绩变化图

2. 学前学普为儿童参与社会发展做好准备，助力儿童积蓄人力资本

幼儿时期是性格形成的关键期，少数民族幼儿由于社会交往范围窄，多数较为腼腆、内向。"学普"行动将"敢说"作为发展目标之一，在日常生活中鼓励幼儿大胆与他人交流，并创设了"学普小舞台"，培养了幼儿良好的语言表达和社会交往能力。孩子变得更加阳光自信，敢于交流，乐于表达，

从"躲着人"的腼腆害羞变得自信大方、热情。

美姑县的政府工作人员说：

"以前的孩子其实很想说话，但是他不知道怎么说，很害怕，但是现在的小朋友会说了，表达能力就很强了，很愿意说，就自信了。"（20230607ELB5）

"我是2018年来的，那个时候要入户摸排，当时我帮扶的那一家有两个小孩，第一年去的时候他们都躲着我们。后面这两个上了幼儿园，我们再去的时候，那两个小朋友就会翻译，不会躲着你，不会害羞，还追着你玩。"（20230608SKA1）

国家通用语言文字打通了幼儿与外界交流的道路，使幼儿获得了交际资本，有助于良好性格的形成。而童年时期的良好性格养成对幼儿终身发展有着深远的影响，能够帮助他们在成年后更好地融入社会。一位督导员回忆：

"我也是彝族的，我去上大学之前，没出过金口河区，很少接触普通话，老师都是老老师，上课用本地方言上的。上大学最先接触的是寝室里的人，人家就会很流利地用普通话跟我们交流，但是我呢就开不了那个口，说一句普通话脸一下就红到耳根子，也不敢跟人家交流，别人说什么我们就只能点头摇头，或者用我们的方言去说，但是人家听不懂。我是到了三年级才听得懂汉语，上了大学才说普通话，我的感触是很深的。我们自己是输在学前学普上的，如果我们小的时候有学前学普的话，我相信我的普通话会说得更好，也会更自信。"（20230605YLB5）

国家通用语言是重要的人力资源要素，掌握国家通用语言意味着具备了参与社会活动的基本能力，有助于个体发展。已有研究表明"普通话以及单项能力包括听力和表达都会对劳动者的收入产生比较显著的影响，普通话能力与个人收入有重要关系"。[①] 学前学普行动能够有效消除儿童后期外出语言交流的障碍，有效提升个人素质，增加其社会参与度，为少数民族农村儿童的发展增加机遇。

3. 学前学普为儿童服务乡村振兴做好准备，助力儿童成为振兴人才

语言承载着一定的知识、信息、文化、理想和价值观，学前学普行动能

---

① 陈媛媛. 普通话能力对中国劳动者收入的影响［J］. 经济评论，2016（6）.

否有效助力乡村振兴，尤其取决于用普通话"学什么"。调研发现，学前学普内容在助力五大振兴上均有所体现。在乡村人才振兴方面，当前面临的一大难题是人们过度追求儿童"走出去"，而忽视"回得来""留得住"，导致本土人才流失严重，内生动力不足。为了培养儿童对自己民族、家乡的认同感和奉献意识，部分幼儿园尝试在学前学普内容中融入乡情教育相关内容，例如雷波县黄琅幼儿园尝试增加认同农村教育的内容，培养孩子对农业、农村、农民的认同；在乡村文化振兴方面，一方面，学前学普内容中融入了中华优秀传统文化和本土民族优秀文化，有助于培育儿童的乡土文化自信和农村精神文化建设意识，不断丰富和繁荣乡村文化；另一方面，学前学普行动用普通话传递文明习惯、科学观念和公共道德，儿童的文明用语多了，粗野风俗少了，助推民族乡村地区移风易俗；在乡村生态振兴方面，行政部门、技术保障单位以及教师注重通过国家通用语言文字传播健康卫生习惯和环保观念，例如"三讲五洗""五清"等行动，家长、教师和乡村干部表示，村民和儿童在洗手、洗脸、洗澡、着装整洁等方面有显著改善，从"基本不洗脸或五六天洗一次"到"每天干干净净到学校来"，知道垃圾的正确处理方式，有助于改善乡村人居环境，养成文明新风；在乡村产业振兴方面，为了奠基儿童良好的从业素养，学前学普行动注重培养幼儿的团结协作品质，加强儿童科学教育，培养儿童创新思维和创造力，使其在未来对产业发展产生积极的推动作用。例如雷波县黄琅幼儿园在"黄金时代，书声琅琅"活动中，注重投入科学读物，并开发有助于激发儿童思维的课程，例如自编绘本《乌鸦喝水后传》，激发幼儿的创造思维；在乡村组织振兴方面，学前学普内容中融入村规民约、政策方针、法律知识和道德观念，有助于政策方针、社会主义核心价值观的落实。美姑县教育局局长表示：

"不学普通话，各民族就脱节脱轨了，大家听得懂、说得来才能领悟党的政策，如果不会普通话，中央电视台讲的啥听不懂，好多东西就不能第一时间传递下来。"（20230607MGA1）

此外，一些干部表示：

"以前到百姓家里，不带个本地的翻译根本就没办法交流，现在只要有小

朋友就可以了。"（20230608SKA1）

学前学普行动让儿童听懂，并帮助村民听懂领导讲话、听懂大政方针、听懂社会事件，打通了政策、信息传播的"最后一公里"，有助于进一步铸牢中华民族共同体意识，提高村务管理的效能，促进法治乡村建设。

（三）学前学普行动发挥辐射功能间接助力乡村振兴

儿童既是未来的人才，又是民族地区学普、推普的重要中介。学普行动围绕"教育一个儿童、带动一个家庭、影响一个社区、文明整个社会"的思路，构建了"教师教儿童，儿童教家长，大手牵小手，小手拉大手"的交互体系，形成了"以学普促家庭、以家庭促社会"的长效机制。

1. 辐射带动家庭学普，提升村民产业劳动适应力，为产业输送人力

"推普"助力乡村振兴的最终目的在于提高民族地区农村妇女、青壮年参与社会生产劳动的能力。语言不通成为村民参与社会生产劳动的阻碍。学前学普行动通过"小手拉大手"，让儿童充当普通话的示范员、宣传员、教练员和监督员，引导和带动家庭，进而带动全村、全乡使用和普及普通话。此外，当前家长对儿童教育的重视程度普遍提高，注重家庭辅导。为了让孩子学好普通话，当好孩子的"老师"，给孩子营造良好的语言环境，学前学普行动倒逼家庭学普，有力促进了家长的说普用普能力。访谈中，有家长表示：

"我以前不识字的，拼音全部不会，现在跟着孩子一起学，我还学会了查字典。"（20230606HLC1）

"我的老婆一年级都没有上过，她现在自己写名字，还有一些字都会认了，就是孩子在学的时候就在旁边看着。"（20230608SKJC3）

学前学普行动通过由校内延伸至校外、由幼儿延伸至家庭、由家庭延伸至社区的传播路径，有效提升了家长的说普用普能力，逐步减少不会国家通用语言人口"存量"，打破了因语言不通而无法参与产业劳动的障碍，提高了少数民族地区村民参加产业劳动的适应力，有助于为产业输送人力，促进乡村产业振兴。

2. 辐射带动村民更新思想观念，为和美乡村建设注入精神驱力

彝族同胞曾经刀耕火种的生活方式、"洗澡会洗掉人的运气"之类的民间说法，加之交通不便、信息闭塞的客观环境，导致许多民族地区不同程度存在生活卫生习惯差、社会文明程度低、封建迷信思想重、公共道德意识弱等情况。阅读是打通信息屏障、促进思想更新的利器，学前学普行动通过"亲子共读"，提升家长识字率、文化素养，更新思想观念。例如雷波县黄琅镇幼儿园积极开展"黄金时代，书声琅琅"阅读活动；地方政府举办"树新风、促振兴"等主题宣传活动，以学普文明家庭、讲卫生家庭等为宣传主题，以评比促进家庭改善不良习惯和习俗。学前学普行动借由儿童向家庭传播科学知识、卫生习惯、先进观念、交往规范等内容，使家庭接触到大量生活、卫生、科学知识和道德观念。据教师、村民和乡村干部反映，近几年来，家庭生活习惯明显改善，居民文明用语明显增多，小孩儿喝酒、用手抓食食物、多人共用同一酒碗等落后风俗少了；乡村居住点不再是"从外面看是欧洲、从里边看是非洲"；婚丧嫁娶、治病救灾盲信毕摩的现象少了，乡村文明新风正在养成。

四、存在的问题

（一）部门缺乏统筹，不利于形成组织合力

"学普"行动在县级层面，主要由教育部门具体落实，其他部门介入很少。乡村振兴局作为"学普"行动的规划统筹部门应对其怎样实施、怎样评价、结果是什么了如指掌，但在实际调研中发现部分县乡村振兴局对"学普"的具体措施了解不深入，认为"学普助乡村振兴"是张冠李戴，将"学普"行动当作教育部门内部事务，对"学普"作用产业振兴、生态振兴、组织振兴的隐含意义缺乏认识，没有充分发挥出统筹协同的管理机制作用。

（二）忽视地域差异，不利于整体协同发展

"学普"行动抽检结果显示，97.19%的幼儿普通话达到合格及以上水平。但实际城镇与农村、彝汉杂居与纯彝族地区幼儿普通话普及情况、当地居民学普用普氛围以及文明新风情况存在不均衡的问题。如，凉山州下辖十五县二市的普通话环境存在较大的差异。德昌等县市组成的"安宁河流域"汉族

人口相对较多，能听懂且会说普通话的人口较多，该地区的语言环境与普通话更加适配。而昭觉等5个县组成的"东五县"，在民族构成上彝族偏多，彝语是该地区生活中最常使用的语言，普通话在此地生活和社交中出现的频率不高，该地的语言环境与普通话的语言环境适配性较低。可见，凉山州内部的语言环境存在较大的地区差异，"安宁河流域"的幼儿学普用普水平以及居民学普用普的氛围优于"东五县"，同样，在不良习俗的更新方面上"安宁河流域"也表现较好。

（三）推行力度减弱，不利于建立长效机制

调研过程中发现，当前，试点区域路边的"语言景观"更多与移风易俗相关，与学普相关的较少。追根溯源，可能是由于目前处于从脱贫攻坚到乡村振兴的接续过程中，出现了阶段性的政策断档。加之在刚开始"学普"行动实施时，由于对紧急性和重要性的突出强调，引起广泛的关注和支持，但随着时间的推移和首次目标的实现，这项行动逐渐成为一项常规性的工作，支持力度较以往有所下降。

自2021年学普验收项目的结束，"学普"行动进入了"常态化"阶段，尽管国家乡村振兴局、教育部、国家语委等部门一直致力于推动学前学普，但调研发现，各级领导视察学普工作的频次降低，基层工作人员感知"学普"行动推广力度、经费支持、政策引领、活动发展、领导关注等方面都呈现减弱的态势。

（四）学段缺乏衔接，不利于巩固学普效果

"学普"行动成果的巩固需要贯通性的教育支持，但在实际推普过程中出现了方法论层面下的政策执行偏差，呈现"学普"脱节、脱轨现象。调研中，某县教体局的领导班子提到，小学4、5年级学生的学业成绩出现了"回弹"的情况，而导致这一现象的原因是，民族地区教师队伍相对匮乏，小学阶段正式教师不足，代课教师多，孩子在升入小学后由于部分代课教师对"学普"行动理解不深入，自身的普通话水平以及普通话教育经验不足，无法有效指导和巩固儿童的标准普通话学习。儿童在进入小学后的普通话水平存在下滑

趋势，对学普的效果巩固产生负面影响，限制了乡村地区的教育发展和乡村振兴的整体进程。

（五）阵地较为封闭，不利于发挥文化功能

幼儿园和学校是乡村中文化资源的"富有者"，在乡村文体资源不足的情况下，乡村学校和幼儿园应成为文化中心，成为"说好普通话，养成好习惯"的群众阵地，赋能乡村文化振兴、生态振兴。实地调研显示，乡村学校和幼儿园的领导班子及主管政府班子出于国有资产安全、师生人身安全、管理繁杂性等因素影响，均不认为甚至是不赞同将学校发展成为当地的文化中心，在他们看来学校不应该完全对外开放，主张学校是学校，社区文化中心不应该使用学校的场地和设施设备，因此，很多乡村学校和幼儿园本身具有的文化功能并没有得到充分的发挥和利用。

（六）目标缺乏层级，不利于学习高阶语言

凉山州围绕脱贫攻坚"义务教育有保障"底线任务，坚持以"学会普通话，养成好习惯"为目标，确立了"听懂、会说、敢说、会用"普通话和培养"讲卫生、懂礼貌、爱学习"习惯的目标任务，成为学普、推普工作的方向指引。

审视目标发现，目标之间的逻辑不清晰。"会说""敢说"本身就指向"会用"，同时，"听懂"是一个复杂的词汇，其中的层级标准没有厘清。"讲卫生、懂礼貌、爱学习"作为"养成好习惯"的二级指标，概念也模糊不清，缺乏操作性定义。

五、意见与建议

（一）优化部门统筹协调，持续深入推进学普行动

普通话是民族地区脱贫攻坚、乡村振兴的"语言路"，是彝族同胞走出大山的第一步，必须持续深化推进"学普"行动，巩固脱贫攻坚成果，才能持续助力乡村振兴。建议建立乡村振兴、教育、财政、宣传、妇联等相关部门的合作机制，加强统筹管理，强化"学前学普助力乡村振兴"的思想共识，

共同优化园点布局、改善办学条件、打造示范基地、助推移风易俗，落实责任制度，制定任务清单、责任清单、督查清单，明确责任主体，坚定不移继续推进"学普"行动，深化"学普"2.0向全国少数民族地区推广，确保"学前学普助力乡村振兴"政策的持续性、思想的高度重视、标准的稳定性和力度的持续增强。

（二）考虑地区发展差异，落实学普行动一地一策

实施"学普"一地一策，对于大面积连片民族地区的"学普"要做好过渡期工作。推普之前，应首先开展民族地区普通话普及情况专项调查，深入了解每个地区幼儿和家庭的学普用普现状和需求，制定针对性的政策措施，以满足不同地区的发展需求，做到分层分类，精准推进。对于普通话普及程度较低的地区，应贯彻"扶人上马送一程"的理念，应继续加大投入，提供更多的语言教育资源，提高教师的普通话水平，并加强普通话教学质量监督，大力鼓励和支持当地社区和家庭积极参与，共同营造浸润型普通话的语言环境。对于普通话普及程度较高的地区，制定更高的普通话学习目标，提供更多的普通话优质教育资源，鼓励幼儿参加普通话演讲、辩论等活动，提升语言表达能力和思维能力，锤炼民族品格，最终实现"助人自助"，在巩固学普成果的基础上持续稳推"学普"2.0行动计划。因此，其他地区在借鉴大、小凉山推普的经验时应考虑本地基础条件，如地理环境、文化背景、经济条件、人口分布、地区开放程度、孩子集中情况、幼儿性格等因素，有针对性地开展"学普"行动。

（三）加强学普学段衔接，保障学普成效持续提升

"学普"行动成效的长效巩固离不开教育系统内部的贯通性贯彻落实，建议加强学前学普与小学、初中等后续学段的普通话教育的衔接工作，保障学普的连贯性和延续性，建立健全教育全段"学普"。一方面，保障学前和后续阶段的师资，加大乡村教师招聘力度和政策吸引力、提供专业化、分层分类培训。另一方面，建议制定统一的普通话教学标准和课程体系，确保学前学普与后续学段的教学目标和内容相衔接，从而使得衔接更加流畅、便利，学

普的持续性更强，以免出现断层现象。

（四）发扬学校文化功能，助力乡村文化振兴

乡村教师往往是当地的"文化人"，拥有当地最前沿的科学知识、先进文明、现代理念，学校和幼儿园拥有丰富的体育文化场地、图书、多媒体等资源，是乡村物质、精神文化资源当之无愧的"富裕者"，其文化功能应得到充分发挥，努力将学校建设成为乡村精神文化中心、优秀传统文化传承和展示中心。调研发现，基层政府部门和教育主管部门囿于国有资产安全、师生人身安全、卫生健康安全等因素，禁止幼儿园和中小学对外开放，事实上关闭了村民的"文化之门"，阻隔了幼儿园和中小学文化功能的发挥。建议乡村振兴部门能够统一协调，在村、乡或镇开展试点探索，发挥学校的文化功能，充分利用学校中的器械、图书、宣传栏等资源，面向全村群众开放，健全完善管理和安全体制机制，使之成为精神文化中心，使得各村各乡都有自己的精神家园。

（五）扎实学普内容建设，铸牢中华民族共同体意识

学普助力乡村振兴成效大小，与用普通话讲什么直接相关。建议在"学普"2.0行动中，讲好如下6类故事：

一是用普通话讲好中国故事，铸牢中华民族共同体意识。在讲好中国优秀传统文化故事、中华人民共和国故事、中国特色社会主义故事、改革开放的故事、新时代的新故事、中国式现代化的故事中，铸牢中华民族共同体意识。

二是用普通话讲好党的故事，讲好革命故事、英雄故事，让红色基因革命薪火进脑、入心，代代传承。

三是用普通话讲好价值故事，实现社会主义核心价值观的启蒙。在讲好友善、诚信、公正、文明等道德品格和专注、坚持、勇气等功能品格故事的过程中，实现社会主义核心价值观的启蒙。

四是用普通话讲好本民族故事，推进和实现民族团结。在讲好本民族习俗、传统、游戏、儿歌、音乐、古迹、风景的故事中，实现民族团结、民族融合。

五是用普通话讲好乡村振兴故事，在讲好科学、文艺、生活、劳动、卫

生营养等故事过程中，助力乡村振兴。

六是用普通话讲好"三农"故事，培养儿童的乡情。激发儿童的乡土认同和乡土情感，激发振兴家乡的意愿，厚植家国情怀，培养"出得去、回得来"的乡村振兴人才。

（六）加强乡村女童教育，阻断贫困落后代际传递

"受不到母亲教育的国民决不能成为伟大的国民。①"母亲是家庭生活中"上承老，下育小"的中坚力量，是家教、家风的核心载体，女童是未来的母亲，教好一个女孩就是教好一代人。越是落后的地区，女童教育越不受到重视，女童辍学失学，早年成婚会造成愚昧的代际传递，加强女童教育就是阻断愚昧的代际传递，"扶贫先扶志，治穷先治愚"，对民族地区的乡村振兴而言，真正稀缺的不是金钱，而是精神的振兴，思想观念的振兴，是有爱的家庭、有质量的家庭教育和自强不息的家风。因此，少数民族女童教育是实现少数民族妇女进步与发展的重要途径和有效工具。

"我妈妈说的，我要是现在退学回家的话，来我们家上门提亲的人门槛都要踏破了，我妈妈就想让我不读了（大学专科大一新生），早点回去嫁人，我读完也不一定能找到一个很好的工作，嫁人彩礼跟现在也差不多，还不如早点结婚定下来，一家人早点挣钱。"（202320607XCE3）

"我的家族里很多女孩子都是很早就不读书了，最早的十三四岁就嫁人了，读书成绩不好嘛，反正也考不上学校，考上学校也读不了好大学，家里觉得浪费钱，自己也想出去打工了，就很早就不读了出去打工，打工就嫁人了嘛。"（202320607XCE2）

建议相关部门能够专项调研民族地区女童教育助力乡村振兴问题，专项研究女童教育的目标、内容、方法，专门编制女童教育读本，加强女童教育宣传，重视民族地区女童职业教育、婚恋教育、家庭育儿，确保处于民族地区农村的女童能够接受高级别教育，赋能民族地区人才振兴、文化振兴。

---

① 木村久一. 早期教育和天才［M］. 河北大学日本问题研究所，译. 石家庄：河北人民出版社，1979：195.

（七）总结推广学普经验，拓宽乡村振兴发展路径

截止到 2023 年，凉山学普行动已取得显著成效，四川凉山"学普"成果获四川省基础教育教学成果特等奖、国家级基础教育教学成果二等奖、国务院全国脱贫攻坚奖组织创新奖等，这一行动应总结成可推广、可复制模式。但当前关于大、小凉山推行"学普"行动的研究主要是成效展示以及当地经验的总结。该体系是基于凉山州本身的地理环境、文化背景、经济条件、人口分布、地区开放程度、孩子集中情况、幼儿性格等因素而建立的"学普"方式，具有十足的大、小凉山特色，如何将其推广到其他民族地区？其推广范围和限制条件是什么？这些都是需要深入研究的问题。当前，"学普"行动本身的内在机理和模式并没有得到充分挖掘，国家应组织有关部门以四川省大、小凉山的"学普"行动为研究对象，探寻和总结"学普"行动可推广、可复制的模式，健全助力乡村振兴的长效机制。

后　记

本书在各位领导、专家和同事的关怀与指导下，经过编写组各团队近一年的不懈努力，终于与大家见面了。在此，我们要对所有给予我们支持和帮助的单位和个人表示衷心的感谢！

首先，本书的出版离不开中国乡村振兴发展中心的大力支持，他们对于乡村振兴前沿问题的选取及课题推进多次把关，从而使得整个课题研究得以顺利推进、研究成果得以如期呈现。

其次，本书的出版也离不开各地有关部门和基层干部群众的支持与配合。本书反映的是各地在乡村振兴工作中采取的实际做法、取得的真实成效和面临的现实问题，写作的素材主要来源于编写组的实地调研，在编写组各团队深入调研的过程中，所涉及到的天津市、山东省寿光市、浙江省安吉县、重庆梁平区、重庆市万州区、贵州省雷山县、贵州省正安县、湖南省浏阳市、湖南省凤凰县、湖南省新化县、河北省博野县、河北省威县、河北省宁晋县、云南省镇雄县、云南省武定县、云南省东川区、江西省婺源县、江西省石城县、山西省临县、山西省汾阳市、四川省马边彝族自治县、四川省美姑县、四川省雷波县等调研地都给予了各调研团队有力的支持和充分的配合，使得我们能够有效掌握乡村振兴战略推进过程中各地的真实情况，对不同方面的前沿热点问题作出翔实准确的调研报告。

最后，借本书出版之际，还要感谢参与本书编写工作的各团队成员，没有他们的默默付出与辛勤编写、修改，就不会有本书的形成问世。本书的编写是在中国乡村振兴发展中心的统筹指导下，由北京师范大学联合中央财经大学、北京第二外国语学院、吉首大学、天津市职业大学、农业农村部农业贸易促进中心、长江大学、北京交通大学、四川师范大学等单位共同完成，其间诸多专家老师及同学等各团队成员克服了恶劣天气等带来的不便，不辞辛劳地完成了调研及报告撰写，并协助本书文稿修正和补充相关资料，作出了巨大贡献，但受限于篇幅未能一一提及，在此一并作出感谢！

因篇幅有限，文中难免出现不足之处，敬请批评指正。

本书编写组
2024年5月